Biosphäre 9|10

Lösungen

Baden-Württemberg

Cornelsen

Biosphäre

Band 9/10 Gymnasium Baden-Württemberg

Lösungen

Herausgeber:
Stefan Auerbach, Karlsruhe; Dr. Werner Bils, Tübingen

Autorinnen und Autoren:
Astrid Agster, Reutlingen; Stefan Auerbach, Karlsruhe; Dr. Werner Bils, Tübingen; Robert Felch, Mögglingen; Dr. Horst Janz, Tübingen; Gabriele Rupp, Stutensee; Dr. Stephanie Schrank, Ulm; Dr. Ulrike Schiek, Landau/Pfalz; Hans-Jürgen Staudenmaier, Pfinztal; Dr. Matthias Stoll, Tübingen; Michael Szabados, Denzlingen

Teile dieses Buches sind anderen Ausgaben der Lehrwerksreihe Biosphäre entnommen.

Autorinnen und Autoren dieser Ausgaben:
Anke Brennecke; Frank Deutschmann; Anne-Kathrin Dierschke; Daniela Grabenstein; Franziska Hach; Angelika Huber; Wolfhard Koth-Hohmann; Prof. Dr. Hansjörg Küster; Dr. Karl-Wilhelm Leienbach; Prof. Dr. Anke Meisert; Martin Post; Annegret Schlegel

Redaktion:
Ina Albrecht

Designberatung:
Katharina Wolff-Steininger, Ellen Meister

Layoutkonzept und Umschlaggestaltung:
SOFAROBOTNIK GbR, Augsburg & München

Layout und technische Umsetzung:
zweiband.media, Berlin

www.cornelsen.de

1. Auflage, 2. Druck 2022

Alle Drucke dieser Auflage sind inhaltlich unverändert und können im Unterricht nebeneinander verwendet werden.

Druck: Esser printSolutions GmbH, Bretten

ISBN 978-3-06-420037-1

PEFC
PEFC/04-31-2851

PEFC zertifiziert
Dieses Produkt stammt aus nachhaltig bewirtschafteten Wäldern und kontrollierten Quellen.

www.pefc.de

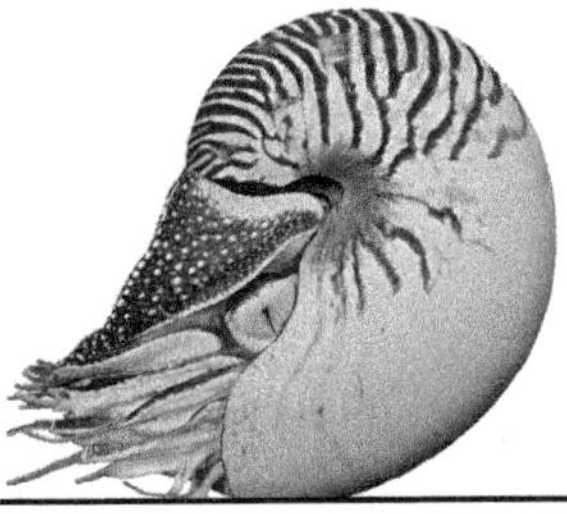

Evolution 5

Ökologie 28

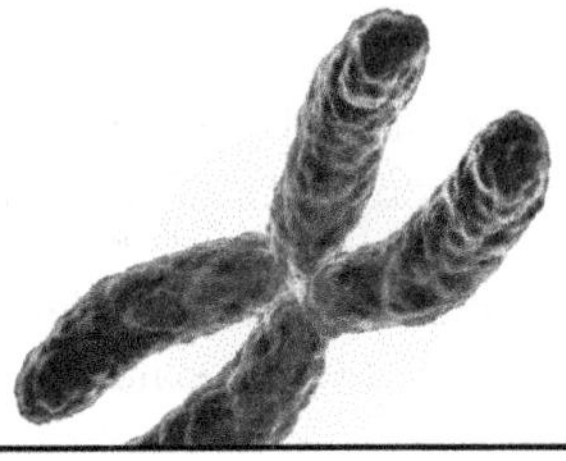

Genetik 60

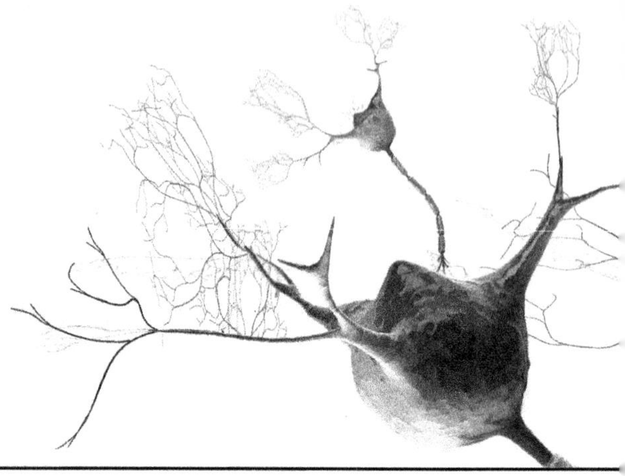

Hinweis zum Lösungsheft:

Zu einigen Aufgaben, vor allem zu den Aufgaben auf den Materialseiten, werden im Lösungsheft gestufte Hilfen angeboten. Sie können diese direkt übernehmen und individuell einsetzen und haben so die Möglichkeit, binnendifferenziert zu arbeiten.

Die gestuften Hilfen sind mit dem Symbol gekennzeichnet.

Zusatzangebot zur Erweiterung und Vertiefung des Unterrichts

Evolution

1 Belege der stammesgeschichtlichen Verwandtschaft

Fossilien

Seite 14–16

1 Erkläre den Begriff Fossil!
Fossilien sind Überreste von Lebewesen oder ihren Spuren aus früheren Zeiten, die oft über viele Millionen Jahre entstehen und zum Beispiel in Form von Abdrücken oder Versteinerungen vorkommen.

2 Erstelle eine Tabelle, in der du den verschiedenen Fossilformen stichwortartig Angaben zu ihrer Entstehung und Beispiele zuordnest!
siehe Tabelle unten

Gestufte Hilfe: Vorgabe des Tabellenrasters

3 Erkläre, wie man mithilfe von Leitfossilien Aussagen über das Alter anderer Fossilien machen kann!
Leitfossilien findet man regelmäßig an verschiedenen Orten nur in bestimmten Gesteinsschichten. Das bedeutet, dass alle Gesteinsschichten, in denen man sie findet, in dieser Zeit entstanden und damit gleich alt sind. Weitere Fossilien, die man in denselben Schichten findet wie ein Leitfossil, sind genauso alt wie dieses. Daher kann man mithilfe von Leitfossilien Aussagen über das Alter anderer Fossilien machen.

Seite 17 (Material)

Material A – Entstehung von Fossilien

A1 Ordne die Einzelbilder zur Entstehung von Fossilien, indem du die Zahlen in der richtigen Reihenfolge notierst!
2, 4, 1, 3

A2 Beschreibe mithilfe der Abbildung die Entstehung dieses Fossils!
Ein Tier stirbt und fällt zu Boden. Sein Körper wird von Aasfressern, Würmern, Bakterien und anderen Lebewesen zersetzt. Die Knochen werden mit der Zeit von Sediment bedeckt und nicht weiter zerstört. Über der ersten Schicht lagern sich weitere Schichten aus unterschiedlichen Materialien wie Sand oder Kalk ab. Durch den hohen Druck werden aus den lockeren Sedimenten im Laufe der Zeit feste Gesteinsschichten. Das Knochenmaterial wird durch Mineralstoffe aus dem Sediment und Gestein ersetzt. Dadurch versteinert das Skelett. Wenn die Gesteinsschichten verwittern oder weggespült werden, gelangt das Fossil wieder in die Nähe der Oberfläche.

Fossilform	Entstehung	Beispiel
Versteinerung	Bedeckung des toten Lebewesens mit Sediment; Druck führt zur Verfestigung und Entstehung von Gestein; Mineralstoffe aus dem Sediment ersetzen das Material des Lebewesens, das dadurch zu Stein wird.	versteinerter Trilobit, versteinerte Haifischzähne
Steinkern	Sediment füllt Hohlräume von Lebewesen aus; Hülle der Hohlräume löst sich auf; Sediment im Inneren bleibt als Stein erhalten.	Steinkern von Ammonit und Seeigel
Spurenfossilien	Fußabdrücke oder ähnliches im Sediment bleiben erhalten, wenn sich Sediment zu Gestein verfestigt.	Fußabdrücke, zum Beispiel von Dinosauriern
Abdrücke	Lebewesen hinterlassen Abdrücke in weichem Sediment; Abdrücke bleiben nach der Verfestigung zu Gestein erhalten.	Abdruck eines Farnblattes oder Schachtelhalms
Bernsteinfossilien	kleine Lebewesen werden von Baumharz eingeschlossen; dadurch vollständiger Erhalt nach Aushärtung zu Bernstein.	Insekt im Bernstein
Mumien	Verzögerung oder Verhinderung der Zersetzung von Lebewesen durch konservierende Umgebung, zum Beispiel Eis, Moor, heißer Wüstensand.	konservierte Leichen im Moor, Wüstensand oder Eis

A3 Begründe, um welche Fossilform es sich bei dem abgebildeten Fossil handelt!
Es handelt sich um eine Versteinerung. Reste des Tieres, hier das Skelett, bleiben als Stein erhalten. Mumien und Bernsteinfossilien scheiden aus, weil nur ein Teil des Lebewesens, hier die Knochen, erhalten bleibt. Steinkerne, Abdrücke und Spurenfossilien bestehen nur aus Füllungen von Hohlräumen oder Abdrücken. Beim abgebildeten Fossil haben aber echte Reste in Form von Stein überdauert.

Material B – Wollhaarmammut

B1 Begründe, um welche Fossilform es sich bei diesem Fund handelt!
Das Wollhaarmammut wurde im vereisten Boden Sibiriens gefunden. Eine Zersetzung des Tieres hat aufgrund der konservierenden Wirkung von Eis nicht stattgefunden, weswegen auch noch Haut und Weichteile vorhanden sind. Deshalb handelt es sich bei dieser Fossilform um eine Mumie.
Zudem haben Mumien wie das abgebildete Wollhaarmammut ein im Vergleich zu anderen Fossilformen geringes Alter.

B2 Beschreibe die Vorgänge, die zu dieser Fossilform geführt haben!
Nach dem Tod des Wollhaarmammuts wurde es von Eismassen überdeckt und eingefroren. Die Zersetzungsvorgänge verzögerten sich dadurch sehr stark. Haut und Weichteile blieben zunächst erhalten.

B3 Vergleiche die Entstehung dieser Fossilform mit der Entstehung einer anderen Fossilform!
Erwartet wird der Vergleich mit einem der dargestellten Fossilformen.

Gemeinsamkeiten:
Bei der Mammutmumie sind wie bei allen anderen Fossilformen Reste oder Spuren des ehemals lebenden Körpers erhalten geblieben.

Unterschiede zu anderen Fossilformen:
Der fossile Mammutkörper, eine Mumie, besteht aus dem gleichen Material des ehemals lebenden Körpers. Das fossile Mammut hat nur ein geringes Alter
- Bei Versteinerungen ist das Material des ehemals lebenden Körpers durch Mineralien aus dem umgebenden Gestein ersetzt. Die Reste des Körpers sind daher zu Stein geworden. Versteinerungen sind älter als das fossile Mammut.
- Bei Steinkernen hat Sediment Hohlräume des ehemals lebenden Körpers ausgefüllt und sich im Laufe der Zeit zu Gestein verfestigt. Steinkerne sind älter als Mumien.
- Bei Abdrücken im Gestein, ist kein Material des ehemals lebenden Körpers erhalten geblieben. Abdrücke im Gestein sind älter als Mumien

B4 Stelle eine Hypothese zu den Lebensbedingungen des Wollhaarmammuts auf!
Vermutlich lebten Wollhaarmammuts in Gebieten mit kaltem Klima. Darauf weisen die dichten Wollhaare hin, die auch bei geringeren Temperaturen vor Auskühlung schützen. Zumindest die Jungtiere ernährten sich von pflanzlicher Kost, wie aus dem Mageninhalt zur erschließen ist.

Gestufte Hilfe: Berücksichtige die Art der Körperbedeckung und den Mageninhalt, den man bei dem beschriebenen Fossil gefunden hat.

B5 Stelle eine Hypothese auf, welche fossilen Reste erwachsener Wollhaarmammuts am häufigsten zu erwarten sind!
Vermutlich bleiben von erwachsenen Mammuts keine oder weniger Weichteile erhalten. Ein großer Körper friert nicht so schnell durch wie ein kleiner, sodass die Zersetzung zumindest im Inneren länger andauert.
Auch die Bedeckung mit Schnee oder Sediment dauert länger. Während dieser Zeit liegt der Körper offen da. Daher können Aasfresser Stücke aus der Leiche reißen und die Larven von Fliegen und andere Tiere die Weichteile fressen. Es ist daher damit zu rechnen, dass in der Regel vor allem Knochen und Zähne eines erwachsenen Wollhaarmammuts, aber keine oder nur wenige Weichteile erhalten bleiben.

Gestufte Hilfe: Stelle zunächst Vermutungen dazu an, wie schnell sich ein großer Körper im Vergleich zu einem kleinen zersetzt. Berücksichtige dabei auch die geringe Temperatur und die Bedeckung mit Sediment und die Rolle der Aasfresser. Überlege dann, welche Körperbestandteile sich am spätesten zersetzen.

Fossilien mit besonderer Bedeutung

Seite 18–20

1 Vergleiche *Archaeopteryx*, Taube und Zauneidechse hinsichtlich der folgenden Kriterien: Körperbedeckung, Zähne, Wirbelsäule, Vorderextremität, Hinterextremität, Brustbein, Schlüsselbein! Erstelle dazu eine Tabelle!
siehe Tabelle auf der folgenden Seite

Vergleichskriterium	*Archaeopteryx*	Taube	Zauneidechse
Körperbedeckung	Federn	Federn	Schuppen
Zähne	im Ober- und Unterkiefer vorhanden	keine	im Ober- und Unterkiefer vorhanden
Wirbelsäule	lange Schwanzwirbelsäule	Schwanzwirbel stark verkürzt	lange Schwanzwirbelsäule
Vorderextremitäten	flügelähnlich ausgebildet; Hand mit drei Fingern; Finger nicht verwachsen; mit Krallen	Flügel; drei Finger; Finger teilweise verwachsen; keine Krallen an den Fingern	Laufbeine; Finger mit Krallen
Hinterextremitäten	eine Zehe nach hinten gerichtet	eine Zehe nach hinten gerichtet	fünf Zehen, die alle nach vorne gerichtet sind
Brustbein	flach, ohne Fortsatz	Brustbein mit Fortsatz, an dem starke Flugmuskeln ansetzen	flach, ohne Fortsatz
Schlüsselbein	Schlüsselbeine miteinander verwachsen, bilden das Gabelbein	Schlüsselbeine miteinander verwachsen, bilden das Gabelbein	Schlüsselbeine nicht zu einem Gabelbein verwachsen

2 Erkläre, was man unter einer Übergangsform versteht!

Eine Übergangsform ist ein Lebewesen, das sowohl Merkmale von einem bereits ausgestorbenen Vorfahren als auch Merkmale von einer heute noch lebenden Gruppe aufweist. Aufgrund dieser Zusammensetzung aus Merkmalen verschiedener Gruppen wird sie auch Mosaikform genannt und als eine Übergangsform zwischen zwei Gruppen betrachtet.

Seite 21 (Material)

Material A – Kopffüßer

A1 Begründe, weshalb *Nautilus* als lebendes Fossil bezeichnet wird!

Vergleicht man den heute noch lebenden *Nautilus* mit den nur fossil überlieferten Ammoniten, so sieht man, dass sich das äußere Erscheinungsbild nur wenig verändert hat. *Nautilus* hat zum Beispiel eine äußere Schale wie die ausgestorbenen Ammoniten. Aufgrund der starken Ähnlichkeit zu Fossilien bezeichnet man *Nautilus*, der heute noch vorkommt, auch als lebendes Fossil.

A2 Begründe, weshalb der Begriff „lebendes Fossil" eigentlich widersprüchlich ist!

Als Fossilien bezeichnet man die Überreste von Lebewesen und ihre Spuren aus früheren Zeiten. Es handelt sich also um totes Material. Nautilus lebt aber auch heute noch, ist also kein Fossil. Deshalb ist der Begriff „lebendes Fossil" eigentlich widersprüchlich.

A3 Stelle eine Hypothese auf, weshalb sich die Vertreter der Gattung *Nautilus* über Jahrmillionen kaum verändert haben!

Eine mögliche Erklärung könnte darin liegen, dass sich die Umweltbedingungen für die *Nautilus*-Arten über Jahrmillionen nicht oder nur wenig geändert haben.

Perlboote leben in großer Meerestiefe und kommen nur für kurze Zeit in oberflächennahe Bereiche. Die Lebensbedingungen in der Tiefsee bleiben über sehr lange geologische Zeiträume gleich. An die Tiefsee angepasste Merkmale ändern sich nicht, wenn die Lebensbedingungen unverändert bestehen bleiben.

Gestufte Hilfen:
Hilfe 1: Denke daran, dass die Umwelt der Lebewesen Einfluss darauf hat, ob und wie sich ihre Merkmale ändern.
Hilfe 2: Berücksichtige bei der Lösung, dass Nautilus-Arten in tiefen Bereichen des Meeres leben.

Material B – *Gansus yumenensis*

B1 Vergleiche das *Gansus*-Skelett mit dem der Taube und des *Archaeopteryx*! Nutze dazu Abbildung 03 auf Seite 19! Nenne zunächst deine Vergleichskriterien!

siehe Tabelle nächste Seite

Gestufte Hilfe: Vorgabe einiger oder aller Vergleichskriterien: Körperbedeckung, Zähne, Wirbelsäule, Vorderextremitäten, Hinterextremitäten, Brustbein, Schlüsselbein

B2 Erkläre die Bedeutung von *Gansus yumenensis* und *Archaeopteryx* für die Evolutionsbiologie!

Archaeopteryx und *Gansus yumenensis* liefern ein Bild von Vorfahren der heutigen Vögel. Sie belegen die Hypothese, dass die Vögel aus Reptilien artigen Vorfahren entstanden sind, dass im Laufe der Stammesgeschichte einige Merkmale verändert wurden oder verloren gingen und dass das in mehreren Schritten geschah. Die beiden Fossilien sind also ein Beleg dafür, dass Arten sich ändern können und dass die heutigen Arten von früheren abstammen. Deshalb sind die beiden Arten von großer Bedeutung für die Evolutionsbiologie.

Gestufte Hilfe: Berücksichtige, dass in der Evolutionsbiologie angenommen wird, dass die heutigen Vögel aus einer bestimmten Gruppe von Reptilien entstanden sind und dass diese Entwicklung in kleinen Schritten über sehr lange Zeiträume hinweg verlief.

Vergleichskriterium	*Archaeopteryx*	Taube	*Gansus*
Körperbedeckung	Federn	Federn	Federn
Zähne	Zähne in Ober- und Unterkiefer	keine Zähne	Zähne in Ober- und Unterkiefer
Wirbelsäule	lange Schwanzwirbelsäule	Schwanzwirbelsäule sehr kurz	Schwanzwirbelsäule kurz
Vorderextremität	Flügelähnlich ausgebildet; Hand mit drei Fingern, die nicht verwachsen sind; Finger mit Krallen	Flügel; drei Finger, die teilweise verwachsen sind; keine Krallen	Flügel; Finger mit Krallen
Hinterextremität	eine Zehe nach hinten gerichtet	eine Zehe nach hinten gerichtet	eine Zehe nach hinten gerichtet
Brustbein	ohne Fortsatz	mit Fortsatz	mit Fortsatz, der aber kleiner ist als bei der Taube
Schlüsselbein	Schlüsselbeine miteinander verwachsen; bilden das Gabelbein	Schlüsselbeine miteinander verwachsen; bilden das Gabelbein	Schlüsselbeine miteinander verwachsen; bilden das Gabelbein

B3 Erkläre anhand der fossilen Funde von *Gansus yomenensis* das biologische Prinzip Angepasstheit!
Beim biologische Prinzip Angepasstheit geht man davon aus, dass Lebewesen an ihren Lebensraum und ihre Lebensweise angepasst sind. Sie haben Baumerkmale und Lebensweisen, die für die jeweiligen Umweltbedingungen günstig sind.
Die Schwimmhäute an den Füßen von *Gansus yumenensis* und die kräftige Muskulatur der Hinterbeine stellen eine Angepasstheit an das Leben auf Gewässern dar. Die Tiere konnten sich durch diese Merkmale gut schwimmend fortbewegen.

Gestufte Hilfe: Berücksichtige bei der Lösung den Bau der Beine und Füße von Gansus yumenensis.

Belege aus der Anatomie

Seite 22–24

1 Vergleiche das Armskelett von Vögeln und Fledermäusen miteinander!
Gemeinsamkeiten:
Der Grundplan des Armskeletts von Vögeln und Fledermäusen ist gleich und jeweils so verändert, dass Tragflächen möglich werden.
Unterschiede:
Die Proportionen von Oberarmknochen, Elle und Speiche sind verschieden.
Bei Vögeln ist die Anzahl der Mittelhand- und Fingerknochen reduziert. Sowohl die Mittelhand- als auch die Fingerknochen sind teilweise miteinander verwachsen. Bei Fledermäusen sind Finger- und Mittelhandknochen nicht verwachsen und bei vier Fingern stark verlängert.

Zusatzinformation: Die Bildung der Tragflächen durch Federn beziehungsweise Flughäute darf hier nicht angeführt werden, weil nur der Vergleich des Skeletts erwartet wird. Auch die Krallen an einem Finger der Fledermäuse gehören nicht zum Skelett.

2 Beschreibe, was man in der vergleichenden Anatomie unter einer Homologie und einer Analogie versteht!
Homologie: Organe, die den gleichen Ursprung haben, sich also auf den gleichen Grundplan zurückführen lassen. Ihre Funktion kann verschieden sein.
Analogie: Organe, die sich ähneln, aber sich jeweils aus anderen ursprünglichen Körperbereichen entwickelt haben. Sie lassen sich auf jeweils verschiedene Grundpläne zurückführen. Analoge Organe haben die gleiche Funktion und sind häufig als Angepasstheiten an ähnliche Umweltbedingungen und Lebensweisen zu erklären.

3 Nenne Beispiele für die konvergente Entwicklung sowohl von analogen als auch von homologen Organen!
Beispiele für die konvergente Entwicklung von analogen Organen:
- Dornen der Schlehe und Stacheln der Rose,
- Flügel der Insekten und Flügel der Fledermäuse.

Beispiele für die konvergente Entwicklung von homologen Organen:
- Flügel der Vögel und Flügel der Fledermäuse.

4 Beschreibe die Unterschiede zwischen einem Rudiment und einem Atavismus und nenne jeweils ein Beispiel!
Rudimente kommen bei allen Individuen der jeweiligen Art vor, Atavismen hingegen treten sehr selten und nur bei einzelnen Individuen einer Art auf. Rudimente sind Reste von Organen, die bei Vorfahren stärker oder vollständig ausgebildet waren. Häufig haben sie keine oder eine veränderte Funktion. Atavismen sind Merkmale, die bei einer bestimmten Art von Lebewesen nicht vorkommen, aber bei ihren mutmaßlichen Vorfahren vorhanden waren.

Beispiel für Rudiment: Wurmfortsatz des Blinddarms beim Menschen.
Beispiel für Atavismus: verlängerte Wirbelsäule beim Menschen.

Material A – Maulwurf und Maulwurfsgrille

A1 Vergleiche den Bau und die Funktion der Vorderextremitäten von Maulwurf und Maulwurfsgrille!

Gemeinsamkeiten:

Beide Vorderextremitäten sind so gebaut, dass die Tiere mit ihnen im Boden graben können. Sie sind Graborgane, haben also die gleiche Funktion. Beide Extremitäten bestehen aus mehreren, zum Teil verbreiterten Gliedern. Die Krallen sind kräftig.

Unterschiede:

Die Vorderextremitäten des Maulwurfs bestehen aus Knochen. (Der Maulwurf hat ein Innenskelett.)

Die Vorderextremitäten der Maulwurfsgrille bestehen aus Chitin. (Die Maulwurfsgrille hat ein Außenskelett.)

Gestufte Hilfen:

Hilfe 1: Berücksichtige, dass die Maulwurfsgrille ein Insekt ist, der Maulwurf aber ein Wirbeltier.

Hilfe 2: Informiere dich über die Merkmale des Skeletts der Insekten und der Wirbeltiere.

Hilfe 3: Berücksichtige, aus welchem Material die Skelette von Wirbeltieren und Insekten bestehen. Der Maulwurf ist ein Wirbeltier. Wirbeltiere haben ein Innenskelett. Die Maulwurfsgrille ist ein Insekt. Insekten haben ein Außenskelett.

A2 Begründe, ob die abgebildeten Vorderextremitäten homolog oder analog sind und ob sie eine Konvergenz darstellen!

Die beiden Vorderextremitäten sind zueinander analog. Sie haben sich aus jeweils anderen Grundplänen entwickelt. Die Beine der Insekten haben ein Außenskelett aus Chitin, die der Wirbeltiere, zu denen auch der Maulwurf gehört, haben ein Innenskelett aus Knochen.

Die Vorderbeine des Maulwurfs und der Maulwurfsgrille stellen eine Konvergenz dar. Die Umweltbedingungen und die Lebensweise als im Boden Gänge grabende Lebewesen haben dazu geführt, dass es unabhängig voneinander zu gleich gerichteten Veränderungen kam. Dadurch entstanden Organe mit ähnlicher Funktion und ähnlichem Aussehen.

Gestufte Hilfen:

Hilfe 1: Berücksichtige die Unterschiede des Skeletts der Insekten und der Wirbeltiere.

Hilfe 2: Berücksichtige vor allem folgende Unterschiede des Körperbaus:

Insekten haben ein Außenskelett. Es besteht aus Chitin. Chitin ist ein ganz anderes Material als das, aus dem Knochen bestehen. Die Muskeln der Insekten liegen im Inneren des Skeletts.

Der Körper der Wirbeltiere, zum Beispiel der des Maulwurfs, wird von einem Skelett gestützt, das aus Knochen besteht. Die Muskeln liegen außerhalb der Knochen.

A3 Begründe, ob es sich beim Arm des Menschen und dem Vorderbein des Maulwurfs um eine Homologie oder eine Analogie handelt! Verwende dazu die Abbildung 03 auf Seite 23.

Es handelt sich um eine Homologie, weil sowohl der Arm des Menschen als auch das Vorderbein des Maulwurfs auf den gleichen Grundplan der Wirbeltiere zurückzuführen sind. Zu erkennen ist das daran, dass das Skelett beider Extremitäten aus den gleichen Knochen besteht, die auch gleichartig angeordnet sind. Nur das Sichelbein des Maulwurfs gehört nicht zum Grundplan.

Gestufte Hilfe: Berücksichtige bei der Formulierung deiner Begründung den Begriff Grundplan.

A4 Bewerte die folgende Aussage: „Die Vorderextremitäten von Maulwurf und Mensch sind ein Beleg dafür, dass Evolution stattgefunden hat.“!

Beide Vorderextremitäten bestehen aus den gleichen Knochen in ähnlicher Anordnung. Nur das Sichelbein des Maulwurfs kommt beim Menschen nicht vor.

Die Ähnlichkeit spricht für eine Verwandtschaft von Maulwurf und Mensch. Die gleichartige Struktur der Extremitäten lässt sich am einfachsten erklären, wenn man annimmt, dass beide Extremitäten auf den gleichen Grundplan zurückzuführen sind, dass also der Mensch und der Maulwurf einen gemeinsamen Vorfahren haben.

Die Unterschiede traten nach dieser einfachsten Erklärung auf, als sich die Vorderextremitäten im Laufe einer jeweils anders gerichteten Evolution veränderten, sodass jeweils andere Angepasstheiten die Folge waren.

Die beiden Vorderextremitäten sind also ein Beleg für die Richtigkeit der Annahme, dass Arten sich ändern können und dass heute lebende Arten von früher lebenden abstammen.

Andere Erklärungsmöglichkeiten, die nicht auf Verwandtschaft und Evolution beruhen, sind schwieriger. Sie erfordern zusätzliche, nicht nachweisbare Annahmen, zum Beispiel einen übernatürlichen Schöpfer, der planmäßig vorging.

Die Ähnlichkeiten und Unterschiede zwischen den Vorderextremitäten von Maulwurf und Mensch lassen sich daher als Beleg dafür anführen, dass Evolution stattgefunden hat. Daher kann die Aussage als richtig bewertet werden.

Gestufte Hilfe: Ein möglicher Gedankengang zur Lösung der Aufgabe könnte so aussehen:

Gehe zunächst davon aus, dass die Ähnlichkeit der beiden Vorderextremitäten nicht auf Verwandtschaft und die Unterschiede nicht auf Evolution beruhen.

Schätze danach ab, ob die Erklärung der Ähnlichkeit und der Unterschiede in einem solchen Fall einfacher ist, als wenn man annimmt, dass Verwandtschaft vorliegt und Evolution stattgefunden hat.

Material B – Flugsaurier

B1 Vergleiche das Flügelskelett des Flugsauriers mit dem der Fledermaus und des Vogels auf Seite 23!

Gemeinsamkeiten:

Das Skelett der Vordergliedmaßen aller drei erwähnten Wirbeltiergruppen ist so gebaut, dass die Bildung von Flügeln möglich ist. Die Anordnung und der Bau von Oberarmknochen, Elle und Speiche sind ähnlich.

Unterschiede:

Die Unterschiede lassen sich in Form einer Tabelle darstellen:

	Flugsaurier	Fledermaus	Vogel
Anzahl der Finger	vier	fünf	reduziert
Form der Fingerknochen	einer sehr stark verlängert	einer kurz, vier verlängert	teilweise miteinander verwachsen
Form der Mittelhandknochen	kurz	einer kurz, vier verlängert	teilweise miteinander verwachsen (Anzahl reduziert)
Krallen	an drei Fingern	an einem Finger	keine
Art der Tragflächen	Flughaut zwischen einem sehr stark verlängerten Finger und dem Körper	Flughaut zwischen vier Fingern und dem Körper	Federn

B2 Begründe, welche der Begriffe Analogie, Homologie, Konvergenz sich beim Vergleich der drei Flügel der Aufgabe B1 anwenden lassen!

Die Flügel aller drei Gruppen haben den gleichen Ursprung. Sie lassen sich auf den Grundplan des Skeletts der Vordergliedmaßen der Wirbeltiere zurückführen. Das lässt sich daraus erschließen, dass alle drei Flügel aus den gleichen Knochen in ähnlicher Anordnung bestehen. Sie sind deshalb zueinander nicht analog, sondern homolog. Jeder der drei Flügeltypen ist aber unabhängig von den jeweils anderen entstanden. Sie sind die Folge einer Konvergenz. Dafür spricht, dass das Skelett in jeder Gruppe eine andere Struktur hat. Bei den Vögeln sind Mittelhand- und Fingerknochen reduziert und teilweise miteinander verschmolzen. Bei Fledermäusen dagegen sind Mittelhand- und Fingerknochen verlängert. Eine weitere andersartige Struktur findet man bei den Flugsauriern. Bei ihnen sind nur die Knochen eines einzigen Fingers sehr stark verlängert, nicht aber die Mittelhandknochen. Daher lassen sich nur die Begriffe Homologie und Konvergenz anwenden.

Gestufte Hilfe:
Vergleiche in einem ersten Schritt das Skelett der drei Flügel mit den Knochen, aus denen alle Vorderextremitäten der Wirbeltiere bestehen.
Vergleiche danach die Anordnung der Knochen der drei Flügel miteinander und überlege, wie man die Unterschiede erklären könnte, wenn man eine evolutive Entwicklung annimmt.

B3 Stelle eine Hypothese auf, ob es wahrscheinlich ist, dass die Flugsaurier die Vorfahren der Fledermäuse sind!

Sehr wahrscheinlich kommen die Flugsaurier als Vorfahren der Fledermäuse nicht in Frage. Beide Gruppen haben zwar ähnliche Flügel, die aus einer Flughaut bestehen. Die Skelettelemente, die die Flughaut ausspannen, haben aber eine ganz unterschiedliche Struktur. Bei den Flugsauriern dient dazu ein einziger Finger, deren Glieder sehr stark verlängert sind. Bei den Fledermäusen sorgen dagegen vier verlängerte Finger und vier ebenfalls verlängerte Mittelhandknochen dafür, dass die Flughaut eine Tragfläche bildet.

Gestufte Hilfe:
Überlege, welche Veränderungen des Flügelskeletts der Fledermäuse man annehmen müsste, wenn es sich aus dem Skelett von Vorfahren entwickelt haben sollte, die aussahen wie Flugsaurier. Vergleiche diese Annahme, mit der, dass sich bei Fledermäusen und Flugsauriern während ihrer Evolution unabhängig voneinander Flügel ausbildeten.

Zusatzinformation: Eine alternative Argumentation wäre: Wenn die Flugsaurier Vorfahren der Fledermäuse wären, müsst man annehmen, dass sich bei der Entstehung der Fledermäuse im Laufe der Evolution bereits vorhandene Flügel umgebildet hätten. Der eine stark verlängerte Finger hätte wieder verkürzt werden müssen, während sich weitere Finger und die Mittelhandknochen verlängert hätten. Das ist weniger wahrscheinlich als die Annahme einer unabhängig voneinander verlaufenden Evolution der beiden Gruppen.

B4 Begründe, ob die Flügel von Fledermäusen, Flugsauriern und Vögeln ein Beleg dafür sind, dass Evolution stattgefunden hat!

In allen drei Gruppen sind die Vorderextremitäten als Flügel ausgebildet. Ihr Flügelskelett besteht aus Elementen, die auch bei den Vorderextremitäten aller anderen Wirbeltiere zu finden sind, und diese Elemente sind immer gleich angeordnet. Das lässt sich am einfachsten dadurch erklären, dass sich die Flügelskelette aus dem Skelett von gemeinsamen Vorfahren entwickelt haben. Die drei Gruppen sind nach dieser Erklärung miteinander verwandt.

Die Flügelskelette der drei Gruppen sind in der Anzahl, der Größe und der Form der Skelettelemente verschieden. Die einfachste Erklärung dafür ist, dass die Evolution der drei Vorderextremitäten unabhängig voneinander, verlief. Für andere Erklärungsmöglichkeiten sind zusätzliche, nicht nachweisbare Annahmen erforderlich. Das könnte

zum Beispiel eine übernatürliche, planende Instanz sein, die die Umbildung der Vorderextremitäten zu Flügeln veranlasst hat.
Die Flügel der Flugsaurier, Fledermäuse und Vögel können daher als Beleg dafür dienen, dass Evolution stattgefunden hat.

Gestufte Hilfe:
Um nachzuweisen, dass die drei Flügel als Beleg für die Evolution dienen können, könnte man gedanklich so vorgehen:
Gehe zunächst davon aus, dass die Flügel nicht durch Evolution entstanden sind. Vergleiche dann diese Erklärungsmöglichkeit mit der, die Evolution annimmt. Vergleiche danach die Wahrscheinlichkeiten der beiden Erklärungsmöglichkeiten.

B5 Recherchiere Abbildungen von homologen und analogen Organen! Begründe jeweils, weshalb es sich um analoge oder homologe Organe handelt!
Individuelle Schülerlösung.

Zusatzinformation: Zur Präzisierung der Erwartungen und als Hilfe für die Lösung kann man die Schülerinnen und Schüler darauf hinweisen, dass Beispiele von Pflanzen und Tieren erwartet werden und dass sich beim Vergleich von Organen der Wirbellosen mit denen der Wirbeltiere viele Beispiele finden lassen.

2 Entstehung von Vielfalt

DARWINs Evolutionstheorie

Seite 26–29

1 Erkläre den Zusammenhang zwischen Überproduktion und Konkurrenz!
Lebewesen erzeugen mehr Nachkommen als für den Erhalt der jeweiligen Art erforderlich wäre. Da die Ressourcen, zum Beispiel die Nahrung, häufig für die vielen Nachkommen nicht ausreichen, stehen sie untereinander in Konkurrenz.

2 Vergleiche die Bedeutung der geschlechtlichen Fortpflanzung und der ungeschlechtlichen Fortpflanzung für die genetische Variabilität!
Durch beide Arten der Fortpflanzung können Nachkommen hervorgebracht werden, die sich von den Eltern unterscheiden. Beide sind also genetisch variabel.
Bei der ungeschlechtlichen Fortpflanzung entstehen die Nachkommen durch Mitosen aus Körperzellen. Ein Nachkomme ist daher in der Regel identisch zu seinen Geschwistern und zum elterlichen Lebewesen. In seltenen Fällen können aber Mutationen auftreten, die dazu führen, dass sich ein Nachkomme von den Eltern und von seinen Geschwistern unterscheidet.
Bei der geschlechtlichen Fortpflanzung entstehen die Nachkommen aus Geschlechtszellen. Durch die Meiose und durch die Befruchtung werden die Erbanlagen neu kombiniert. Das führt dazu, dass die Nachkommen fast immer sowohl untereinander verschieden sind, als sich auch von den Eltern unterscheiden.
Die genetische Variabilität ist also bei der geschlechtlichen Fortpflanzung sehr viel höher als bei der ungeschlechtlichen.

3 Beschreibe Einflussmöglichkeiten der Umwelt auf die Veränderung der genetischen Information!
Die Umwelt kann nur die Häufigkeit von Mutationen beeinflussen. Welche Gene sich wann in welcher Weise ändern, ist nicht von der Umwelt abhängig. Auch die Neukombination der Gene in der Meiose und Befruchtung geschieht zufällig.

4 Beschreibe die Entstehung des langen Giraffenhalses mithilfe der Abbildung 04!
Abbildung A: Unter den Giraffen gibt es einige wenige Individuen, die einen etwas längeren Hals hatten. Diese Tiere konnten auch Blätter an Bäumen fressen, die für andere Giraffen nicht erreichbar waren. Giraffen mit einem etwas längeren Hals hatten also eine höhere Fitness. Dadurch gaben die Giraffen die Erbanlagen, die einen etwas längeren Hals bewirken, häufiger an die nächste Generation weiter als die kurzhalsigen Giraffen.
Abbildung B und C: Viele Generationen später stieg der Anteil der Giraffen mit etwas längerem Hals stetig an, bis keine kurzhalsigen Giraffen mehr vorkamen.
Abbildung C und D: Unter den Giraffen mit längerem Hals traten Tiere auf, die einen noch etwas längeren Hals hatten. Das führt dazu, dass ähnliche Vorgänge wie die oben beschriebenen abliefen, sodass nach vielen Generationen nur noch Giraffen mit noch längerem Hals vorhanden waren.
Die Vorgänge wiederholten sich, bis der heutige lange Hals der Giraffen entstanden war.

5 Erkläre den Zusammenhang zwischen Selektion und Fitness!
Die Fitness beschreibt die Fähigkeit eines Lebewesens, seine Erbanlagen an die nächste Generation weiterzugeben. Bei höherer Fitness steigt der Anteil der günstigen Erbanlagen von Generation zu Generation, bei geringerer Fitness fällt der Anteil der betreffenden Erbanlagen.

DARWIN hat das als Auswahl der Individuen beschrieben, die sich nach dem Grad der Fitness richtet. Er bezeichnete den Vorgang als natürliche Selektion.

6 Erläutere, wie es durch Selektion zur Merkmalsänderung kommen kann!
Die Selektion führt dazu, dass günstige Ausprägungen eines Merkmals, die auf Genen beruhen, von Generation zu Generation so häufig werden, dass weniger günstige Ausprägungen eines Merkmals geringer werden oder sogar verschwinden. Dadurch können Merkmale in einem Schritt geändert werden, wie es zum Beispiel beim Auftreten der schwarz gefärbten Birkenspanner in den Industriegebieten Englands der Fall war. Häufig aber ändern sich im Laufe der Evolution die Merkmale in kleinen aufeinander folgenden Schritten, wie es zum Beispiel für die Entstehung des langen Giraffenhalses angenommen wird. In jedem der kleinen Schritte wirkte die Selektion, welche die jeweils etwas längeren Hälse bevorzugte.

Seite 30–31 (Material)

Material A – Taubenzucht

A1 Stelle am Beispiel der Trommeltaube dar, wie Taubenzüchter vorgehen, um eine neue Rasse ausgehend von der Felsentaube zu erhalten!
Die Taubenzüchter suchen unter den Nachkommen der Felsentauben die aus, die an ihren Beinen etwas mehr und/oder längere Federn haben als die übrigen Tiere. Diese Tauben verwenden sie für die weitere Zucht. Aus den Nachkommen wählen sie immer wieder die Tiere für die weitere Fortpflanzung aus, deren Befiederung der Beine am stärksten ist. So erhalten sie in vielen kleinen Schritten über zahlreiche Generationen hinweg Tauben, deren Beine so befiedert sind wie die der Trommeltauben.

Gestufte Hilfen:
Hilfe 1: Orientiere dich bei deiner Lösung an der Darstellung von DARWINs Theorie.
Hilfe 2: Übertrage die Vorgänge, die nach DARWIN bei der Entstehung des langen Giraffenhalse abgelaufen sind, auf die Vorgänge, die ein Taubenzüchter in Gang setzen könnte. Nimm auch die Abbildung 04 auf Seite 28 zu Hilfe.

A2 Erkläre, weshalb DARWIN das Vorgehen der Taubenzüchter als Argument dafür heranzog, dass seine Theorie von der Entstehung der Arten zutrifft!
Das Vorgehen der Taubenzüchter führt zur Änderung von Merkmalen. Das bestätigte die Vermutung, dass Arten nicht unveränderlich sind. Das war eine der Grundannahmen von DARWIN.
DARWIN konnte das Vorgehen der Taubenzüchter aber auch zum Nachweis dafür verwenden, dass die Richtung der Merkmalsänderung durch Auslesevorgänge erreicht wird und dass das in kleinen Schritten über lange Zeit erfolgt.
Bei der Taubenzucht gibt der Mensch die Richtung der Merkmalsänderung vor, in dem er die Tiere für die Fortpflanzung auswählt, die dem Zuchtziel am nächsten kommen. In der Natur übernehmen Umweltbedingungen die Rolle des Züchters. Die natürliche Selektion sorgt dafür, dass die am besten an die jeweiligen Umweltbedingungen angepassten Individuen sich stärker vermehren. Infolgedessen werden günstige Merkmale häufiger und ungünstige verschwinden. Durch die Taubenzucht entstehen zwar keine neuen Arten, aber neue Typen von Tauben, die sich von den ursprünglichen Formen stark unterscheiden. Das kann als Argument dafür dienen, dass heute lebende Arten von früher lebenden abstammen.
Durch die Taubenzucht konnte DARWIN nachweisen, dass Arten sich verändern können und dass sich Merkmale durch Auslese gerichtet verändern lassen. Außerdem liefert die Taubenzucht einen Beleg dafür, dass neue Arten aus Vorfahren entstehen können.

Gestufte Hilfen:
Gehe davon aus, dass DARWIN Argumente für die Richtigkeit folgender Annahmen benötigte:
1) Arten können ihre Merkmale ändern. Sie sind nicht unveränderlich geschaffen.
2) Heute lebende Arten sind aus Vorfahren entstanden.
3) Die Änderung von Merkmalen und die Entstehung neuer Arten verlaufen Schritt für Schritt innerhalb langer Zeiträume.

A3 Vergleiche das Vorgehen der Züchter mit den Vorgängen in der Natur bei der Entstehung der Arten!
Sowohl die Züchter als auch die Vorgänge in der Natur bevorzugen oder benachteiligen bestimmte Merkmale bei der Fortpflanzung. In beiden Fällen wird die Änderung des Merkmals häufig in mehreren aufeinander folgenden, kleinen Schritten über mehrere Generationen erreicht.
Der Züchter wählt für die Fortpflanzung gezielt Individuen mit solchen Merkmalen aus, die denen am nächsten kommen, die er erreichen möchte.
Die Vorgänge in der Natur, die natürliche Selektion, sorgen durch die Anzahl der Nachkommen dafür, dass sich Merkmale ändern. Individuen mit günstigen Merkmalen haben mehr Nachkommen als Individuen mit ungünstigen Merkmalen. Dadurch gibt es mit der Zeit über viele Generationen hinweg immer mehr Individuen der betreffenden Art mit günstigen Merkmalen.
Die Auslese durch den Züchter entspricht in ihrer Wirkung also der natürlichen Selektion. Weil die Züchter aber Tiere oder andere Lebewesen mit ungünstigen Merkmalen von der Fortpflanzung ganz ausschließen können, erreichen sie in weniger Generationen die erwünschte Merkmalsänderung. Die durch die Züchter gesteuerte Evolution läuft daher schneller als die natürliche Evolution.

Material B – Stülpnasenotter

B1 Beschreibe die Ergebnisse des Experiments!
Kleine Modelle mit Zickzackmuster zeigen die höchste Überlebenswahrscheinlichkeit von etwa 80 %, die großen, grauen Modelle haben die geringste Überlebens-wahrscheinlichkeit von etwa 58%. Insgesamt wurden die kleineren Modelle seltener attackiert als die großen. Von den großen Modellen wurden wiederum die gemusterten deutlich seltener attackiert als die einfarbigen.

B2 Stelle eine Hypothese auf, welchen Einfluss die Merkmale auf die Überlebenswahrscheinlichkeit haben!
Mit den Modellen wurde versucht, die natürlichen Bedingungen nachzustellen. Daraus könnte geschlossen werden, dass die Zickzackfärbung einen Vorteil bietet und Schlangen mit Zickzackmuster häufiger überleben als einfarbige. Das Muster könnte zur Tarnung dienen, sodass gemusterte Schlangen seltener gefressen werden. Das Muster könnte aber auch als Warnung vor dem Gift der Schlange dienen, sodass gemusterte Schlangen seltener gefressen werden. Die Größe der Schlangen wirkt sich auf die Überlebenswahrscheinlichkeit vermutlich so aus, dass größere Schlangen leichter von Greifvögeln gesehen und somit häufiger gefressen werden.

B3 Nenne den Evolutionsfaktor, der untersucht werden sollte!
Untersucht werden sollte die natürliche Selektion.

B4 Bewerte die Aussagekraft des Experiments!
Einerseits sind die Ergebnisse aus dem Experiment nur bedingt auf die Natur übertragbar, da die Modelle keine lebenden Schlangen sind. Nach einer ersten Attacke würde der Greifvogel sofort bemerken, dass es sich um keine echte Schlange handelt und würde von weiteren Angriffen absehen. Andererseits sind die Ergebnisse gut mit der Natur vergleichbar, da sich Schlangen häufig sehr ruhig verhalten und für den Greifvogel der Unterschied zwischen dem Modell und einer echten Schlange vor der Attacke nicht erkennbar ist.
Eine gewisse Aussagekraft des Experiments zur Überlebenswahrscheinlichkeit ist somit insgesamt gegeben.

Zusatzinformation: Das Experiment stammt aus einer Veröffentlichung von Niskanen & Mappes (Journal of Animal Ecology. 2005.74. 1091–1101). Die Autoren schließen aus ihren Ergebnissen, dass die höhere Überlebenswahrscheinlichkeit der großen Schlangen mit Zickzackmuster auf Aposematismus (Warnfärbung) zurückzuführen ist. Die Ergebnisse schließen jedoch nicht aus, dass das Muster lediglich zur Tarnung dienen könnte.

Material C – Röhrenschnauze des großen Ameisenbärs

C1 Erkläre, welche Vorteile beziehungsweise Nachteile mit einer längeren oder kürzeren Röhrenschnauze und Zunge verbunden sein könnten!
Eine noch längere Zunge könnte den Vorteil haben, dass der Ameisenbär die Ameisen oder Termiten aus weiteren und tiefer liegenden Gängen ihrer Bauten herausholen kann. Er könnte damit mehr Nahrung bekommen als viele seiner Artgenossen. Wenn dadurch aber die Zunge länger als die Schnauze des Tieres ist und heraushängt oder die Schnauze nicht mehr geschlossen werden kann, kann das zu empfindlichen Verletzungen führen. Dann wäre der Vorteil eines vermehrten Nahrungserwerbs mit dem Gesundheitsrisiko verknüpft. Ob dann noch ein Vorteil bleibt, würde sich an den fortpflanzungsfähigen Nachkommen zeigen.
Eine lange Schnauze und eine lange Zunge vergrößern die Masse des Schädels und es wird möglicherweise schwierig, den Kopf zu halten und zu bewegen. So würde es dem Ameisenbären schwerfallen, die sehr lange Zunge in die Gänge der Bauten einzuführen und Nahrung zu finden. Die Tiere könnten also trotz der längeren Zunge gegenüber ihren Artgenossen keinen Ernährungsvorteil haben.
Ähnliches gilt auch, wenn die Röhrenschnauze und die Zunge zu kurz sind, sodass diese nicht in die hinteren Teile der Bauten gelangt, wo sich die meisten Ameisen oder Termiten befinden. Eine kürzere Zunge hat jedoch für heutige Ameisenbären keinen Vorteil gegenüber einer langen Zunge, weil sie nur die bekannte Art des Nahrungserwerbs haben. Hierzu müssen sie mit der Zunge weit genug in die Gänge der Ameisen kommen.

C2 Beschreibe, wie DARWIN die Entstehung der Röhrenschnauze mit langer Zunge beim Ameisenbär erklären würde! Erstelle dazu ein Pfeildiagramm wie in Abbildung 04 auf Seite 28!
Vorfahren des Ameisenbärs mit kurzer Schnauze
↓
Auftreten einiger weniger Individuen mit einer etwas längeren Schnauze und Zunge
↓
Individuen mit etwas längerer Schnauze und Zunge waren besser ernährt, weil sie mehr Ameisen und Termiten fressen konnten als Ameisenbären mit der ursprünglichen kürzeren Schnauze; dadurch höhere Fitness.
↓
Individuen mit längerer Schnauze und Zunge wurden häufiger, da sie von der Selektion bevorzugt wurden.
↓
Alle Individuen der Ameisenbären mit etwas längerer Zunge
↓
Vorgänge 2 bis 5 wiederholten sich mehrmals, bis die heutige Form der Schnauze und Zunge entstanden war.

↓ = viele Generationen später

C3 Stelle eine Hypothese auf, weshalb die Röhrenschnauze der Ameisenbären im Verlaufe der Evolution nicht noch länger geworden ist!

Mögliche Hypothesen:

- Der Aufwand für die Verlängerung der Schnauze und Zunge ist zu hoch. Die Verbesserung der Ernährung kann den vermehrten Aufwand für eine längere Schnauze und Zunge nicht aufwiegen, der Aufwand würde sich nicht lohnen.
- Die optimale Angepasstheit ist bereits erreicht, sodass eine weitere Verlängerung der Schnauze und Zunge keine Steigerung der Fitness zur Folge hätte.
- Eine weitere Verlängerung der Schnauze und Zunge ist aus bautechnischen oder physiologischen Gründen nicht möglich. Zum Beispiel könnte eine noch längere Zunge nicht mehr fein genug durch Muskeln bewegt werden. Eine Verlängerung der Schnauze könnte ungünstig sein, weil die Stabilität zu gering wäre und die Verletzungsgefahr zu hoch.

Gestufte Hilfe:
Berücksichtige zum Beispiel:

- *die Nachteile, die mit einer langen Schnauze und Zunge verbunden sind,*
- *ob es möglich ist, dass eine Angepasstheit optimal ist,*
- *dass es Grenzen für Veränderungen gibt, die zum Beispiel in der Physik oder Chemie liegen.*

Material D – LAMARCKs Evolutionstheorie

D1 Formuliere zu jeder Abbildung einen kurzen Text, sodass die drei Texte zusammen die Vorstellungen LAMARCKs am Beispiel der Giraffen darstellen!

Abbildung A: Giraffen fraßen Blätter der Bäume. Dabei streckten sie ständig ihren Hals in die Höhe.

Abbildung B: Durch den ständigen Gebrauch des Halses wurde dieser etwas länger.

Abbildung C: Giraffen mit etwas längerem Hals streckten sich nach noch weiter oben am Baum stehenden Blättern. Das führte wie in Abbildung B dazu, dass der Hals noch etwas länger wurde. In kleinen Schritten entstand so über viele Generationen hinweg der lange Hals der heutigen Giraffen.

D2 Ordne die Sätze „Die Lebewesen verändern sich." und „Die Lebewesen werden verändert." den Theorien LAMARCKs beziehungsweise DARWINs zu! Begründe deine Zuordnung!

„Die Lebewesen verändern sich." passt zur Theorie von LAMARCK. „Die Lebewesen werden verändert." passt zur Theorie von DARWIN.

Begründung:

LAMARCK nimmt an, dass sich Merkmale durch ihren Gebrauch oder Nichtgebrauch verändern. Die Lebewesen bewirken die Veränderung dadurch, dass sie tätig oder untätig sind. Das wird durch die Aktiv-Form des Verbs „verändern sich" ausgedrückt.

DARWIN nimmt an, dass die Umweltbedingungen dafür sorgen, dass zufällig auftretende Individuen mit veränderten Merkmalen häufiger oder seltener werden. Dafür ist die Selektion verantwortlich. Sie läuft ab, ohne dass die Lebewesen selbst aktiv beteiligt sind. Daher passt das Verb in Passiv-Form „werden verändert" zur Theorie von DARWIN.

Gestufte Hilfe: Überlege, ob die Individuen in der Theorie von LAMARCK beziehungsweise DARWIN an den Veränderungen aktiv beteiligt sind, also selber durch Tätigkeit hervorrufen, oder ob die Veränderungen durch Einwirkung von außen zustande kommen.

D3 Nenne ein Argument aus der Genetik, das gegen die Theorie LAMARCKs spricht!

LAMARCK nimmt an, dass die Veränderung eines Merkmals, die durch Gebrauch und Nichtgebrauch aufgetreten ist, an die Nachkommen weitergegeben wird. Diese Annahme lässt sich aber durch die Ergebnisse der genetischen Forschung nicht bestätigen. Erworbene Eigenschaften können nach den Regeln der Genetik nicht vererbt werden.

Gestufte Hilfe: Berücksichtige, ob ein Individuum die Merkmale, die es im Laufe seines Lebens erworben hat, an seine Nachkommen weitergeben kann.

Zusatzinformation: Neue Forschungen haben ergeben, dass in bestimmten Fällen die Vererbung erworbener Merkmalsänderungen möglich ist. Ursachen liegen in der Epigenetik. Die Umwelt kann in bestimmten Fällen die Aktivität von Genen durch Methylierungen verändern. Diese Ergebnisse werden bei der Lösung nicht berücksichtigt.

D4 Beschreibe eine Gemeinsamkeit der beiden Evolutionstheorien!

Beide Evolutionstheorien gehen davon aus, dass die Merkmalsänderungen in kleinen Schritten und über lange Zeit hinweg geschehen und dass Veränderungen vererbt werden.

Entstehung von Arten

Seite 32–34

1 Beschreibe, wie durch geografische Isolation aus einer Art zwei entstehen können!

Die Population einer Art wird durch Ereignisse in der Erdgeschichte in zwei Teilpopulationen getrennt, die keinen Kontakt mehr miteinander haben. In langen Zeiträumen können sich die beiden geografisch isolierten Teilpopulationen nun so unterschiedlich voneinander entwickeln, dass sie nicht mehr in der Lage wären, sich mit Individuen der jeweils anderen Teilpopulation fruchtbar fortzupflanzen, auch wenn ein Kontakt wieder möglich wird. So können zwei Arten entstehen.

2 Erkläre, was man unter einer Art versteht!
Wenn Individuen sich untereinander fortpflanzen können und deren Nachkommen sich weiter fortpflanzen können, dann spricht man von einer Art.

3 Beschreibe den Unterschied zwischen Art und Rasse!
Individuen verschiedener Rassen unterscheiden sich in einigen oder vielen Merkmalen, sie können sich aber dennoch untereinander fruchtbar fortpflanzen. Ein Art kann also verschiedene Rassen umfassen. Rassen sind Gruppen derselben Art.

Seite 35 (Material)

Material A – Antilopenhörnchen

A1 Beschreibe die mögliche Entstehung der beiden Antilopenhörnchenarten aus einer Ursprungsart!
Als sich der Colorado River über einen sehr langen Zeitraum in das Gestein eingegraben hat, wurde die Population der Ursprungsart durch den Fluss und die Schlucht in Teilpopulationen getrennt. Im Laufe der Zeit entwickelten sich beide Teilpopulationen so weit auseinander, dass sie sich nicht mehr untereinander fortpflanzen konnten, selbst wenn sie in Kontakt gekommen wären. Zwei Arten sind entstanden. So könnten aus einer Ursprungsart zwei Antikopenhörnchenarten entstanden sein.

A2 Vergleiche die Entstehung der beiden Arten mit der Entstehung der beiden Spechtarten!!
Sowohl die beiden Hörnchen- als auch die beiden Spechtarten sind durch geografische Isolation entstanden. Die Barrieren zur Isolation waren jedoch jeweils andere: bei den Hörnchen eine Schlucht, bei den Spechten Gletscher. Die beiden Hörnchenarten sind auch heute noch räumlich getrennt, die beiden Spechtarten dagegen nicht.

A3 Stelle Hypothesen auf über ähnliche Situationen in der Erdgeschichte, in denen es zur Artentstehung kommen kann!
Auch die Entstehung von Inseln, Vulkanausbrüche oder klimatische Verschiebungen (Meeresspiegelanstieg, austrocknende Gewässer) könnten zu geografisch isolierten Populationen und damit einer Artbildung führen. Solche Ereignisse könnten verhindern, dass Populationen in Kontakt treten können.

Material B – Gelbbauchunke und Rotbauchunke

B1 Beschreibe die Verbreitungsgebiete von Gelbbauch- und Rotbauchunke!
Die Gelbbauchunke ist im westlichen Teil Europas von Teilen Frankreichs über Süd- und Mitteldeutschland, die Schweiz, Österreich, Tschechien, Ungarn, Italien und den Balkan verbreitet. Die Rotbauchunke ist im östlichen Teil Europas über Ostdeutschland, Ungarn, Polen, Ukraine und Russland verbreitet. In Tschechien, der Slowakei, Ungarn und Rumänien überlappen sich die Verbreitungsgebiete.

Gestufte Hilfe: Verwende eine Landkarte von Europa!

B2 Stelle Hypothesen auf, wie Gelbbauch- und Rotbauchunke entstanden sein könnten!
Die europäische Population einer gemeinsamen Ausgangsart könnte durch ein Ereignis wie beispielsweise der Eiszeit in zwei Teilpopulationen, eine östliche und eine westliche, getrennt worden sein. Beide Populationen haben sich dann getrennt voneinander entwickelt, sodass Gelbbauchunke und Rotbauchunke entstanden sind.

Gestufte Hilfe: Orientiere dich bei der Lösung am Beispiel der Artentstehung von Grau- und Grünspecht!

B3 Begründe, ob Gelbbauchunke und Rotbauchunke verschiedene Arten sind!
Die Individuen einer Art können miteinander fortpflanzungsfähige Nachkommen zeugen und somit ihre Erbinformationen von Generation zu Generation weitergeben. Im gemeinsamen Verbreitungsgebiet der Unken treten Tiere auf, die eine Kombination aus den Merkmalen der Gelbbauchunken und Merkmalen der Rotbauchunken zeigen. Diese Mischlinge sind fortpflanzungsfähig. Deshalb handelt es sich hier nicht um zwei verschiedene Arten.

Gestufte Hilfe: Orientiere dich bei der Lösung am Beispiel der Artentstehung von Grau- und Grünspecht!

Zusatzinformation: Die aktuelle und sehr umfassende Studie zur Gattung Bombina *von Pabijan et al. (Molecular Phylogenetics and Evolution 69, 63–74, 2013) zeichnet aufgrund mitochondrialer DNA-Daten sowie weiterer Befunde ein sehr komplexes Bild der Evolution der Gattung* Bombina. *Die beiden Unkenarten haben sich wohl im späten Miozän getrennt und sind molekular, morphologisch und anhand ihrer Lebensraumpräferenzen klar zu trennen. Dennoch gibt es in der Überlappungszone Hybridisierungen. Die Gelbbauchunke* Bombina variegata *besteht aus drei phylogenetischen Gruppen: eine im klassischen Verbreitungsgebiet, die andere in Italien und eine dritte in den Karpaten. Schon zwischen diesen* Bombina-variegata-*Gruppen sind die Unterschiede auf molekularer Ebene signifikant größer als in allen untersuchten Rotbauchunken (*Bombina bombina*). Trotz dieser zum Teil hohen genetischen Divergenz innerhalb der Art* Bombina variegata *sind wohl sekundäre Kontakte mit Austausch genetischen Materials möglich gewesen. Ähnliche Vorgänge sind vermutlich die Ursache für die Hybridisierungen zwischen*

Gelbbauchunke und Rotbauchunke. Insgesamt scheint die Evolution der Gattung Bombina *ein Beispiel für retikulare Evolution zu sein.*

Stammesgeschichte der Wirbeltiere

Seite 36–38

1 Nenne in Form einer Tabelle die in der Stammesgeschichte jeweils neu auftretenden Merkmale der Landwirbeltiere!

	Amphibien	Reptilien	Säugetiere	Vögel
Laufbeine	X			
Eier mit lederartiger Schale		X		
Körper mit Schuppen bedeckt		X		
Körper mit Haaren bedeckt			X	
Körpertemperatur gleichwarm			X	X
Milchdrüsen			X	
Körper mit Federn bedeckt				X
Vorderbeine zu Flügeln umgebildet				X
Eier mit fester Kalkschale				X

Seite 39 (Material)

Material A – Stammbaum

A1 Ordne die angegebenen Merkmale begründet dem Kennbuchstaben des Stammbaumschemas der Abbildung 04 auf Seite 38 zu!

A = Körper mit einer in der Längsachse liegenden Wirbelsäule; *Begründung*: alle Wirbeltiere besitzen eine Wirbelsäule
B = vier Laufbeine; *Begründung*: Amphibien, Reptilien, Vögel und Säugetiere besitzen 4 Extremitäten, zur Fortbewegung auch an Land.
C = Eier mit lederartiger Schale, Eiablage an Land; *Begründung*: Exklusivmerkmal der Reptilien
D = Körper mit Haaren bedeckt, die ein Fell bilden; *Begründung*: Exklusivmerkmal der Säugetiere
D = Milchdrüsen zur Ernährung der Jungtiere; *Begründung*: Exklusivmerkmal der Säugetiere
E = Eier mit Kalkschale, Eiablage an Land; *Begründung*: Exklusivmerkmal der Vögel
E = Federn; *Begründung*: Exklusivmerkmal der Vögel
E = Vorderbeine als Flügel ausgebildet; *Begründung*: Exklusivmerkmal der Vögel

A2 Erkläre, weshalb sich für die Bearbeitung von A1 von den vielen Merkmalen der Wirbeltiere die in der Tabelle angegebenen eignen!
Die Äste eines Stammbaums, die in einer gemeinsamen Abzweigung zusammenlaufen, stellen eine Verwandtschaftsgruppe dar. Als Argument dafür dienen neu in der Stammesgeschichte aufgetretene Merkmale. Solche Merkmale sind im Stammbaumschema mit Kennbuchstaben angegeben.
Zum Beispiel sind Amphibien, Reptilien, Vögel und Säugetiere untereinander näher verwandt als jeder von ihnen mit den Fischen. Als Argument dafür dient in diesem Fall das neu in der Stammesgeschichte auftretende Merkmal der „vier Laufbeine". In der Tabelle sind nur solche neu aufgetretenen Merkmale aufgeführt.

Gestufte Hilfe: Überlege, welche Merkmale geeignet sind, um Verwandtschaft erschließen zu können.

Zusatzinformation: In der Aufgabe und im Lösungsvorschlag sind die Verwandtschaftsverhältnisse vereinfacht. Zum Beispiel werden die Begriffe „Fische" und „Reptilien" verwendet, obwohl sie keine Bezeichnungen für monophyletische Gruppen sind.

A3 Nenne zwei Tiere, die keine Laufbeine haben, aber dennoch in die Gruppe der Vierfüßer eingeordnet werden!
Schlangen, Wale

Weitere Beispiele: Schleichen (zum Beispiel die Blindschleiche), Seekühe, Robben, eventuell auch Vögel und Fledermäuse, bei denen die Vorderbeine als Flügel ausgebildet sind.

A4 Stelle eine Hypothese auf, nach welchen Befunden man suchen müsste, um die Einordnung der unter A3 erwähnten Tiere zu rechtfertigen!
Individuelle Schülerlösung.

Die Suche nach folgenden Befunden wäre sinnvoll:

- Man könnte nach Fossilien von Vorfahren der genannten Tiere suchen. Bei ihnen müssten die Laufbeine oder Reste von ihnen zu finden sein. Bei Vorfahren der Wale, Seekühe und Robben sollten die Vorfahren noch Laufbeine oder Übergangsformen zu Flossen haben. Die Vorfahren der Fledermäuse und Vögel sollten ebenfalls Laufbeine oder Übergangsformen zu Flügel vorhanden sein.
- Man könnte die Skelette der genannten Tiere darauf untersuchen, ob Reste von Laufbeinen oder typische Elemente von Laufbeinskeletten auch bei Flossen und Flügeln vorhanden sind.
- Man könnte Embryonen der genannten Tiere darauf untersuchen, ob in der Entwicklung bis zur Geburt oder

zum Schlüpfen Laufbeine auftauchen oder Stadien vorhanden sind, die an Laufbeine erinnern und sich erst später in der Embryonalentwicklung zu Flossen oder Flügeln ändern.

Material B – Schnabeltier

B1 Recherchiere Informationen zu den Merkmalen des Schnabeltiers und fertige eine Tabelle an!
Individuelle Schülerlösung.

In der Tabelle sollten unter anderen folgende Merkmale aufgeführt werden:

Fortpflanzung	Körperbedeckung	Körpertemperatur
– legt Eier mit einer lederartigen Hülle – hat Milchdrüsen, die ein Sekret absondern, von dem sich die Jungtiere ernähren	– Körper mit Haaren bedeckt	– gleichwarm – Körpertemperatur schwankt stärker als bei den meisten anderen Säugetieren

Daneben sind auch Eintragungen zu folgenden Merkmalen möglich:
Vorkommen, Lebensweise, Fortbewegung, Beutesuche und Beutefang, Sinnesorgane, Skelettmerkmale (vor allem der Kiefer und des Schultergürtels)

B2 Nenne ein Merkmal des Schnabeltiers, das schon bei seinen Vorfahren vorhanden war, aber bei fast allen anderen Säugetieren nicht zu finden ist!
Die Vorfahren der Säugetiere, die man unter den Reptilien suchen muss, legten Eier mit einer lederartigen Hülle.

Gestufte Hilfe:
Hilfe 1: Nimm die Lösung der Aufgabe A1 zu Hilfe.
Hilfe 2: Berücksichtige vor allem die Art der Fortpflanzung des Schnabeltiers.

Zusatzinformation: Eventuell lässt sich auch die schwankende Körpertemperatur als ursprüngliches Merkmal anführen. Ursprüngliche Merkmale des Skeletts, vor allem des Schultergürtels sollten nicht berücksichtigt werden, weil ihr Verständnis eine umfassende und genaue Darstellung des ursprünglichen Wirbeltierskeletts erfordert.

B3 Begründe, weshalb das Schnabeltier innerhalb der Wirbeltiere eindeutig den Säugetieren zugeordnet werden kann!
Wenn man ein Lebewesen einer bestimmten Gruppe zuordnet, bedeutet das, dass es mit den Mitgliedern dieser Gruppe näher verwandt ist als mit anderen Lebewesen. Verwandte Lebewesen erkennt man daran, dass sie neu in der Stammesgeschichte aufgetretene Merkmale haben.

Bei den Säugetieren sind in der Stammesgeschichte folgende Merkmale neu aufgetreten:
- Haare;
- Milchdrüsen, die der Ernährung der Jungtiere dienen;
- gleichwarme Körpertemperatur.

Da auch die Schnabeltiere diese Merkmale haben, müssen sie der Gruppe der Säugetiere zugeordnet werden.

Gestufte Hilfen:
Hilfe 1: Berücksichtige bei der Begründung, welche Merkmale zulässig sind, wenn man nachweisen möchte, dass die Mitglieder einer systematischen Gruppe untereinander näher verwandt sind als mit anderen Lebewesen. Nur solche Merkmale sind geeignet, um zu begründen, dass eine Art zu einer bestimmten systematischen Gruppe gehört.
Hilfe 2: Berücksichtige, dass nur neu in der Stammesgeschichte aufgetretene Merkmale geeignet sind, um die Verwandtschaft innerhalb einer systematischen Gruppe zu begründen.
Hilfe 3: Für die Begründung der stammesgeschichtlichen Verwandtschaft, die einer systematischen Gruppe zugrunde liegt, sind nur die Merkmale geeignet, die bei der betreffenden Gruppe neu aufgetreten sind. Überlege, ob das Schnabeltier Merkmale hat, die bei den Säugetieren neu aufgetreten sind.

Zusatzinformation: Das Genom des Schnabeltiers stimmt zu mehr als 80 Prozent mit dem der Säugetiere überein. Es enthält sowohl Gene für die Milchproduktion der Säuger, aber auch Gene, die das Eierlegen wie bei Reptilien und Vögeln steuern. Schnabeltiere sind für die Forschung von Bedeutung, weil sie das Bindeglied zwischen Säugetieren und ihren frühesten Vorfahren, den Reptilien, sind. Da sich später aus den Reptilien auch die Vögel entwickelten, haben Schnabeltiere auch Eigenschaften, die an Vögel erinnern. So haben sie nur eine Öffnung, in die Geschlechtsorgane, Harnleiter und Darm münden, die Kloake. Neben den höheren Säugetieren und den Beuteltieren sind Kloakentiere die dritte Unterklasse der Säugetiere.

Material C – Systematische Ordnung

C1 Recherchiere über die beiden Tierarten und beschreibe ihre Stellung im natürlichen System! Nimm die Abbildung 04 auf Seite 38 zu Hilfe!
Recherche: individuelle Schülerlösung.
Beschreibung der Stellung im natürlichen System: Der Walhai gehört zu den Fischen; der Schwertwal zu den Säugetieren.

C2 Vergleiche in Form einer Tabelle Skelett, Atemorgane, Haut und Gebiss der Klassen, zu der die beiden Arten gehören!

	Säugetiere (Schwertwal)	**Knorpelfische (Walhai)**
Skelett	Knochen	Knorpel
Atemorgane	Lungen	Kiemen
Haut	mit Haaren bedeckt	mit Schuppen bedeckt, die mit kleinen Zähnchen besetzt sind
Gebiss	Zähne mit Wurzeln, Dauergebiss nach einmaligem Zahnwechsel	wurzellose Zähne in mehreren Reihen (Revolvergebiss), mehrfacher Zahnwechsel

Stammesentwicklung der Pflanzen

Seite 40–42

1 Vergleiche den Bau von Sporen- und Samenpflanzen!

Gemeinsamkeiten:
- Sporen- und Samenpflanzen haben den gleichen Grundbauplan. Sie sind gegliedert in einen im Boden liegenden Teil, einen Spross, in dem Leitungs- und Festigungselemente liegen, und Blättern.
- Beide Pflanzengruppen bilden kleine Pflanzenteile, die der Verbreitung dienen.

Unterschiede:
- Sporenpflanzen bilden Sporen und Samenpflanzen Samen, die der Verbreitung dienen;
- Sporen bestehen nur aus einer Zelle. Samen sind vielzellig. Sie enthalten Nährstoffe und einen Embryo.
- Die männlichen Geschlechtszellen der Sporenpflanzen haben Geißeln. Die männlichen Geschlechtszellen der Samenpflanzen liegen im Pollenkorn.

Zusatzinformation: Der Begriff Sporenpflanze wird hier vereinfachend für die landlebenden Sporenpflanzen wie Farne, Schachtelhalme und Moose verwendet. Für den Vergleich mit den im Wasser lebenden Sporenpflanzen fehlt den Schülerinnen und Schülern die erforderliche Information.

2 Beschreibe die Angepasstheiten, durch die die Fortpflanzung der Samenpflanzen unabhängig vom Wasser ablaufen kann!

Die unabhängig vom Wasser erfolgende Fortpflanzung ist möglich, weil die männlichen Geschlechtszellen im Pollenkorn liegen. Zum Transport von Pollenkörnern ist kein Wasser erforderlich. Zur Befruchtung bildet ein Pollenkorn einen Pollenschlauch, der auf die Eizelle zuwächst. Durch den Pollenschlauch erreicht der Kern der männlichen Geschlechtszelle die Eizelle. Zudem liegt der aus der Eizelle entstehende Embryo im Samen und ist durch die widerstandsfähige Samenhülle vor Austrocknung geschützt. Aufgrund dieser Angepasstheiten kann die Fortpflanzung der Samenpflanzen unabhängig vom Wasser ablaufen.

Gestufte Hilfe: Stelle zunächst fest, wie die männlichen Geschlechtszellen der Sporenpflanzen beziehungsweise der Samenpflanzen bei der geschlechtlichen Fortpflanzung die Eizelle erreichen.

Seite 43 (Material)

Material A – Stammbaum der Pflanzen

A1 Nenne die Fachbegriffe für die mit D und E gekennzeichneten Gruppen des Stammbaumschemas!

D = Nacktsamer
E = Bedecktsamer

A2 Nenne die mit Zahlen gekennzeichneten Merkmale, die neu in der Stammesgeschichte der Pflanzen auftreten!

1 = Sprosse mit Leitungs- und Stabilisierungsgewebe
2 = feste, den äußeren Zellen aufliegende Kutikula
3 = kleine Poren in der Kutikula, die den Spaltöffnungen heutiger Pflanzen ähneln
4 = Pollen, Samen
5 = Fruchtknoten

A3 Nenne die Gruppen des Stammbaumschemas, die zu den Sporenpflanzen beziehungsweise den Samenpflanzen gehören!

Sporenpflanzen: A, B, C; *Samenpflanzen*: D, E

A4 Vergleiche Sporen, Pollen und Samen miteinander!

Gemeinsamkeiten:
- Sowohl Sporen als auch Pollen und Samen sind Pflanzenteile, die sich vom Pflanzenkörper lösen.
- Sporen und Samen haben eine widerstandsfähige Hülle. Aus ihnen entstehen neue Pflanzen. Beide dienen der Verbreitung und Vermehrung von Pflanzen.

Unterschiede:
- Sporen bestehen nur aus einer Zelle. Sie entstehen ungeschlechtlich.
- Samen bestehen aus einem Embryo, also aus mehreren Zellen. Sie entstehen geschlechtlich, also aus Eizellen.
- Pollen bestehen aus mehreren Zellen. Darunter ist auch eine männliche Geschlechtszelle. Sie dienen nicht der Verbreitung von Pflanzen, sondern zur Befruchtung.

Gestufte Hilfe:
Berücksichtige beim Vergleich vor allem:
- *die Hülle der Sporen und Samen;*
- *ob die Entstehung auf geschlechtlichem oder ungeschlechtlichem Weg verläuft;*
- *die Anzahl der Zellen, die am jeweiligen Bau beteiligt sind;*
- *ob die Funktion in der Verbreitung besteht oder ob eine andere Funktion vorliegt.*

A5 Stelle eine Hypothese auf, welche Pflanzengruppen bei F eingetragen werden könnten! Beschreibe ihre Bedeutung für den Menschen!

F ist im Stammbaumschema tiefer gesetzt als die heute lebenden Gruppen. F steht also für eine ausgestorbene Gruppe. Sie stellt einen Seitenzweig der heutigen Bärlappgewächse dar. Das könnten baumartige Bärlappe sein, zum Beispiel Schuppen- und Siegelbäume.

Diese Bäume sind Bestandteile der Steinkohle und daher für den Menschen als Energiequelle von Bedeutung.

Gestufte Hilfe: Stelle zunächst fest, ob es sich um eine noch heute lebende oder eine ausgestorbene Pflanzengruppe handelt. Berücksichtige dann bei der weiteren Suche die im Stammbaum angegebenen nächsten Verwandten.

A6 Stelle eine Hypothese auf, weshalb sich die Pflanzen fressenden Dinosaurier nicht von Gras ernähren konnten! Berücksichtige dabei, dass Gras zur Gruppe E gehört!

Gräser sind Samenpflanzen. Samenpflanzen treten erst spät in der Stammesgeschichte der Pflanzen auf. Es könnte sein, dass die Gräser noch nicht entstanden waren, als Dinosaurier auf der Erde lebten. Die Dinosaurier wären bei dieser Annahme ausgestorben, bevor die ersten Gräser auftraten.

Gestufte Hilfe: Informiere dich zur Lösung der Aufgabe darüber, in welchen geologischen Zeiten Gräser und Dinosaurier lebten.

Material B – Ginkgo

B1 Beschreibe die männliche Geschlechtszelle!

Die Geschlechtszelle des Ginkgos ist kugelig und im oben liegenden Bereich der Abbildung leicht spitz ausgezogen. Dieser spitze Bereich ist von kleinen Härchen (Wimpern) besetzt. Sie stehen in einer sich spiralig zweimal um die Zelle windenden Linie. Der Zellkern liegt im Bereich der Zelle, der dem mit Wimpern besetzten Teil gegenüberliegt.

B2 Vergleiche die Befruchtung des Ginkgos mit der der übrigen Samenpflanzen!

Gemeinsamkeiten:

Sowohl der Ginkgo als auch die übrigen Samenpflanzen bilden Pollenkörner. Die Pollenkörner werden auf die Blüten übertragen. Ein Pollenkorn enthält eine männliche Geschlechtszelle.

Unterschiede:

Beim Ginkgo verlässt die männliche Geschlechtszelle das Pollenkorn. Sie gelangt frei und aktiv schwimmend zur Eizelle, mit der sie verschmilzt. Zur Fortbewegung dienen die kleinen Härchen (Geißeln) der männlichen Geschlechtszelle. Die männliche Geschlechtszelle kann die Eizelle also nur schwimmend erreichen. Der Weg zu ihr muss von Wasser bedeckt sein.

Bei den übrigen Samenpflanzen hat die männliche Geschlechtszelle keine Härchen (Geißeln). Sie kann sich nicht aktiv bewegen und verlässt auf dem Weg zur Eizelle das Pollenkorn nicht. Zu Beginn des Befruchtungsvorgangs wächst aus dem Pollenkorn ein langer, dünner Fortsatz aus in Richtung der Eizelle. Durch diesen Pollenschlauch wandert die männliche Geschlechtszelle zur Eizelle, mit der sie verschmilzt. Für die Befruchtung ist also kein Wasser erforderlich.

B3 Vergleiche das abgebildete fossile Blatt mit den Blättern des heute lebenden Ginkgos!

Die Form des fossilen Blatts ist dem des heute lebenden Ginkgos sehr ähnlich. Auch die Blattadern sind sehr ähnlich angeordnet.

B4 Erkläre, weshalb man den heute noch lebenden Ginkgo als „lebendes Fossil“ bezeichnet!

Die Sporenpflanzen, die als direkte Vorfahren der Samenpflanzen in Frage kommen, sind nur fossil überliefert. Der Ginkgo hat Merkmale dieser fossilen Vorfahren, lebt aber heute. Daher bezeichnet man ihn als „lebendes Fossil“. Ein solches Merkmal sind die männlichen Geschlechtszellen des Ginkgos. Sie bewegen sich frei und aktiv im Wasser und erreichen so die Eizelle. Dieser Bau der männlichen Geschlechtszellen und diese Art der Befruchtung, die an Wasser gebunden ist, ist kennzeichnend für Sporenpflanzen, waren also bei den direkten Vorfahren der Samenpflanzen vorhanden.

Gestufte Hilfen:

Hilfe 1: Berücksichtige, dass der Bau der männlichen Geschlechtszellen und die Art der Befruchtung des Ginkgos von der der übrigen Samenpflanzen abweichen.

Hilfe 2: Verwende als Argument für die Rechtfertigung des Begriffs „lebendes Fossil“ die Tatsache, dass der Ginkgo männliche Geschlechtszellen und eine Form der Befruchtung hat, die der von Sporenpflanzen gleicht.

B5 Vergleiche den Ginkgo mit einem anderen Baum! Erstelle dazu eine digitale Präsentation!

Individuelle Schülerantwort.

Vergleichskriterien könnten unter anderem sein:

- *Größe;*
- *Früchte und/oder Samen;*
- *Art der Befruchtung;*
- *Verteilung der Geschlechter;*
- *Bau und Form der Blätter (unter anderem Art Anordnung der Blattadern);*
- *Vorfahren und systematische Gruppe;*
- *Laubabwurf.*

Stammesgeschichte des Menschen

Seite 44–47

1 Vergleiche Vormenschen und moderne Menschen miteinander!

Gemeinsamkeiten: Vormenschen und moderne Menschen:
- laufen aufrecht auf zwei Beinen;
- haben ähnliche Gebisse:
- haben keine abspreizbare erste Zehe, die zum Greifen geeignet wäre.

Unterschiede: Im Unterschied zu den modernen Menschen hatten die Vormenschen:
- eine geringere Körpergröße und ein viel kleineres Gehirn;
- keine Stirn;
- starke Überaugenwülste;
- schnauzenartig vorstehender Kiefer;
- vermutlich eine höhere Fähigkeit, sich kletternd in Bäumen zu bewegen.

2 Beschreibe vier wichtige Tendenzen in der Evolution bis zum heutigen Menschen!

1) Die Vorfahren des heutigen Menschen gingen von einer kletternden und vierbeinigen Fortbewegungsweise zum aufrechten, zweibeinigen Gang über. Die Fähigkeit, mit der abspreizbaren ersten Zehe zu greifen, verschwand.
2) Die Beine wurden im Vergleich zu den Armen länger, die Arme kürzer.
3) Die Vorfahren des heutigen Menschen entwickelten eine steigende Fähigkeit, Werkzeuge zu verwenden und herzustellen.
4) Im Laufe der Stammesgeschichte wurden die Überaugenwülste schwächer, die vorstehenden Kiefer wurden immer weiter zurückverlagert, sodass der Gesichtsschädel immer flacher wurde.

Weitere Tendenzen:
- Die Stirn wurde höher.
- Die Vorfahren entwickelten die Fähigkeit, mit Feuer umzugehen.
- Es entwickelte sich eine Wortsprache.
- Es entwickelte sich die Fähigkeit, Kunstwerke herzustellen, sowohl Malerei als auch Plastiken.
- Das Hirnvolumen nahm zu.

3 Erkläre, weshalb die kulturelle Entwicklung des heutigen Menschen schnell verlief!

Die kulturelle Entwicklung verlief vor allem wegen der Fähigkeit zu sprechen schneller als die biologische. Durch die Sprache konnten Erfahrungen und Kenntnisse direkt und auf einfache Weise weitergegeben werden.

Seite 48–49 (Material)

Material A – Schädelvergleich

A1 Vergleiche bei den drei Schädeln: die Form des Gesichtsschädels, das Größenverhältnis zwischen dem Gesichts- und dem Hirnschädel, die Eckzähne, die Stirn und die Überaugenwülste, die Lage des Hinterhauptslochs!

	Schimpanse	***Australopithecus afarensis***	***Homo sapiens***
Form des Gesichtsschädels	Kiefer stark vorspringend, sodass eine Schnauze entsteht	Kiefer vorgewölbt; Schnauze weniger ausgeprägt als bei Schimpansen	Kiefer nicht vorspringend; Gesichtschädel flach
Größenverhältnis zwischen Gesichts- und Hirnschädel	Hirnschädel kleiner als Gesichtsschädel	Hirnschädel im Vergleich zum Gesichtsschädel leicht größer als bei Schimpansen	Hirnschädel viel größer als der Gesichtsschädel
Eckzähne	kräftig ausgebildet, viel höher als die Schneide- und Backenzähne	viel schwächer ausgebildet als bei Schimpansen, kaum höher als Schneide- und Backenzähne	kaum höher als Schneide- und Backenzähne
Stirn	sehr flach ansteigend (nicht vorhanden)	flach ansteigend	steil ansteigend
Überaugenwülste	sehr kräftig	kräftig	sehr schwach ausgebildet
Lage des Hinterhauptslochs	hinten am Hirnschädel liegend	etwas weiter vorne in Richtung der Mitte des Hirnschädels liegend als bei Schimpansen	weit vorne, in der Mitte des Hirnschädels liegend

A2 Ordne die Schädel nach dem Volumen ihres Hirnschädels und erkläre die Unterschiede!

Schimpanse und *Australopithecus afarensis* haben etwa dasselbe, geringe Volumen des Hirnschädels, der Homo sapiens hat ein sehr viel größeres. Das sehr große Volumen des Hirnschädels des *Homo sapiens* kam dadurch zustande, dass während der Evolution das Gehirn immer größer wurde.

A3 Stelle eine Hypothese auf, durch die sich die Form der Stirn beim *Homo sapiens* erklären lässt!

Während der Evolution bis zum *Homo sapiens* wurde das Gehirn immer größer.

Das Gehirn konnte nur größer werden, wenn auch der Innenraum des Hirnschädels an Volumen zunahm. Die steile Stirn des *Homo sapiens* könnte als eine Erweiterung des Hirnschädels nach vorne oben entstanden sein. So könnte

neuer, zusätzlicher Raum für ein größeres Gehirn entstanden sein.
Zusatzinformation: Möglich wären auch andere Ursachen, zum Beispiel, dass die steile, hohe Stirn dem Schönheitsideal stärker entsprochen hat. Menschen mit höherer Stirn wären dann bei der Fortpflanzung bevorzugt worden. Menschen mit hoher Stirn wären so durch die Selektion immer häufiger geworden.

Gestufte Hilfe: Berücksichtige, dass das Gehirn während der Stammesgeschichte bis zum heutigen Menschen immer größer geworden ist und der Schädelinnenraum daher ebenfalls zunehmen musste.

A4 Beschreibe die Veränderungen in der Lage der Zähne, die dazu geführt haben, dass sich die für den *Homo sapiens* typische Form des Gesichtsschädels entwickelte!
Die typische Form des Gesichtsschädels des *Homo sapiens* ist flach. Die Reduktion des schnauzenartig vorspringenden Kiefers ist unter anderem dadurch möglich geworden, dass die Backenzahnreihen der Oberkiefer nicht mehr parallel verlaufen wie beim Schimpansen, sondern gebogen sind wie eine Parabel.

Möglich wäre auch die Beschreibung der Zahnlücken und ihre Reduktion:
Ein Schimpanse hat Zahnlücken zwischen den Schneide- und Eckzähnen im Oberkiefer. Diese Lücken sind bei Australopithecus afarensis und bei Homo sapiens nicht vorhanden. Dadurch wird der Oberkiefer ein wenig kürzer, sodass er nicht mehr so weit vorspringt.
Die Zahnlücke, die sogenannte Affenlücke, ist erforderlich, weil die hohen, kräftigen Eckzähne der Menschenaffen bei geschlossenem Maul diesen Platz benötigen. Mit der Reduktion der Eckzähne war die Affenlücke nicht mehr erforderlich.

Gestufte Hilfen
Hilfe 1: Richte deine Erklärung darauf aus, dass der Gesichtsschädel im Laufe der Stammesgeschichte flacher wurde, weil die Schnauze sich immer weniger vorwölbte.

A5 Stelle eine Hypothese auf, die die Veränderung der Lage des Hinterhauptslochs durch den Übergang zum aufrechten Gang erklärt!
Das Hinterhauptsloch liegt bei Schimpansen hinten, unten am Hirnschädel, bei *Australopithecus afarensis* weiter vorne und beim *Homo sapiens* fast in der Mitte der Schädelunterseite.
Das Hinterhauptsloch ist die Eintrittsöffnung des Rückenmarks in den Schädel. An seinen Rändern liegt der Schädel auf der Wirbelsäule. Vermutlich ist das Hinterhauptsloch im Laufe der Stammesgeschichte weiter nach vorne gerückt, weil der Auflagepunkt des Schädels so immer näher am Schwerpunkt lag. Das bringt beim aufrechten Gang Vorteile, weil weniger Muskelkraft aufgewendet werden muss, um den Schädel nicht nach vorne kippen zu lassen. Wenn das Hinterhauptsloch in der Mitte des Schädels unter dem Schwerpunkt liegt, lässt sich der Schädel mit geringer Muskulatur auf der Wirbelsäule balancieren und so halten, dass die Augen nach vorn blicken.

Gestufte Hilfe: Denke daran, dass beim aufrechten Gang der Kopf so getragen werden sollte, dass die Augen nicht nach unten gerichtet sind.

Zusatzinformation: Der aufrechte Gang kann auch im Zusammenhang mit der Reduktion der Schnauze gesetzt werden. Eine Schnauze zieht den Kopf bei aufrechtem Gang nach unten. Dieser Zug wird geringer, wenn die Schnauze weniger weit vorragt.

Für die Reduktion der Schnauze sind mehrere Veränderungen verantwortlich:
- *Der Oberkiefer wird immer weiter unter den Hirnschädel verlagert.*
- *Die Backenzahnreihen werden gebogen, sodass trotz Verkürzung der Schnauze für alle Zähne Platz bleibt.*
- *Die Eckzähne werden reduziert. Dadurch sind keine Lücken in den Zahnreihen, die Affenlücke, erforderlich. Bei starken Eckzähnen sind diese Lücken erforderlich, um die Eckzähne bei geschlossenem Maul unterzubringen.*
- *Das Phänomen, dass bei einigen Menschen die Weisheitszähne nicht gebildet werden oder sehr klein sind, könnte man als eine weitere Folge der Verkürzung des Kiefers erklären.*

A6 Stelle eine Hypothese auf, die erklären kann, weshalb die Wurzeln unserer Eckzähne sehr viel länger sind als die der Schneidezähne!
Die Eckzähne waren bei den sehr frühen Vorfahren des Menschen vermutlich höher und kräftiger als beim heutigen Menschen. Bei Schimpansen blieben im Laufe ihrer Stammesgeschichte die starken Eckzähne erhalten.
Die langen Wurzeln unserer Eckzähne könnten als Rest von ehemals kräftigen Eckzähnen gedeutet werden.

Gestufte Hilfen:
Hilfe 1: Berücksichtige die Funktion der Eckzähne bei sehr frühen Vorfahren.
Hilfe 2: Gehe davon aus, dass die frühen Vorfahren des Menschen ein Gebiss hatten, dass dem von Schimpansen glich.

Material B – Aufrechter Gang

B1 Vergleiche die Körperhaltung, die Form der Wirbelsäule und die Lage des mit einem roten Punkt gekennzeichneten Schwerpunkts beim Schimpansen und *Homo sapiens*!
siehe Tabelle auf der nächsten Seite

	Schimpanse	*Homo sapiens*
Körperhaltung	gebeugt, Oberschenkel gegen Unterschenkel leicht angewinkelt	gestreckt, Oberschenkel gegen Unterschenkel nicht angewinkelt
Form der Wirbelsäule	zum Rücken hin leicht gebogen	an zwei Stellen gebogen; doppelt S-förmig gebogen
Lage des Schwerpunkts	im vorderen Teil des Körpers, vor der Körperlängsachse liegend	in der Mitte des Körpers, auf der Körperlängsachse liegend

B2 Erkläre die bei B1 beschriebenen Unterschiede!

Körperhaltung: Der Körper des Menschen ist an den aufrechten Gang angepasst. Viele seiner körperlichen Merkmale sind günstig für die Fortbewegung im aufrechten Gang. Schimpansen bewegen sich in der Regel auf vier Beinen. Meistens bewegen sie sich kletternd und hangelnd in Bäumen und weniger am Boden. Zum zweibeinigen Lauf gehen sie nur für kurze Zeit über. Ihr Körper ist an den vierbeinigen Lauf und das Hangeln und Klettern angepasst. Beim zweibeinigen Lauf bleibt ihr Körper zum Teil in einer Haltung, die er im Lauf auf vier Beinen hat. Er ist leicht gebeugt und die Beine werden nicht durchgestreckt.

Form der Wirbelsäule: Beim Laufen, vor allem aber beim Springen mit nur zwei Beinen treten stärkere Erschütterungen auf, als bei der Fortbewegung auf vier Beinen. Die doppelt S-förmige Wirbelsäule mit ihren zwei Krümmungen ermöglicht es, Erschütterungen federnd abzufangen und zu dämpfen. Bei Schimpansen ist eine Federung nicht erforderlich, da sie sich nur selten zweibeinig fortbewegen. Beim Hangeln im Geäst gebrauchen sie die Beine kaum, sodass die Belastung der Wirbelsäule durch Erschütterungen gering ist.

Lage des Schwerpunkts:
Durch die Lage des Schwerpunkts auf der Körperlängsachse muss der *Homo sapiens* weniger Muskelkraft aufwenden, um den Körper aufrecht zu halten. Wenn der Schwerpunkt so läge wie bei Schimpansen, wäre mehr Energie für seine Muskulatur erforderlich, um zu verhindern, dass er nach vorne kippt.

Gestufte Hilfe: Berücksichtige, dass der Körper beim aufrechten, zweibeinigen Gang stärkeren Erschütterungen ausgesetzt ist als beim Klettern und Hangeln in Bäumen oder beim vierbeinigen Gang.

B3 Beschreibe die Längenverhältnisse zwischen Armen und Beinen bei Schimpansen und beim *Homo sapiens*!

Beim Schimpansen sind die Arme länger als die Beine. Beim Menschen sind die Längenverhältnisse umgekehrt, die Beine sind länger als die Arme.

B4 Erkläre die bei B3 beschriebenen Unterschiede in den Längenverhältnissen der Extremitäten durch die Lebensweisen!

Der Mensch ist an den aufrechten, zweibeinigen Gang angepasst. Zu den Angepasstheiten gehören die langen Beine. Mit ihnen kann er sehr weite Schritte machen. Durch die große Schrittlänge kann er sehr schnell laufen. Schimpansen haben Angepasstheiten an das Leben in Bäumen. Das sind zum Beispiel die langen Arme. Mit ihnen können sie sich besser hangelnd von Ast zu Ast fortbewegen als mit kurzen Armen.

Gestufte Hilfe: Beachte die Fortbewegung von Mensch und Schimpanse.

Material C – Menschwerdung

C1 Ordne die dargestellten Fähigkeiten in der Reihenfolge ihrer Entstehung an!

Reihenfolge der Entstehung, beginnend mit der ältesten Fähigkeit:
- aufrechter Gang;
- Herstellung und Nutzung von Werkzeugen;
- Handhabung von Feuer;
- Wortsprache.

C2 Beschreibe für alle vier Fälle, welchen Einfluss die jeweiligen Neuerungen auf die Lebenssituation der betreffenden Lebewesen hatten!

Aufrechter Gang:
Aufrecht gehend konnten die Vorfahren des Menschen das Gelände besser überblicken, sich dadurch leichter orientieren und Feinde eher erkennen.

Weil die Hände nicht mehr für die Fortbewegung genutzt wurden, konnten unsere frühen Vorfahren gleichzeitig laufen und mit Werkzeugen und Waffen hantieren. Außerdem konnten sie so viel besser Nahrung und Ähnliches transportieren und ihre Kinder tragen.

Bei starker Sonneneinstrahlung schützte der aufrechte Gang vor Überhitzung, weil nur ein kleiner Teil des Körpers direkt der Sonne ausgesetzt war. Vermutlich konnten sich unsere Vorfahren in den Gebieten mit heißen Klimaten dadurch längere Zeit auch außerhalb des Schattens aufhalten.

Herstellung und Nutzung von Werkzeugen:
Mit den fossil überlieferten Steinwerkzeugen konnten unsere Vorfahren die ledrige Haut auch großer Beutetiere aufschneiden und so an das darunterliegende Fleisch gelangen. Fleisch enthält sehr viel Eiweiß. Daher verbesserte sich, nachdem unsere Vorfahren zur Nutzung und Herstellung von Werkzeugen fähig geworden waren, die Ernährung deutlich. Feiner bearbeitete Werkzeuge, zum Beispiel Holzspeere, konnte aber auch als Waffen eingesetzt werden. Damit konnten unsere Vorfahren leichter Beutetiere erlegen oder sich vor Raubtieren schützen.

Handhabung von Feuer:
Die Fähigkeit, das Feuer zu nutzen, ermöglichte unseren Vorfahren, die Nahrung zu kochen oder zu braten. Dadurch wird sie viel leichter verdaubar, und die Nährstoffe werden leichter zugänglich, sodass sich die Ernährung der Vorfahren verbesserte.
Wortsprache:
Mithilfe der Wortsprache konnten unsere Vorfahren besser zusammenarbeiten. Sie konnten sich bei der Arbeit absprechen, bei der Jagd verständigen und bei gemeinsamen Unternehmungen besser vorausschauend planen. Dadurch verbesserte sich das Zusammenleben in der Gruppe, aber auch die Ernährung, weil die Jagd zum Beispiel häufiger erfolgreich war.
Die Wortsprache ist aber vor allem dafür verantwortlich, dass die kulturelle Entwicklung sehr schnell verlief. Denn durch die Sprache war es möglich, Erfahrungen und erworbene Kenntnisse direkt und sehr genau an die nächste Generation weiter zu geben.

Zusatzinformation: Wahrscheinlich wurde Feuer zusätzlich auch als Lichtquelle und Wärmequelle genutzt, wodurch auch kältere Gebiete besiedelt werden konnten. Vermutlich diente Feuer auch dazu, sich gegen Raubtiere zu wehren.
Aus Gründen der didaktischen Reduktion wurde in den Lösungsvorschlägen nicht berücksichtigt, dass nicht nur die Eiweißversorgung für die Entwicklung des Gehirns von Bedeutung ist, sondern auch die allgemeine Versorgung mit Nahrung. Das Gehirn benötigt einen großen Teil der gesamten zur Verfügung stehenden Energie. Für die Energieversorgung eines großen Gehirns ist daher eine große Menge an Nahrung erforderlich. Die Eiweißversorgung hat Bedeutung dafür, dass sich in der Stammesgeschichte ein großes Gehirn bilden konnte, und in der Individualentwicklung bei Kindern, wenn das Gehirn während der Embryonalentwicklung und im Kindesalter wächst.

C3 Stelle Hypothesen dazu auf, welche Zusammenhänge zwischen der Gehirnentwicklung und den dargestellten Fähigkeiten bestehen könnten!
Im Zusammenhang mit dem Erwerb des *aufrechten Ganges* ist keine zusätzliche Leistung des Gehirns erforderlich. Auch unsere affenartigen, tierischen Vorfahren mussten beim Klettern und Hangeln ihren Körper ausbalancieren. Auch sprachliche Fähigkeiten werden durch den aufrechten Gang nicht beeinflusst.

Die *Nutzung und Herstellung von Werkzeugen* erfordert die Planung und die Voraussicht, wie das Werkzeug für die jeweilige oder eine zukünftige Situation einzusetzen ist. Das ist umso leichter möglich, je größer und damit leistungsfähiger das Gehirn ist. Ein Zusammenhang besteht auch zwischen der Effektivität der Werkzeuge und der Zunahme der Gehirngröße. Je besser hergestellt, und damit je wirkungsvoller die Waffen waren, desto größer war der Jagderfolg, desto mehr fleischliche Nahrung stand zur Verfügung. Das im Fleisch enthaltene Eiweiß ist erforderlich, um die Zunahme der Gehirngröße zu ermöglichen, weil das Gehirn zu einem sehr großen Teil aus Eiweiß besteht. Das Gehirnwachstum und die Fähigkeit zur Werkzeugherstellung bedingten sich also gegenseitig.

Die *Wortsprache* ist für die Herstellung und Nutzung von Werkzeugen zwar nicht unbedingt erforderlich, würde aber die Entwicklung dieser Fähigkeiten unterstützen und beschleunigen.

Die *Beherrschung des Feuers* hatte vermutlich zur Folge, dass insbesondere Fleisch leichter verdaulich wurde, sodass vor allem die Eiweißversorgung besser wurde. Dadurch wurde, wie oben dargestellt, das Wachstum des Gehirns möglich. Auch die Fähigkeit zur Nutzung des Feuers steht daher im Zusammenhang mit der Gehirnentwicklung. Die Wortsprache und die Fähigkeit, Feuer zu nutzen, stehen jedoch nicht in einem direkten Zusammenhang.

Zusatzinformation: Die Fähigkeit, sich in einer Wortsprache miteinander zu verständigen, setzt ein größeres Gehirn voraus. Mit der Sprache waren vermutlich die Zusammenarbeit, die gemeinsame Planung und die Weitergabe von Erfahrungen und Kenntnissen möglich. Dadurch wurde die Ernährung verbessert, zum Beispiel durch häufigeren Erfolg bei der Jagd oder durch Mitteilungen, wo besonders ertragreiche Nahrungspflanzen zu finden sind. Vor allem, wenn mehr Fleisch zu Verfügung steht, kann das Gehirn größer werden. Größere Gehirne ermöglichen einen effektiveren Einsatz von Sprache und dadurch eine weiter ausgearbeitete Planung. Eventuell war mit der Zunahme der Gehirngröße auch die Herstellung besserer Werkzeuge möglich, weil Erfahrungen und Kenntnisse der Herstellungstechnik sprachlich mitgeteilt werden konnten.
Sprache, Gehirngröße und eventuell auch Werkzeugherstellung stehen also miteinander in einem Zusammenhang. Man kann diesen Zusammenhang, wie auch andere oben erwähnte, als positive Rückkoppelung beschreiben.

C4 Diskutiere, welche der vier neuen Fähigkeiten der Startpunkt der Menschwerdung sein könnte!
Individuelle Schülerlösung.
Es gibt Argumente für alle vier neuen Fähigkeiten. Je nach Standpunkt kommt es darauf an, welche Schwerpunkte gesetzt werden. Wahrscheinlich werden sich viele für die Beherrschung des Feuers entscheiden, weil dies eine Fähigkeit ist, die allein den Menschen auszeichnet. Alle anderen Fertigkeiten können – zumindest im Labor oder in menschlicher Obhut – auch von Tieren ausgeführt werden.

Zusatzinformation: Für die Diskussion sollte bekannt sein, welche der erworbenen Fähigkeit auch Tiere haben.

Vor diesem Hintergrund ergeben sich nur schwache Argumente für die Startpunkte „aufrechter Gang" und „Nutzung und Herstellung von Werkzeugen". Diese Fähigkeiten findet man auch bei Tieren.

Material D – Gehirnentwicklung und Energiebedarf

D1 Beschreibe die im Diagramm dargestellten Sachverhalte!
Im Diagramm ist dargestellt, wie groß der prozentuale Anteil des Energiebedarfs des Gehirns am Gesamtenergiebedarf des Körpers ist. Als Beispiele sind die Schädel von *Australopithecus afarensis*, Schimpanse, *Homo habilis*, *Homo erectus* und *Homo sapiens sapiens* angeführt. Die Schädel sind darüber hinaus nach ihrem jeweiligen Alter geordnet.

D2 Erläutere, weshalb für das Diagramm nicht die absoluten Werte des Energiebedarfs des Gehirns verwendet wurden, sondern die sich relativ zum Gesamtenergiebedarf ergebenen!
Der Energiebedarf des Gehirns ist proportional zu seiner Größe. Schimpanse, *Australopithecus afarensis* und *Homo habilis* haben einen kleineren Körper als der heutige Mensch. Kleinere Körper haben meistens auch kleinere Gehirne. Ein kleinerer Körper hat einen geringeren Energiebedarf als ein großer. Auch der absolute Wert des Energiebedarfs seines Gehirns ist geringer. Ob das Gehirn eine größere Leistungsfähigkeit erhalten hat, lässt sich aus dem Diagramm nur entnehmen, wenn man ausschließen kann, dass die Größenzunahme des Gehirns, gemessen als höherer Energiebedarf, darauf zurückzuführen ist, dass der Körper größer geworden ist.
Wenn die absoluten Werte angegeben worden wären, wäre aus dem Diagramm zum Beispiel nicht zu erschließen, ob ein höherer Energiebedarf darauf zurückzuführen ist, dass ein Gehirn im Vergleich zum Körper stärker an Größe zugenommen hat. Bei Verwendung der absoluten Werte könnten die Angaben im Diagramm auch zum Beispiel so gedeutet werden, dass ein hoher Energiebedarf des Gehirns dadurch zustande kommt, dass der zugehörige Körper groß ist.
Durch die Verwendung von relativen Werten wird zum Beispiel deutlich, dass das Gehirn von *Homo habilis* im Vergleich zur Körpergröße sehr groß gewesen sein muss. Es muss daher sehr leistungsfähig gewesen sein. Das ist anzunehmen, obwohl die absolute Zunahme seiner Größe gegenüber *Australopithecus afarensis* nur gering war. Der relative Energiebedarf ist höher als bei dem in der Stammesgeschichte später auftretende *Homo erectus* mit seinem viel größeren Gehirn. Mit der Entwicklung vom *Australopithecus afarensis* zum *Homo habilis* fand daher sehr wahrscheinlich eine bedeutsame Entwicklung des Gehirns statt.
Diesen Schluss könnte man bei Verwendung der absoluten Werte nicht ziehen. Der absolute Wert des Energiebedarfs des Gehirns ist nämlich bei *Homo habilis* sehr wahrscheinlich geringer als der absolute Wert für das Gehirn von *Homo erectus*.

Gestufte Hilfen:
Hilfe 1: Denke daran, dass große Körper in der Regel auch große Gehirne haben und dass der Körper des heutigen Menschen größer ist als der seiner frühen Vorfahren.
Hilfe 2: Berücksichtige bei der Lösung folgende Sachverhalte:
- *Große Gehirne und große Körper haben einen höheren Energiebedarf als kleine.*
- *Große Körper haben meistens große Gehirne.*
- *Der heute lebende* Homo sapiens *hat einen viel größeren Körper als seine frühen Vorfahren.*

Für die Begründung eignet sich vor allem der Vergleich von Homo erectus *und* Homo sapiens.

D3 Begründe, ob sich mithilfe des Diagramms die Hypothese stützen lässt, dass die Zunahme der Gehirngröße eine Voraussetzung für den aufrechten Gang war!
Die Hypothese lässt sich durch das Diagramm nicht stützen. *Australopithecus afarensis* war in der Lage, ständig aufrecht auf zwei Beinen zu laufen. Schimpansen können das nicht. Wenn die Zunahme der Gehirngröße eine Voraussetzung für den aufrechten Gang wäre, müsste das Gehirn von *Australopithecus afarensis* größer sein als das des Schimpansen. Schimpansen und *Australopithecus afarensis* haben aber etwa gleich große Gehirne.

Gestufte Hilfen:
Hilfe 1: Argumentiere, indem du die Werte von Schimpanse und Australopithecus afarensis *vergleichst.*
Hilfe 2: Vergleiche die Werte von Schimpanse und Australopithecus afarensis. *Berücksichtige, dass* Australopithecus afarensis *ständig aufrecht auf zwei Beinen laufen konnte, Schimpansen aber in der Regel auf vier Beinen laufen. Schimpansen bewegen sich meistens kletternd und hangelnd im Geäst der Bäume und gehen nur für kurze Zeit zum zweibeinigen Gang über.*

Der Mensch erobert die Erde

Seite 50–52

1 Beschreibe die Ausbreitungswege von *Homo erectus*!
Die Individuen der *Homo erectus*-Population haben vor mehr als 1,8 Millionen Jahren ihr Entstehungsgebiet Ostafrika in drei Richtungen verlassen. Eine Gruppe ist in Richtung Südafrika gewandert, eine andere entlang des Nils nach Norden. Sie gelangte in Nordafrika über die

Meerenge von Gibraltar bis nach Europa. Die dritte Gruppe hat sich über die Arabische Halbinsel in den heutigen Iran ausgebreitet. Von dort aus wanderte ein Teil weiter nach Nordwesten in Richtung der heutigen Türkei. Ein anderer Teil breitet sich weiter nach Osten über das heutige Indien und Hinterindien aus. Dort kam es zu einer erneuten Aufteilung. Eine Gruppe ist nach Norden in Richtung des heutigen China und eine andere nach Süden zur heutigen Inselwelt von Indonesien gewandert. Die Funddaten in den einzelnen Gebieten zeigen, dass die Ausbreitungsgeschwindigkeit hoch war.

2 Vergleiche die Ausbreitung von *Homo sapiens* mit der von *Homo erectus*!
Die Ausbreitungswege des *Homo sapiens* sind denen von *Homo erectus* sehr ähnlich. Auch bei *Homo sapiens* lebte die Ursprungspopulation in Ostafrika. Ein Ausbreitungsweg führt nach Nordafrika, ein anderer in Richtung des heutigen Palästina. Von dort läuft ein Weg nach Norden übe die heutige Türkei bis nach Europa und ein anderer nach Osten über Indien nach Hinterindien. Hier trennen sich die Wege erneut in Richtung Ostasien beziehungsweise nach Süden zu den indonesischen Inseln. Im Unterschied zu *Homo erectus* geht der Weg der ostasiatischen Gruppe weiter über die Behring-Straße bis nach Nordamerika und schließlich Südamerika, während Teile der indonesischen Gruppe Australien besiedeln. Die Ausbreitungsgeschwindigkeit war auch bei *Homo sapiens* hoch, vermutlich höher als bei *Homo erectus*.

Seite 53 (Material)

Material A – Der Ursprung des modernen Menschen

A1 Beschreibe für jede der beiden Hypothesen, wie die Entstehung der heutigen Unterschiede zwischen den Bewohnern der Kontinente erklärt wird!
Nach der Multiregionalen Hypothese sind die heutigen Bewohner der Kontinente jeweils getrennt voneinander aus jeweils einer anderen Gruppe des *Homo erectus* entstanden. Nach dieser Hypothese ist der *Homo erectus* viermal unabhängig voneinander entstanden.
Nach der Out-of-Africa-Hypothese starben die *Homo-erectus*-Gruppen in Europa, Asien und Australien aus. In Afrika entstand aus dem *Homo erectus* der Homo sapiens. Gruppen des *Homo sapiens* wanderten in alle anderen Erdteile aus. Nach dieser Hypothese ist also der *Homo sapiens* nur einmal entstanden.

Zusatzinformation. Die Stammbäume sind stark vereinfacht. Nicht eingetragen sind zum Beispiel die Entstehung des Neandertalers aus einer Gruppe des Homo erectus. *In den beiden Grafiken ist die Besiedlung Nord- und Südamerikas nicht berücksichtigt. Für die Annahme der Multiregionalen Hypothese, dass schon eine* Homo-erectus-*Gruppe Australien erreicht habe, gibt es keine fossilen Belege.*

A2 Vergleiche die beiden Hypothesen hinsichtlich der Zeitdauer, in der die Unterschiede zwischen den heutigen Bewohnern der Kontinente entstanden!
Nach der Multiregionalen Hypothese entstanden die Unterschiede zwischen den Bewohnern der Kontinente innerhalb sehr langer Zeit. Nach der Out-of-Africa-Hypothese dagegen stand eine viel kürzer Zeitspanne zur Verfügung, in der sich die unterschiedlichen Merkmale der Bewohner der Kontinente herausbildeten.

A3 Erkläre, welche der beiden Hypothesen durch den Vergleich des Erbguts gestützt wird!
Die genetischen Unterschiede zwischen den Bewohnern der Kontinente sind sehr gering. Das spricht für die Richtigkeit der Out-of-Africa-Hypothese. Ursache der Unterschiede sind Mutationen. Die Anzahl der Mutationen ist abhängig von der Zeit. Mit der Zeit häufen sich immer mehr Mutationen an. Mutationen treten zufällig und ungerichtet auf. In getrennten Gruppen kommt es mit sehr hoher Wahrscheinlichkeit zu jeweils anderen Mutationen.
Wenn die Multiregionale Hypothese zutreffen würde, müssten in der langen Zeit der getrennten Entwicklung eine hohe Anzahl unterschiedlicher Mutationen aufgetreten sein, die dazu führen, dass die genetischen Unterschiede zwischen den Bewohnern der Kontinente groß sind. Das Gegenteil ist aber der Fall, die genetischen Unterschiede sind gering.

Gestufte Hilfen:
Hilfe 1: Berücksichtige, dass genetische Unterschiede durch Mutationen zustande kommen. Mutationen treten zufällig und ungerichtet auf.
Hilfe 2: Denke daran, dass die Unterschiede auf Veränderungen der Erbanlagen, den Mutationen beruhen. Weil solche Änderungen zufällig und ungerichtet auftreten, muss man damit rechnen, dass sich die Erbanlagen in getrennten Gruppen jeweils unterschiedlich ändern. Berücksichtige dabei, welche Rolle die Zeitdauer für die Anzahl der Mutationen spielt.

A4 Bewerte, ob die Hypothesen als naturwissenschaftliche Argumente gegen rassistische Anschauungen verwendet werden können!
Rassistische Anschauungen betonen unter anderem die Unterschiede zwischen den Bewohnern der Kontinente. Sie nehmen an, dass die unterschiedlichen Merkmale Ursache für unterschiedliche Fähigkeiten und Wertigkeiten der jeweiligen Menschen ist. Die Out-of-Africa-Hypothese zeigt aber, dass die heutigen unterschiedlichen Formen des *Homo sapiens* erst vor sehr kurzer Zeit entstanden sind. Nach dieser Hypothese sind die Unterschiede zwischen den heutigen Menschen sehr gering. Weil die Out-of-Africa-Hypothese viel besser belegt ist als die Multiregionale Hypothese, lässt sie sich als Argument gegen rassistische Anschauungen verwenden.

Nach der Multiregionalen Hypothese dagegen wären die Unterschiede zwischen den Menschenformen sehr groß. Diese Hypothese nimmt ja an, dass die Unterschiede sich in getrennten Gruppen über sehr lange Zeit jeweils aus anderen Gruppen des *Homo erectus* entwickelt hätten. Damit können Menschen mit rassistischer Anschauung argumentieren. Die Multiregionale Hypothese lässt sich aber kaum belegen. Vor allem die geringen genetischen Unterschiede zwischen den Bewohnern der Kontinente sprechen gegen diese Hypothese.

Gestufte Hilfe: Denke daran, dass rassistische Anschauungen davon ausgehen, dass die Unterschiede zwischen den heutigen Formen des Homo sapiens sehr stark und bedeutsam seien. Überlege dann, ob die Hypothesen diese Annahme bestätigen oder unwahrscheinlich machen können.

Zusatzinformation: Die UNESCO wendete sich in einer Erklärung aus dem Jahr 1995 gegen die Verwendung des Begriffs „Rasse" als Kennzeichnung der verschiedenen, heute auf der Erde lebenden Formen des Menschen. Im Abschluss der Erklärung heißt es: „Es gibt keinen wissenschaftlichen Grund, den Begriff »Rasse« weiterhin zu verwenden." Die gesamte Erklärung mit der Begründung für die Ablehnung des Begriffs „Rasse" von der UNESCO findet man auf der Homepage des Berliner Instituts für Faschismus-Forschung und Antifaschistische Aktion e.V., kurz BIFFF e.V..
Zu beachten ist in diesem Zusammenhang auch die „Erklärung über "Rassen" und rassistische Vorurteile", die am 27.11.1978 durch die 20. Generalkonferenz der UNESCO verabschiedet wurde. Diese findet man im Internet, zum Beispiel auf der Homepage der Aktion Transsexualität und Menschenrecht e.V., kurz ATME e.V..

Material B – Vermutungen zum Aussterben des Neandertalers

B1 Stelle Hypothesen auf, welche Spuren Hinweise für die Richtigkeit der Vermutungen A bis D geben könnten!
Vermutung A: Wenn Neandertaler Spezialisten für das kalte Klima während der Eiszeit gewesen sind, müssten sie entsprechende anatomische und morphologische Angepasstheiten besessen haben, zum Beispiel einen kompakteren Körperbau mit einer geringeren Oberfläche im Vergleich zum Volumen. Dadurch wäre es möglich gewesen, den Wärmeverlust zu reduzieren. Solche Angepasstheiten müsste man an den Fossilien nachweisen können.

Vermutung B: Wenn Neandertaler Großwildjäger gewesen sind, müssten zusammen mit Fossilien von Neandertalern auch entsprechende Fossilien wie Knochen oder Zähne von zum Beispiel Mammuts oder anderen großen Eiszeittieren gefunden werden.

Vermutung C: Durch einen Vergleich von Waffenfunden könnte auf die Qualität der Waffen geschlossen werden.

Vermutung D: Wenn die Kindersterblichkeit höher gewesen ist, sollten relativ mehr Knochenfossilien von Kindern oder jungen Neandertalern gefunden werden als vom *Homo sapiens* aus der gleichen Zeit.

Gestufte Hilfe; Denke bei der Aufstellung der Hypothesen an Folgendes:
Vermutung A: Durch welche fossil überlieferbaren Merkmale könnte der Körper an das kühle Klima angepasst gewesen sein?
Vermutung B: Wie könnte man mithilfe von Fossilfunden nachweisen, dass Neandertaler große Beutetiere erlegten?
Vermutung C: Welche Aussagen könnten Waffenfunde erlauben?
Vermutung D: Welche Bedeutung könnte das Lebensalter haben, das die Neandertaler erreicht haben, von denen fossile Reste gefunden wurden?

Zusatzinformation: Zu Vermutung E: Die Konkurrenz um die gleichen Umweltbedingungen ist sehr wahrscheinlich. Beide Menschentypen lebten über lange Zeit gemeinsam im gleichen Lebensraum. Um abschätzen zu können, wie stark die Konkurrenz war, müsste man die Anzahl der Menschen kennen, die damals in dem Gebiet lebten, das sowohl vom Neandertaler wie auch vom Homo sapiens *bewohnt wurde.*
Zu Vermutung F: Wenn die Neandertaler an Krankheiten gestorben wären, mit denen sie sich beim Kontakt mit dem Homo sapiens *angesteckt hätten, wären jeweils viele in kurzer Zeit gestorben. Ein Hinweis darauf wären häufige fossile Fundstellen mit Skeletten mehrerer Neandertaler.*

B2 Erläutere, welche Probleme aufgetreten sein könnten, wenn Vermutung E zutrifft!
Wenn Neandertaler und moderner Mensch sowohl um Nahrung, Behausung, Feuerstellen oder Unterstellmöglichkeiten konkurrierten, muss es zu Auseinandersetzungen um diese begrenzt vorhandenen Ressourcen gekommen sein. Wenn der moderne Mensch konkurrenzüberlegen war, kann dies ein Grund für das Aussterben des Neandertalers gewesen sein. Das ist allerdings nur der Fall, wenn sich so viele Neandertaler und *Homo sapiens* gleichzeitig im selben Lebensraum aufhielten, dass die Ressourcen für beide nicht ausreichten.

B3 Recherchiere vergleichbare Beispiele aus der jüngeren Menschheitsgeschichte für den Fall F und berichte!
Individuelle Schülerantwort.
Mögliche Beispiele könnten sein:
Die von den Eroberern eingeschleppten Krankheiten nach der Entdeckung Amerikas, zum Beispiel Grippe, Pocken, Masern, haben die dort lebende eingeborene Bevölkerung sehr stark dezimiert, weil ihr Immunsystem sich nicht ausreichend gegen die neuen Krankheiten wehren konnte.

Man schätzt, dass in den ersten 100 Jahren nach der Eroberung 90% der ursprünglichen Bevölkerung an diesen Krankheiten, die es vorher dort nicht gab, gestorben sind. Dies war wahrscheinlich ein wesentlicher Grund dafür, dass die zahlenmäßig unterlegenen Europäer die Neue Welt so leicht erobern konnten.
Umgekehrt ist in Europa erst nach der Rückkehr der ersten Eroberer die Geschlechtskrankheit Syphilis bekannt, sodass vermutet werden kann, dass dieser Erkrankung von infizierten Eroberern mitgebracht wurde.
Bei der Besiedlung Australiens durch Europäer ab 1788 starben sehr viele Ureinwohner an den bis dahin in Australien nicht bekannten Pocken und der Grippe.
In Neuseeland verbreiteten sich Typhus und Ruhr unter den Maori, den Ureinwohnern, nach Kontakten mit Europäern.
Im Jahr 1775 starben auf den Fidschi-Inseln 40 000 der insgesamt 150 000 dort lebenden Menschen an den von Europäern eingeschleppten Pocken.

B4 Begründe, welche Vermutungen ernst zu nehmende Erklärungen für das Aussterben des Neandertalers liefern!
Alle sechs Vermutungen können Ursache für das Aussterben des Neandertalers sein. Wahrscheinlich ist aber nicht nur eine Ursache allein verantwortlich, sondern eine Kombination mehrerer möglicher Ursachen.

Zusatzinformation: Nach einer neueren Hypothese könnte ein Vulkanausbruch der phlegräischen Felder beim heutigen Neapel in Italien vor rund 39 000 Jahren das Aussterben des Neandertalers verursacht oder zumindest beschleunigt haben. Die Eruption förderte bis zu 150 Kubikkilometer Vulkanasche zu Tage, die sich mit dem Wind über weite Teile Europas bis in die russische Steppe und bis nach Vorderasien verbreitete. Dadurch wurden weite Landstriche zerstört. Die Durchschnittstemperaturen – vor allem in Europa und in Asien - sanken deutlich. Mithilfe von Computersimulationen konnte nun Benjamin Black und Kollegen von der University of California in Berkeley feststellen, dass selbst in Westeuropa, wo in jener Zeit noch die meisten Neandertaler lebten, die Durchschnittstemperaturen ein bis zwei Jahre lang um bis zu vier Grad Celsius sanken. Selbst wenn diese Ursache allein nicht für das Aussterben der Neandertaler verantwortlich war, könnten nach Ansicht der Forscher die mit der Eruption einhergehenden Klima- und Umweltveränderungen zusammen mit anderen Ursachen den Neandertalern ein Überleben schließlich unmöglich gemacht haben. Der vulkanische Winter erschwerte sowohl ihnen als auch Homo sapiens *das Leben. Doch letztere waren vermutlich sowohl flexibler als auch anpassungsfähiger und kamen daher mit den vergleichsweise kurzen Veränderungen besser zurecht. Außerdem gab es mehr und größere Gruppen von* Homo sapiens*. Für die wenigen und kleineren Gruppen der übrig gebliebenen Neandertaler könnte also der Kälteeinbruch letztlich das Ende bedeutet haben (Geology, 2015; doi: 10.1130/G36514.1).*

Seite 55 (Im Blickpunkt Geschichte: Menschliche Rassen – ein umstrittener Begriff)

1 Erkläre, weshalb man bei den Jugendlichen in Abbildung 02 nicht von menschlichen Rassen sprechen darf!
Rasse ist ein anderer Begriff für Unterart. Als Unterarten bezeichnet man Populationen derselben Art, die sich in vielen Merkmalen unterscheiden. Diesen Unterschieden liegen Erbanlagen zugrunde.
Molekulargenetische Untersuchungen haben ergeben, dass die genetischen Unterschiede zwischen den verschiedenen Gruppen und Formen der heutigen Menschen nur sehr gering sind. Die heutigen Gruppen von Menschen sind genetisch so gleichartig, dass sie sich aufgrund ihrer Gene gar nicht voneinander trennen lassen.
Weil also alle heute auf der Erde lebenden Menschen in ihren Erbanlagen so ähnlich sind, dass man sie genetisch gar nicht unterscheiden kann, darf man die verschieden aussehenden Jugendlichen nicht als Angehörige verschiedener Rassen bezeichnen.

Ökologie

1 Ökosystem – mehr als ein Lebensraum

Trockenmauer

Seite 60–62

1 Erkläre den Begriff Ökosystem!
Ein Ökosystem ist eine Funktionseinheit aus einem Biotop und einer Biozönose. Im Biotop herrschen bestimmte abiotische Umweltfaktoren. Die Biozönose ist die Lebensgemeinschaft, die in einem Biotop lebt und an die dort herrschenden abiotischen Umweltfaktoren angepasst ist. Biotop und Biozönose stehen in einer Wechselbeziehung zueinander.

Zusatzinformation: Der Begriff Ökosystem leitet sich vom englischen Begriff ecosystem ab. Dieser wurde von dem englischen Botaniker Sir Arthur George TANSLEY 1935 in die Wissenschaft eingeführt. TANSLEY erkannte die vielseitige Abhängigkeit von Pflanzen und Tieren und dass beide in einer engen Beziehung zur unbelebten Welt stehen. Der Begriff Biozönose wurde schon 1877 von dem deutschen Zoologen Karl August MÖBIUS in seiner Arbeit „Die Auster und die Austernwirtschaft" eingeführt. MÖBIUS hatte bei seinen Untersuchungen die starke wechselseitige Abhängigkeit zwischen allen Lebewesen einer Austernbank erkannt. Der deutsche Zoologe Friedrich DAHL übertrug die von MÖBIUS erkannten Prinzipien in die terrestrische Ökologie und prägte 1908 den Begriff Biotop. Auch der Begriff Ökologie, die Lehre vom Haushalt der Natur, wurde von einem deutschen Zoologen, von Ernst HAECKEL, 1866 geprägt.

2 Beschreibe die Nahrungsbeziehungen im Ökosystem Trockenmauer!
Die Grundlage für die Nahrungsbeziehungen im Ökosystem Trockenmauer stellen die Pflanzen der Trockenmauer dar. Sie bauen durch Fotosynthese Nährstoffe auf und werden deshalb als Produzenten bezeichnet. Pflanzenfresser, wie Asseln und Schnecken, die sich sowohl von den lebenden Pflanzen als auch von abgestorbenen Pflanzenresten ernähren, sind Konsumenten erster Ordnung. Asseln werden zum Beispiel von den räuberisch lebenden Steinläufern gefressen, die man als Konsumenten zweiter Ordnung bezeichnet. Räuberische Tiere, die sich wiederum von anderen Räubern ernähren, wie die Mauereidechse, stehen am Ende dieser Nahrungskette und sind Konsumenten dritter Ordnung. Bakterien und Pilze bauen die Nährstoffe abgestorbener Pflanzenreste, toter Tiere und Tierkot zu Mineralstoffen ab, die Pflanzen wieder aufnehmen können. Sie sind die Destruenten oder Mineralisierer des Biotops.

Seite 63 (Material)

Material A – Trockenmauerbewohner

A1 Erstelle für zwei der abgebildeten Trockenmauerbewohner Steckbriefe!
Zimbelkraut:
Wissenschaftlicher Name: *Cymbalaria muralis*
Familie: Wegerichgewächse
Aussehen und Bau: Krautige Pflanze mit herzförmigen Laubblättern und zweiseitig symmetrischen violetten Blüten. Die Pflanze bildet bis zu 60 Zentimeter lange kletternde oder hängende Stängel.
Vorkommen auf der Trockenmauer: Verankerung mit den Wurzeln in den Mauerfugen. Die Blätter und Blüten sind zum Licht hin gewandt.
Ernährung: Fotosynthese, Wasser und Mineralstoffe aus den Mauerfugen.

Mauerflechte:
Wissenschaftlicher Name: *Lecanora muralis*
Familie: Krustenflechten
Aussehen und Bau: Flechten bestehen aus Pilzen und Algen, die eine enge Lebensgemeinschaft, eine sogenannte Symbiose bilden. Aussehen und Bau einer Flechte werden vor allem durch den Pilz bestimmt, der mit seinen Zellfäden, den Pilzhyphen, ein sogenanntes Lager bildet, in das die Alge eingebettet ist. Das Lager der Mauerflechte hat eine rosettenartige Form, ist graugrün gefärbt und erreicht einen Durchmesser von bis zu zehn Zentimetern.
Vorkommen auf der Trockenmauer: Die Mauerflechte liegt sehr eng dem steinigen Untergrund der Maueroberfläche an.
Ernährung: Fotosynthese der Algen, Wasser und Mineralstoffe nimmt der Pilz aus Niederschlägen und der Mauer auf.

Mauereidechse:
Wissenschaftlicher Name: *Podarcis muralis*
Familie: Eidechsen
Aussehen und Bau: Die Mauereidechse kann eine Gesamtlänge von bis zu 25 Zentimetern erreichen. Ihre Körperfärbung variiert je nach Herkunft sehr stark. Meistens ist der Rücken grau, hell- bis mittelbraun mit unregelmäßigen schwarzen Flecken gefärbt, der Bauch weißlich, gelblich oder rot.
Vorkommen auf der Trockenmauer: Sie nutzt die gesamte Mauer als Lebensraum.
Ernährung: Sie ernährt sich räuberisch von Insekten, Steinläufern, Spinnen und Würmern.

Felsenspringer:
Wissenschaftlicher Name: *Lepismachilis notata*
Familie: Machilidae, Felsenspringer
Aussehen und Bau: Felsenspringer sind flügellose Insekten von neun bis 18 Millimeter Länge. Sie besitzen lange Antennen, große Facettenaugen und tragen am Ende des Hinterleibs drei lange fadenförmige Anhänge, wovon der mittlere am längsten ist. Die Körperoberfläche ist mit grauen bis graubraunen Schuppen bedeckt.
Vorkommen auf der Trockenmauer: Tagsüber halten sie sich vor allem in den Mauerfugen auf, nachts auf der Mauerfläche.
Ernährung: Sie ernähren sich von Algen und Flechten.

Steinpicker:
Wissenschaftlicher Name: *Helicigona lapicida*
Familie: Schnirkelschnecken
Aussehen und Bau: Der Steinpicker besitzt ein sehr flaches, linsenförmiges Gehäuse, das 12 bis 20 Millimeter breit und sieben bis neun Millimeter hoch ist. Die äußerste Windung weist eine sehr deutlich ausgeprägte Kante, einen sogenannten Kiel, auf. Die Gehäuseoberfläche ist fein gestreift und graubraun mit verschwommenen rotbraunen Flecken gefärbt. Die Gehäuseöffnung ist zu einer deutlichen weißen Lippe erweitert.
Vorkommen auf der Trockenmauer: Der Steinpicker zieht sich bei Trockenheit in die Mauerfugen zurück. Bei schattigem und feuchtem Wetter hält er sich auf der Maueroberfläche auf.
Ernährung: Seine Nahrung besteht vor allem aus Algen.

Spaltenkreuzspinne:
Wissenschaftlicher Name: *Nuctenea umbratica*
Familie: Echte Radnetzspinnen
Aussehen und Bau: Die Männchen sind sieben bis zehn Millimeter lang, die Weibchen 13 bis 16 Millimeter. Der Vorderkörper, an dem sich acht Beine befinden, ist stark behaart und dunkelbraun gefärbt, mit einem rötlichen Fleck im vorderen Teil. Der Hinterkörper ist im Unterschied zu anderen Arten dieser Familie stark abgeflacht. Er ist im mittleren Teil rot- bis schwarzbraun gefärbt und seitlich durch eine hellere, blattförmige Zeichnung eingefasst. Auf der Oberseite sind paarige Vertiefungen erkennbar.
Vorkommen auf der Trockenmauer: Tagsüber versteckt sie sich in den Mauerfugen. Nachts lauert sie in einem Versteck, zum Beispiel einer Mauerritze, nahe bei ihrem Netz auf Beute.
Ernährung: Die Spaltenkreuzspinne ernährt sich wie alle Spinnen räuberisch, indem sie die mit ihrem Radnetz erbeuteten Insekten aussaugt.

Gestufte Hilfen:
Hilfe 1: Angabe von Seiten in entsprechenden Lexika oder von Internetseiten
Hilfe 2: Berücksichtige die wissenschaftliche Bezeichnung der Art, die Stellung im System (zum Beispiel die Familie, zu der die Art gehört), die Beschreibung des Baus, das Vorkommen auf der Trockenmauer und die Art der Ernährung.

A2 Beschreibe die abiotischen Umweltfaktoren, denen die *Mauereidechse* und die *Spaltenkreuzspinne* ausgesetzt sind!
Auf der Mauer ist die Mauereidechse starker Sonneneinstrahlung, Wind oder Regen unmittelbar ausgesetzt. Die Mauer kann nach längerer Sonneneinstrahlung sehr heiß werden und ist deshalb meistens sehr trocken. Die aufgeheizten Mauersteine halten die Wärme eine zeitlang, sodass sie auch in den Abendstunden noch warm sein können. Die rauhe Gesteinsoberfläche bietet der Mauereidechse sicheren Halt bei ihren flinken Bewegungen. Sind die abiotischen Bedingungen auf der Mauer für die Mauereidechse zu extrem, zieht sie sich in Mauerspalten zurück, in denen es windstill, schattig, feucht und kühl ist. Diesen abiotischen Umweltfaktoren ist die Spaltenkreuzspinne ständig ausgesetzt, da sie sich vor allem in den Mauerspalten aufhält.

Gestufte Hilfe: Die Mauereidechse hält sich auf der Mauer und in Mauerspalten auf, die Spaltenkreuzspinne vor allem in Mauerspalten.

A3 Erläutere nach Recherche an den Beispielen *Felsenspringer* und *Spaltenkreuzspinne* das biologische Prinzip *Angepasstheit!*
Angepasstheiten des Felsenspringers: Er ist durch seine Körperfärbung auf Mauern sehr gut getarnt und damit vor Fressfeinden geschützt. Sein Sprungvermögen ermöglicht ihm außerdem eine rasche Flucht in Mauerritzen. Er findet sowohl in den Mauerritzen als auch auf der Mauerfläche seine Nahrung, Algen und Flechten. Sein nachtaktives Verhalten und sein Rückzug in Mauerritzen tagsüber schützen ihn vor Austrocknung.
Angepasstheiten der Spaltenkreuzspinne: Der flache Hinterkörper, der durch Muskeln noch stärker abgeflacht werden kann, ermöglicht ihr, sich in enge Mauerspalten zurückzuziehen. Dadurch und durch ihr dämmerungs- und nachtaktives Verhalten ist sie vor Austrocknung und Fressfeinden geschützt. Die Mauerspalten dienen ihr zudem als Versteck beim Lauern auf Beute.
Felsenspringer und Spaltenkreuzspinne sind wie alle Lebewesen in ihrem Bau und ihrer Lebensweise an ihre Umwelt angepasst.

Gestufte Hilfe: Nenne jeweils Angepasstheiten im Bau und Verhalten an die abiotischen Umweltbedingungen auf der Mauer oder in den Mauerfugen. Berücksichtige dabei vor allem Feuchtigkeit, Temperatur und Tagesabhängigkeit.

A4 Trockenmauern sind künstlich vom Menschen angelegt und werden erst schrittweise besiedelt. Stelle Hypothesen auf, in welchen natürlichen Biotopen diese Lebewesen vorkommen!
Den Trockenmauern vergleichbare abiotische Umweltfaktoren herrschen an nach Süden ausgerichteten Felswänden oder an Stein- und Geröllhalden. Sie könnten natürliche Biotope der an Trockenmauern vorkommenden Lebewesen sein.

Material B – Ökosysteme

B1 Begründe, ob es sich bei den Abbildungen jeweils um ein Ökosystem handelt!
Aquarium: Ein Aquarium mit Pflanzen und Tieren ist ein Ökosystem. Es besteht aus einem Biotop, dem Glasbehälter mit Wasser und Bodenmaterial, und einer Biozönose, die zum Beispiel Wasserpflanzen, Fische, Einzeller und Bakterien umfasst.
Lavastrom: Ein heißer Lavastrom ist kein Ökosystem. Die extrem hohen Temperaturen des flüssigen Gesteins liegen weit über der für Lebewesen erträglichen Temperaturen. Der Lavastrom ist deshalb kein Biotop, weil keine Lebewesen auf ihm leben können.
Quelle: Eine Quelle ist ein Ökosystem. Sie ist zwar kühl, stellt aber in der Regel einen Biotop für Wasserlebewesen dar, die an kühles, sauerstoffreiches Wasser angepasst sind.
Schulhof: Ein Schulhof ist ein Ökosystem. Die abiotischen Umweltfaktoren dieses Biotops erlauben die Existenz einer vielfältigen Biozönose, die zum Beispiel krautige Pflanzen, Bäume, Würmer, Schnecken, Gliederfüßer, Mäuse, Vögel, Schüler und Lehrer umfasst.
Mond: Der Mond ist kein Ökosystem. Die abiotischen Bedingungen, insbesondere das Fehlen von Wasser und Sauerstoff, sind lebensfeindlich.
Kuhfladen: Ein Kuhfladen ist ein Ökosystem. Die noch unvollständig abgebauten pflanzlichen Nährstoffe stellen zum Beispiel einen Lebensraum für Bakterien, Pilze, aber auch für Mistkäfer und Fliegen dar.

Gestufte Hilfe: Überlege bei jeder Abbildung, ob die abiotischen Bedingungen die Existenz von Leben ermöglichen und damit ein Lebensraum, Biotop, vorhanden ist, der eine Biozönose beherbergt.

B2 Erläutere, ob die Bezeichnung „Biotop" für einen im Garten selbst angelegten Teich zutreffend ist!
Ein im Garten selbst angelegter Teich ist mehr als ein Biotop, denn er beherbergt schon nach kurzer Zeit eine Vielzahl von Lebewesen, zum Beispiel Wasserpflanzen und Wassertiere. Da er also sowohl einen Lebensraum, Biotop, darstellt, als auch eine Biozönose umfasst, ist er ein Ökosystem.

Gestufte Hilfe: Berücksichtige dabei die Definitionen der Begriffe Biotop, Biozönose und Ökosystem.

B3 Ordne in einem Schema folgende natürlichen Ökosysteme so an, dass die Rangfolge deutlich erkennbar wird: *Binnengewässer, Bach, Wüste, Tiefsee, Gewässerökosysteme, Buchenwald, Biosphäre, See, Regenwälder, Meer, Laubwälder, Fließgewässer, Landökosysteme, Fluss, Tümpel, Moor, Buchenlaubstreu, Stehende Gewässer, Watt!*
siehe Abbildung unten

Zusatzinformation: Der Begriff Biosphäre wird in der Literatur unterschiedlich abgegrenzt. Neben der Bezeichnung für das größte Ökosystem, wird Biosphäre sowohl als größter Biotop als auch als größte Biozönose verstan-

Schema zur Rangreihenfolge von Ökosystemen

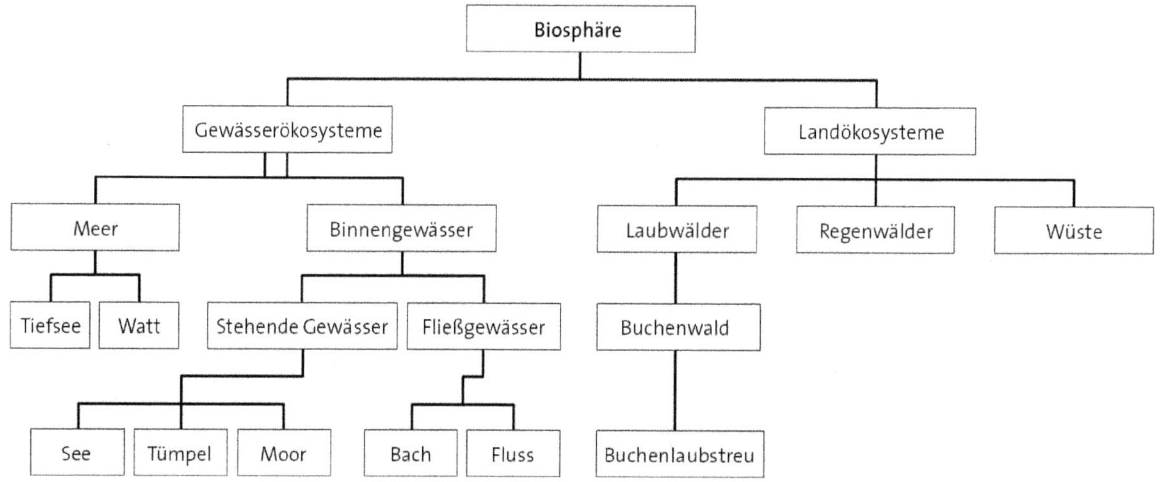

den. Hier ist mit Biosphäre das größte Ökosystem gemeint, das sowohl alle Lebensräume der Erde als auch alle Lebewesen auf der Erde umfasst. Die Biosphäre erstreckt sich etwa 60 Kilometer über und zehn Kilometer unter die Erdoberfläche der kontinentalen Erdkruste. Im Meer reicht sie bis in eine Tiefe von elf Kilometern unter den Meeresspiegel und fünf Kilometer tief in die ozeanische Erdkruste.

Gestufte Hilfen:
Hilfe 1: Beginne mit dem größten Ökosystem, der Biosphäre, und wähle aus den gegebenen Begriffen zwei aus, in die man die Biosphäre unterteilen kann.
Hilfe 2: Vorgabe des Lösungsschemas mit leeren Kästchen, in die die Begriffe einzusetzen sind.

2 Ökosystem Wald

Wälder haben viele Gesichter

Seite 66–68

1 Beschreibe die Bedingungen, die die Entstehung eines Waldtyps beeinflussen!
Das Klima beeinflusst sowohl über die Jahresdurchschnittstemperatur und das Auftreten von Temperaturextremen als auch über die durchschnittliche Niederschlagsmenge und die Form und Verteilung der Niederschläge die Entstehung eines Waldtyps. Außerdem spielt der Feuchtigkeitsgrad, Mineralstoffgehalt und pH-Wert des Bodens eine große Rolle. Letztendlich entscheiden aber auch individuelle Merkmale der Baumarten über ihre Verbreitung. Dies sind vor allem ihre Holzeigenschaften, zum Beispiel die Widerstandsfähigkeit gegenüber Fäulnisprozessen, und ihr Wachstumsverhalten, zum Beispiel die Fähigkeit zum Neuaustreiben von Wurzeln und Zweigen.

Seite 69 (Material)

Material A – Fichtenwald

A1 Vergleiche den ökologisch zu erwartenden mit dem tatsächlichen prozentualen Anteil der Fichte an unseren Wäldern!
Der ökologisch zu erwartende Anteil der Fichte in den Wäldern Baden-Württembergs ist gering. Es handelt sich um zwei größere und zwei kleinere Gebiete, die insgesamt etwa 10 % der Gesamtfläche ausmachen. Der tatsächliche Anteil der Fichte in den Wäldern Baden-Württembergs beträgt hingegen 38%. Das ist fast das Vierfache des ökologisch zu erwartenden Anteils.

A2 Erläutere an diesem Beispiel, inwiefern der Mensch durch die Forstwirtschaft in natürliche Konkurrenzprozesse eingreift!
Der hohe Anteil der Fichte an den Wäldern Baden-Württembergs ist auf ihre gezielte forstwirtschaftliche Anpflanzung durch den Menschen zurückzuführen. Dies geschieht auch an Standorten außerhalb ihres ökologischen Optimums, an denen sie sich gegen konkurrierende Baumarten selbst nicht durchsetzen könnte. Diese ökologisch überlegenen Konkurrenzarten müssen wiederum gezielt beseitigt werden. Dadurch greift die Forstwirtschaft in die natürlichen Konkurrenzprozesse ein.

Material B – Wiederaufforstung

B1 Ordne den Gebieten A bis G jeweils die Baumarten zu, die sich aufgrund ihrer Umweltansprüche für eine erfolgreiche Aufforstung am besten eignen!
A: Waldkiefer
B: Stiel-/Traubeneiche, Rotbuche
C: Fichte
D: Rotbuche, Stiel-/Traubeneiche
E: Schwarzpappel
F: Schwarzerle
G: keine der aufgeführten Baumarten

B2 Begründe, welcher weitere Umweltfaktor im Gebiet C für das Wachstum der Baumarten von Bedeutung ist!
Die hügelige Geländeform führt zu einer erhöhten Sonneneinstrahlung am Südhang und einer verringerten Sonneneinstrahlung am Nordhang. Damit kann auch der Umweltfaktor Licht das Wachstum der Baumarten je nach Hanglage unterschiedlich beeinflussen.

Gestufte Hilfe: Berücksichtige zum Beispiel die Sonneneinstrahlung auf Nord- und Südhängen.

B3 Stelle zwei Hypothesen auf, welche weiteren Eigenschaften einer Baumart ihre ökologische Durchsetzungsfähigkeit erhöhen können!
Zwei der möglichen Hypothesen werden erwartet.

Beispiele für Hypothesen:
Hypothese 1: Die Wachstumsgeschwindigkeit und die Wuchsform können die ökologische Durchsetzungsfähigkeit einer Baumart erhöhen! Begründung: Die Baumart, die nach dem Keimen ihrer Samen zuerst die volle Lichteinstrahlung auffangen kann, unterdrückt durch ihren Schattenwurf langsamer wachsende Konkurrenten, da der Lichtmangel deren Wachstum verlangsamt.

Hypothese 2: Die Fähigkeit zur Samenproduktion und die Fähigkeit zur Samenverbreitung können die ökologische

Durchsetzungsfähigkeit einer Baumart erhöhen! Begründung: Bei der Wiederbesiedlung von baumfreien Gebieten, zum Beispiel nach einem Waldbrand oder nach Rodungen, ist die Fähigkeit, rasch Samen in großer Anzahl produzieren und verbreiten zu können, ein wichtiger Konkurrenzvorteil, um sich gegen andere Baumarten rasch durchsetzen zu können.

Hypothese 3: Die Biegsamkeit des Holzes und die Ausbildung der Wurzeln können die ökologische Durchsetzungsfähigkeit einer Baumart erhöhen! Begründung: In Gebieten mit häufig hohen Windgeschwindigkeiten oder häufigen Stürmen kann sowohl die Biegsamkeit des Holzes als auch die Wurzeltiefe die Durchsetzungsfähigkeit einer Baumart entscheidend erhöhen. Solche Bäume können länger bestehen als andere.

Hypothese 4: Die Fähigkeit, sich gegen Schädlinge und Fressfeinde erfolgreich wehren zu können kann die ökologische Durchsetzungsfähigkeit einer Baumart erhöhen! Begründung: Besonders in Regionen mit vielen Schädlingen oder Fressfeinden können sich nur die Baumarten durchsetzen, die in der Lage sind, derartige Angriffe erfolgreich abzuwehren.

Hypothese 5: Die Fähigkeit, Verletzungen rasch und dauerhaft verheilen zu können und danach rasch wieder neu auszutreiben kann die ökologische Durchsetzungsfähigkeit einer Baumart erhöhen! Begründung: In Gebieten, in denen es durch forst- oder landwirtschaftliche Maschinen immer wieder zu Verletzungen kommt, zum Beispiel an Forststraßen, oder in denen Verletzungen durch Stürme besonders häufig sind, zum Beispiel an Waldrändern oder auf Bergrücken, stellt die Fähigkeit, solche Wunden rasch verheilen lassen zu können und danach rasch wieder neue Triebe zu bilden einen wichtigen Konkurrenzvorteil dar.

Hypothese 6: Die Fähigkeit, symbiontische Lebensgemeinschaften ausbilden zu können, kann die ökologische Durchsetzungsfähigkeit einer Baumart erhöhen! Begründung: In Gebieten, in denen die Aufnahme von Wasser oder Mineralstoffen durch die Baumwurzeln alleine kaum möglich ist, kann die Fähigkeit, an diese lebenswichtigen Ressourcen über symbiontische Lebenspartner, zum Beispiel Mykorrhizapilze, einen entscheidenden Überlebensvorteil darstellen.

Nahrungsbeziehungen im Wald

Seite 73 (Material)

Material A – Luchse und Schneeschuhhasen

A1 Vergleiche die Daten mit den Prognosen nach der 1. und 2. Lotka-Volterra-Regel!

Die Prognosen nach der 1. Lotka-Volterra-Regel treffen im Wesentlichen zu: Die Größen der Räuber- und Beutepopulationen schwanken regelmäßig und zeitversetzt. Bei beiden Populationen liegen zwischen zwei Maxima jeweils etwa 10 Jahre. Dies trifft auch auf den Abstand zwischen zwei Minima zu. Zwischen den Populationen liegen die Maxima um etwa 2 Jahre zeitversetzt vor. Dies trifft auch auf den Abstand zwischen den jeweiligen Minima zu.
Die Prognosen nach der 2. Lotka-Volterra-Regel treffen nur teilweise zu. Die mittlere Größe der Luchspopulation bleibt im gesamten Zeitraum annähernd konstant. Ihre Maxima fallen jedoch abwechselnd etwas höher und anschließend etwas niedriger aus. Ihre Minima steigen von etwa 1862 bis circa 1892, danach fallen sie wieder bis zum letzten Minimum um 1918.
Die mittlere Größe der Schneeschuhhasenpopulation liegt im Zeitraum von 1864 bis 1887 deutlich höher als im Zeitraum von 1888 bis 1929. In diesem zweiten Zeitraum bleibt die mittlere Populationsgröße jedoch annähernd stabil.
Während des gesamten Zeitraums ist die Population der Schneeschuhhasen meistens deutlich größer als die der Luchse. Ausnahmen sind jedoch die Jahre 1866/1867, 1897/1898 und 1916/1917.

Zusatzinformation: Es muss berücksichtigt werden, dass die Anzahl der abgegebenen Felle nur eine indirekte Messung der Populationsgrößen darstellt. Unter Umständen haben auch andere Faktoren Einfluss auf den Jagderfolg genommen, zum Beispiel veränderte Jagdtechniken, die Anzahl der Jäger oder ein verändertes Jagdverhalten.

A2 Erläutere, weshalb die Lotka-Volterra-Prognosen in der Natur niemals exakt eintreffen!
LOTKA und VOLTERRA gingen von einem stark vereinfachten Idealzustand aus. In ihren mathematischen Simulationen berücksichtigten sie nur die Wechselwirkungen zwischen einer einzigen Beuteart und einer Räuberart. In der Natur besitzen jedoch die meisten Beutetiere mehrere Arten von Fressfeinden und die meisten Räuber jagen wesentlich mehr als nur eine Beuteart. Außerdem hängt die Populationsgröße noch von weiteren Faktoren, zum Beispiel klimatischen Veränderungen, ab. Klimaschwankungen bestimmen sowohl die Zusammensetzung als auch die Menge des Nahrungsangebotes der Beutetiere. Außerdem beeinflussen sie, vor allem durch Wetterextreme, die allgemeine Überlebenswahrscheinlichkeit der Lebewesen beider Arten. Auch die oft in der Folge von Klimaveränderungen einsetzende Ab- oder Einwanderung anderer Arten kann auf die Populationsgrößen einwirken. Epidemien nehmen ebenfalls Einfluss auf die Größe einer Population. Schließlich kann auch der Mensch zum Beispiel durch sein Jagdverhalten und über die Verkehrs- und Handelswege eingeschleppte neue Arten Populationsgrößen einzelner Arten verändern.

Gestufte Hilfen:
Hilfe 1: Beachte, dass alle Lebewesen in Nahrungsnetze eingebunden sind!
Hilfe 2: Beachte die Einflüsse von weiteren Faktoren wie zum Beispiel Klimaveränderungen, Epidemien, Jagd und internationalem Handel und Verkehr!

Material B – Nahrungsnetz

B1 Formuliere eine hier erkennbare sechsteilige Nahrungskette!
Beispiele:
Eiche → Eichenwicklerraupe → Ameise → Spitzmaus → Baummarder → Waldkauz

Eiche → Eichenwicklerraupe → Ameise → Spitzmaus → Baummarder → Habicht

Eiche → Eichenwicklerraupe → Ameise → Spitzmaus → Baummarder → Fuchs

B2 Nenne die verschiedenen Ebenen eines Nahrungsnetzes und ordne ihnen jeweils die entsprechenden abgebildeten Lebewesen zu!
Destruenten: Baumpilz
Produzenten: Eiche
Primärkonsumenten: Eichenwicklerraupe, Glanzkäfer, Rindenwanze, Eichhörnchen
Sekundärkonsumenten: Spitzmaus, Ameise, Ringeltaube, Blaumeise, Kleinspecht, Waldeidechse, Ringelnatter, Baummarder
Endkonsumenten: Waldkauz, Habicht, Sperber, Fuchs

B3 Beschreibe die Folgen, die eine Dezimierung der Eichenwicklerraupen durch die Bekämpfung mit Insektengiften auf dieses Nahrungsnetz hätte!
Direkte Auswirkungen: Das Wachstum der Eichen wird gefördert. Sie erzielen durch die geringeren Fraßschäden größere jährliche Wachstumsraten und können vermutlich mehr Samen produzieren. Sofern in der näheren Umgebung noch geeignete freie Flächen bestehen, können diese Eicheln keimen und die Eichenpopulation kann zunehmen. Eine größere Menge an Eicheln kann auch zum Wachstum der Eichhörnchenpopulation führen, was wiederum die Anzahl ihrer Fressfeinde, Habichte und Füchse, wachsen lassen kann.
Ringeltauben, Ameisen und Spitzmäuse als direkte Fressfeinde des Eichenwicklers werden hingegen vermutlich beeinträchtigt. Falls sie noch über andere Nahrungsquellen verfügen, können sie aber auf diese ausweichen. Wenn das nicht möglich ist, werden sie nun auf Grund des Nahrungsmangels weniger Nachkommen produzieren, sodass ihre Populationen schrumpfen werden. Die Spitzmäuse werden sowohl direkt durch die geringere Anzahl an Eichenwicklerraupen als auch indirekt durch eventuell weniger vorhandene Ameisen beeinträchtigt.
Indirekte Auswirkungen: Die mögliche Dezimierung der Populationen von Spitzmaus, Ameise und Ringeltaube beeinträchtigt wiederum deren Fressfeinde. Wenn diese auf andere Beutetiere ausweichen können, bleiben ihre Populationen dennoch weitgehend stabil. Falls das nicht möglich ist, werden auch die Populationen von Waldkauz, Baummarder, Habicht und Fuchs schrumpfen.

Gestufte Hilfe: Beginne mit der Auswirkung auf die Eiche.

Konkurrenz zwischen Waldtieren

Seite 74–76

1 Vergleiche die Lebensweise von Eichhörnchen, Grauhörnchen und Siebenschläfer in Form einer Tabelle!

	Eichhörnchen	Grauhörnchen	Siebenschläfer
Ernährung	v.a. Beeren, Nüsse, Samen	v.a. Samen, Knospen, Rinde, Pilze	v.a. Bucheckern, Eicheln, Haselnüsse, Kastanien
Fressfeinde	Baummarder, Wildkatze, Uhu, Habicht	Baummarder, Waldkauz, Uhu	Baummarder, Mauswiesel, Waldkauz
Aufenthaltsorte	v.a. auf Bäumen	v.a. auf Bäumen	v.a. auf Bäumen
Aktivitätszeiten	ganzjährig tagaktiv	ganzjährig tagaktiv	im Sommer nachtaktiv, Winterschlaf

Seite 77 (Material)

Material A – Beutefang bei Meisen

A1 Beschreibe die dargestellten Ergebnisse!
Die Abbildung zeigt, dass die drei Meisenarten ihre Beute in verschiedenen Bereichen fangen: die Blaumeise am Rand der Baumkronen im Bereich dünner Zweige, die Sumpfmeise im zentralen Bereich der Baumkronen im Bereich dickerer Äste und die Kohlmeise vor allem an Büschen und am Boden, vereinzelt aber auch in Baumkronen im Bereich der stammnahen, stärksten Äste.
Die Größe der gefangenen Beute variiert ebenfalls: Blaumeisen erbeuten Tiere mit ein bis acht Millimeter Länge, Sumpfmeisen und Kohlmeisen zwischen zwei und acht Millimeter. Die Blaumeise fängt in allen Bereichen die kleinsten Beutetiere mit nur einem Millimeter Länge. Im Bereich der Äste und Zweige erreicht ihre Beute nur drei beziehungsweise fünf Millimeter Länge. Die Kohlmeise fängt in allen Bereichen die größten Beutetiere mit bis zu acht Millimeter Länge. Im Bereich der Äste besitzt ihre kleinste Beute eine Mindestlänge von sechs Millimeter, in Sträuchern sind ihre kleinsten Beutetiere mindestens vier Millimeter lang.

A2 Erläutere den Zusammenhang zwischen eigener Körpermasse, Beutegröße und bevorzugtem Fangort der drei Meisenarten im Hinblick auf ihre Konkurrenz!
Die Blaumeise fängt als leichteste Art die kleinsten Beutetiere, die Kohlmeise als schwerste Art die größten. Die Sumpfmeise liegt in Körpermasse und Beutegröße dazwischen. Alle drei Arten fangen jedoch auch gleich große Beutetiere, vor allem mittlerer Größe, wodurch es zu einer Konkurrenz in der Ernährungsweise kommen könnte. Da sie aber an unterschiedlichen Orten auf Beutefang gehen, kommt es zur Vermeidung einer direkten Konkurrenz, so dass die drei Meisenarten in einem Lebensraum koexistieren können.

Material B – Konkurrenz zwischen Raubvögeln

B1 Stelle die Umweltwechselwirkungen „Aufenthaltsort“, „Ernährungsweise“, „Aktivitätszeit“ und „Brutplatz“ von Waldkauz und Habicht in einer Grafik entsprechend der Abbildung 03 auf Seite 75 dar!

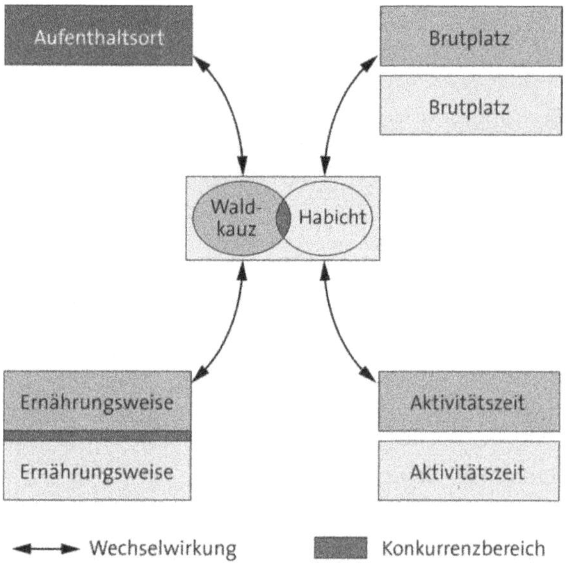

Zusatzinformation: Die Bereiche „Brutplatz“ und „Aktivitätszeit“ überschneiden sich nicht. Der Bereich „Ernährungsweise“ zeigt eine kleine Überschneidung, der Bereich „Aufenthaltsort“ überschneidet sich vollständig.

B2 Beschreibe die theoretische Konkurrenzsituation zwischen diesen drei Vogelarten!
Zwischen Waldkauz und Habicht besteht in den Bereichen „Aktivitätszeit“ und „Brutplatz“ keine Konkurrenz. Im Bereich „Ernährungsweise“ besteht eine geringe, im Bereich „Aufenthaltsort“ eine vollständige Konkurrenz. Zwischen Waldkauz und Waldohreule besteht im Bereich „Brutplatz“ keine Konkurrenz. Im Bereich „Aufenthaltsort“ besteht eine teilweise, im Bereich „Ernährungsweise“ eine große und im Bereich „Aktivitätszeit“ eine vollständige Konkurrenz. Zwischen Waldohreule und Habicht besteht im Bereich „Aktivitätszeit“ keine Konkurrenz. Im Bereich „Ernährungsweise“ besteht eine geringe, in den Bereichen „Brutplatz“ und „Aufenthaltsort“ eine teilweise Konkurrenz.

B3 Stelle eine Hypothese auf, ob diese drei Arten in einem Gebiet dauerhaft koexistieren könnten!
Grundsätzlich ist eine dauerhafte Koexistenz dieser drei Arten in einem Gebiet möglich, da keine Art mit einer anderen in vollständiger Konkurrenz in allen Bereichen steht. Durch die Anwesenheit anderer Arten mit ähnlichen oder identischen Ansprüchen an die Ernährungsweise und Aktivitätszeiten werden die insgesamt zur Verfügung stehenden Ressourcen jedoch weiter eingeschränkt, sodass sich die Anzahlen der Individuen pro Art gegenseitig begrenzen.

Gestufte Hilfe: Beachte, dass das Ausmaß der Konkurrenz zwischen verschiedenen Arten eine zentrale Rolle für die Möglichkeit der Koexistenz verschiedener Arten in einem Lebensraum spielt!

Energiefluss und Stoffkreisläufe im Wald

Seite 78–80

1 Beschreibe die Zehn-Prozent-Regel des Energieflusses im Ökosystem Wald!
Die Pflanzen des Waldes wandeln die bei der Fotosynthese aufgenommene Lichtenergie in chemische Energie um, die in ihrer Biomasse gespeichert ist. Von dieser chemischen Energie werden nur zehn Prozent an die Konsumenten 1. Ordnung, die sich von Pflanzen ernähren, weitergegeben. Ein Prozent davon gelangt in die Weidegänger-Nahrungskette und neun Prozent in die Laubstreuzersetzer-Nahrungskette. Den Konsumenten 2. Ordnung, die sich von den Konsumenten 1. Ordnung ernähren, stehen ebenfalls nur zehn Prozent der in der Biomasse der Konsumenten 1. Ordnung gespeicherten Energie zur Verfügung, und an die Konsumenten 3. Ordnung können wiederum nur zehn Prozent der Energie der Konsumenten 2. Ordnung weitergegeben werden.

Seite 81 (Material)

Material A – Biomasse und Energiefluss

A1 Beschreibe, was in den Biomassen- und Energiefluss-Pyramiden dargestellt ist!
Bei den Biomassenpyramiden sind die Biomassen in Gramm pro Quadratmeter von drei Ernährungsebenen, den Produzenten, den Konsumenten 1. Ordnung und den Konsumenten 2. Ordnung, grafisch dargestellt. Die Anordnung dieser zu einem bestimmten Zeitpunkt gemessenen Biomassen ist so, dass die Produzenten die Pyramidenbasis und die Konsumenten 2. Ordnung die Pyramidenspitze bilden.

Bei den Energieflusspyramiden ist die grafische Anordnung der drei Ernährungsebenen gleich wie bei den Biomassenpyramiden. Hier ist aber jeweils die im Laufe eines Tages in den Biomassen eines Quadratmeters gespeicherte Energiemenge in Joule dargestellt.

A2 Vergleiche die Biomassen von Wald und Grasland sowie deren Energieflusspyramiden!
Die Biomassen der Produzenten sind sowohl beim Wald als auch beim Grasland jeweils deutlich größer als die Biomassen der Konsumenten und bilden eine breite Pyramidenbasis. Beim Grasland sind aber die Biomassen der Konsumenten 1. Ordnung wesentlich höher als beim Wald und auch die der Konsumenten 2. Ordnung sind beim Grasland höher.
Bei den Energieflusspyramiden sind die für die Biomassen genannten Unterschiede zwischen Wald und Grasland noch deutlicher.

A3 Stelle Hypothesen auf, worauf die in A2 festgestellten Unterschiede zurückzuführen sind!
Im Wald besteht die Biomasse der Produzenten zu einem großen Teil aus Holz, das von den meisten Konsumenten 1. Ordnung nicht als Nahrung genutzt werden kann. Für die Weidegänger-Nahrungskette ist nur ein geringer Teil der grünen Blätter und krautigen Pflanzen nutzbar, und die Laubstreuzersetzer nutzen einen Teil des Falllaubs.
Im Grasland können dagegen die Konsumenten 1. Ordnung alle Teile der Produzenten, des Grases, als Nahrung nutzen. Da zudem Gras schnell nachwächst und keine Energie über einen langen Zeitraum in Biomasse gespeichert wird wie beim Holz der Bäume, ist auch der Energiefluss von den Produzenten in die Nahrungskette der Konsumenten stärker.

Gestufte Hilfe: Vorgabe der Lösung von A2.

A4 Nenne wichtige Produzenten und Konsumenten 1. Ordnung im offenen Meer!
Produzenten = Pflanzenplankton, einzellige Algen
Konsumenten 1. Ordnung = Tierplankton, zum Beispiel Kleinkrebse, die einzellige Algen fressen, Fischlarven

A5 Stelle eine Hypothesen über die Abweichungen der Biomassenpyramide der Lebewesen im offenen Meer auf!
Im Unterschied zu den Biomassenpyramiden des Waldes und Graslands ist im offenen Meer die Biomasse der Produzenten geringer als die der Konsumenten 1. Ordnung. Die Produzenten sind hier einzellige Algen, die sich rasch vermehren können und im Laufe eines Tages ein Vielfaches der Biomasse produzieren, die hier in Gramm pro Fläche zu einem bestimmten Zeitpunkt angegeben ist. Deshalb stellen die Produzenten trotz der geringeren Biomasse zu einem bestimmten Zeitpunkt genügend Nahrung für die Aufrechterhaltung der großen Biomasse der Konsumenten 1. Ordnung her.

Material B – Stickstoffkreislauf

B1 Beschreibe die mit Zahlen markierten Stellen des Stickstoffkreislaufs!
1 = Die Produzenten bauen organische Stickstoffverbindungen auf.
2 = Die Konsumenten nehmen organische Stickstoffverbindungen mit ihrer Nahrung auf, bauen sie in körpereigene Stoffe um und zu energieärmeren Stickstoffverbindungen ab.
3 = Die Destruenten bauen die in totem organischen Pflanzenmaterial sowie in Ausscheidungen der Tiere und toten Tieren enthaltenen Stickstoffverbindungen zu anorganischen Stickstoffverbindungen ab.
4 = Ammonium, NH_4^+, ist das Abbauprodukt, das beim Abbau von Stickstoffverbindungen durch die Destruenten entsteht. Es wird zum Teil von den Produzenten aufgenommen, zum Teil wandeln es Bakterien in Nitrit um.
5 = Knöllchenbakterien binden Luftstickstoff und überführen ihn in Ammonium.
6 = Bestimmte Bakterien wandeln Nitrit, NO_2^-, in Nitrat, NO_3^-, um, das von den Produzenten aufgenommen wird.
7 = Bestimmte Bakterien wandeln Nitrat in Luftstickstoff um.

B2 Nenne zwei organische Stoffe in Lebewesen, die Stickstoff enthalten, und deren jeweilige Funktion!
Proteine enthalten Stickstoff. Zum Beispiel bestehen Muskel- und Bindegewebe, Haare, Hörner und Nägel oder das für den Sauerstofftransport zuständige Hämoglobin in den roten Blutzellen aus Proteinen. Außerdem sind die meisten Enzyme Proteine, ohne die kein Stoffwechsel möglich wäre.
Die Erbsubstanz, DNS, enthält Stickstoff in ihren Basen Adenin, Guanin, Cytosin und Thymin. Ihre Funktion ist die Speicherung der Erbinformation.

B3 Erkläre, weshalb Pflanzen mit Knöllchenbakterien das Wachstum anderer Pflanzen fördert!
Die Knöllchenbakterien binden den Luftstickstoff und überführen ihn in Ammonium. Mithilfe der Pflanzen mit Knöllchenbakterien wird deshalb der Boden mit Ammonium angereichert. Pflanzen ohne Knöllchenbakterien können Luftstickstoff zum Aufbau von organischen Stickstoffverbindungen nicht nutzen. Enthält der Boden aber reichlich Ammonium, das auch von diesen Pflanzen genutzt werden kann, wird damit auch deren Wachstum gefördert.

Stockwerke der Mischwälder

Seite 82–84

1 Ordne den verschiedenen Stockwerken des Mischwaldes jeweils zwei typische Pflanzenarten und Umweltbedingungen zu!
siehe Tabelle auf der nächsten Seite

Die Tabelle wird nicht in der Aufgabe verlangt.

Stockwerk	typische Pflanzenarten	Umweltbedingungen
Wurzelschicht	alle folgenden Arten	---
Moosschicht	Frauenhaarmoos, Sternmoos	geringe Sonneneinstrahlung (nur etwa 2% des Sonnenlichts), geringe tägliche Temperaturschwankungen, geringe Belastung durch Wind, höhere Luftfeuchtigkeit als in den weiter obenliegenden Schichten
Krautschicht	Buschwindröschen, Scharbockskraut, Leberblümchen, Maiglöckchen, Waldmeister, Sauerklee, Springkraut	
Strauchschicht	Hasel, Vogelbeere, Berberitze, Stechpalme	vollständige Bestrahlung mit Sonnenlicht, starke tägliche Temperaturschwankungen, hohe Belastung durch Wind, geringere Luftfeuchtigkeit als in bodennahen Schichten
Baumschicht	Buche, Eiche, Esche, Ahorn, Tanne, Fichte, Kiefer, Lärche	

Zusatzinformation: Für die Wurzelschicht werden auf den Informationsseiten keine Angaben zu den Umweltbedingungen gemacht. Möglich wäre die Erwähnung von Licht, Wasser in flüssiger und fester, gefrorener, Form, stabile Temperaturen, pH-Wert, Korngröße, Mineralgehalt u.ä. Die genannten Umweltbedingungen gelten für die Strauchschicht nur an den Waldrändern.

Gestufte Hilfe: Die Pflanzenarten und Umweltbedingungen in ungeordneter Reihenfolge vorgeben.

Seite 85 (Material)

Material A – Abiotische Faktoren

A1 Stelle die Messwerte der Messpunkte 1 und 2 für Temperatur und Luftfeuchtigkeit jeweils in einem Liniendiagramm dar!

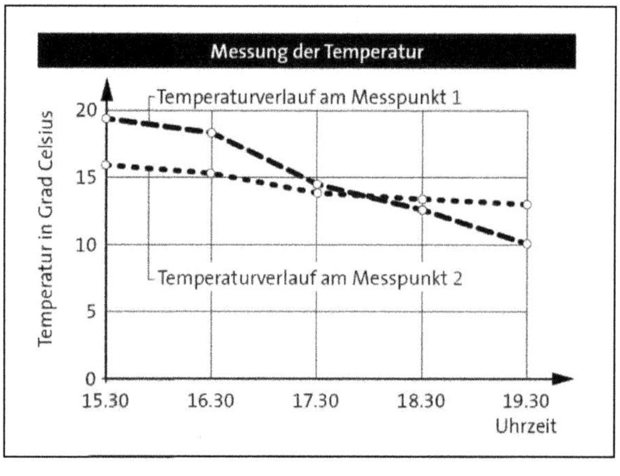

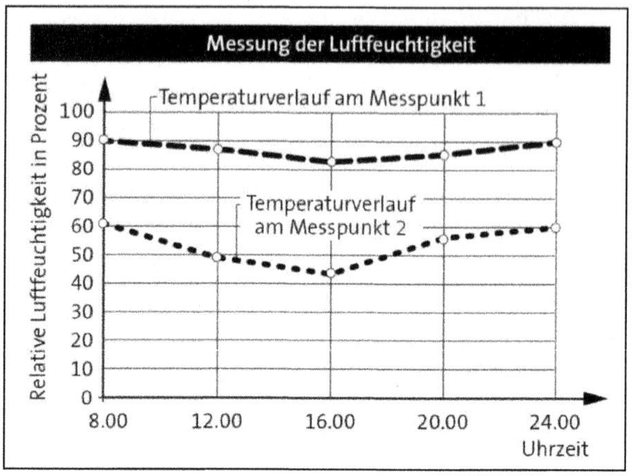

Gestufte Hilfen: Die Beschriftung und Skalierung der Achsen vorgeben.

A2 Vergleiche in den Diagrammen jeweils die beiden Kurven!

Diagramm zur Temperatur: An beiden Messpunkten sinkt die Temperatur im Verlauf der Messungen. Der Temperaturverlauf beginnt am Messpunkt 1 auf einem höheren Niveau und endet auf einem niedrigeren Niveau als am Messpunkt 2. Der Abfall der Temperatur ist am Messpunkt 1 deutlich stärker ausgeprägt als am Messpunkt 2.

Diagramm zur Luftfeuchtigkeit: An beiden Messpunkten sinkt die Luftfeuchtigkeit im Tagesverlauf. Sie erreicht in beiden Fällen ihren Tiefpunkt am Nachmittag (16.00 Uhr), wobei der Minimalwert am Messpunkt 1 deutlich unter dem von Messpunkt 2 liegt. Der Kurvenverlauf beginnt am Messpunkt 1 bei einem deutlich niedrigeren Wert und endet ebenso auf einem niedrigeren Wert als am Messpunkt 2.

A3 Ordne die Messpunkte 1 und 2 jeweils dem Wald oder der Wiese zu und begründe!

Messpunkt 1 befindet sich auf einer Wiese. Die stärkeren Temperaturschwankungen gehen auf die stärkere Sonneneinstrahlung am Mittag und die ungehinderte Wärmeabstrahlung am Abend zurück. Die geringere Luftfeuchtigkeit ist eine Folge der geringeren Wasserverdunstung durch den geringeren Pflanzenbewuchs.
Messpunkt 2 befindet sich am Waldboden. Die geringeren Temperaturschwankungen gehen auf die geringere Sonneneinstrahlung am Mittag und die durch den dichten Pflanzenbewuchs behinderte Wärmeabstrahlung am Abend zurück. Die höhere Luftfeuchtigkeit ist eine Folge der höheren Wasserverdunstung durch den dichten Pflanzenbewuchs.

Material B – Wasser und Boden

B1 Beschreibe die Durchführung des Versuchs!

3 Materialproben, Kies, Sand und Waldhumus, werden jeweils in einen Trichter gegeben. Anschließend wird jeweils 100 Milliliter Wasser auf die Proben geschüttet. In

einem Messzylinder wird nun für jede Probe der Durchlauf, also das nicht aufgenommene Wasser, nach 10, 20, 30, 40, 50 und 60 Sekunden gemessen.

B2 Stelle die Werte in einem geeigneten Diagramm dar!

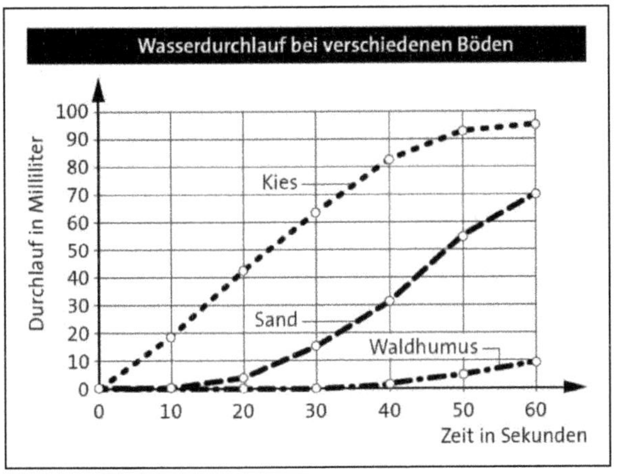

Gestufte Hilfen:
Hilfe 1: Das Liniendiagramm als geeignete Form vorgeben.
Hilfe 2: Die Beschriftung und Skalierung der Achsen vorgeben.

B3 Leite aus den Ergebnissen eine besondere Funktion des Waldes ab!
Die Messungen zeigen eine besonders hohe Wasserspeicherfähigkeit des Waldhumus. Daher kann der Wald bei starken Regenfällen oder während der Schneeschmelze große Mengen an Wasser im Boden speichern, die er erst langsam wieder abgibt. Durch diese Wasserregulation hat der Wald eine wichtige Funktion: Er leistet einen Beitrag zum natürlichen Hochwasserschutz.

Zusatzinformation: Aufforstungen stellen eine wichtige ökologische Hochwasserschutzmaßnahme dar.

Material C – Zersetzung von Blättern

C1 Vergleiche die Zersetzungsdauer der Blätter von Laub- und Nadelbäumen!
Die Blätter der Laubbäume Ulme, Esche, Bergahorn, Linde, Eiche und Rotbuche werden innerhalb von 12 und 36 Monaten zersetzt. Die Blätter der Nadelbäumen Fichte, Waldkiefer und Lärche werden dagegen erst nach 44 bis 60 Monaten abgebaut.

C2 Stelle eine Hypothese über die Auswirkungen des pH-Werts des Laubs auf seine Zersetzungsdauer auf!
Aus der Tabelle geht hervor, dass die Zersetzung des Laubs umso länger dauert, je niedriger dessen pH-Wert ist. Die Abbauprozesse des Laubs erfolgen überwiegend durch Klein- und Kleinstlebewesen. Es ist denkbar, dass diese auf einen niedrigen pH-Wert empfindlich reagieren.

C3 Stelle mithilfe der Tabelle eine Hypothese auf, weshalb reine Nadelwälder oft keine Krautschicht besitzen!
Das Laub von Nadelbäumen besitzt einen niedrigeren pH-Wert als das von Laubbäumen. Bei der Zersetzung der Nadeln könnte es zu einer Freisetzung von Säuren und dadurch zu einer Versauerung des Waldbodens kommen. Dies könnte die Ansiedelung von Kräutern verhindern.

Veränderungen im Wald

Seite 86–88

1 Erläutere die Angepasstheiten von Frühblühern und Schattenpflanzen!
Frühblüher besitzen besondere Speicherorgane, die den Winter überdauern können. In diesen verdickten Geweben speichern sie Nährstoffe, vor allem Stärke, Mineralstoffe und Wasser. Mit ihrer Hilfe können sie sofort mit Anstieg der Temperatur und Sonneneinstrahlung im Frühling austreiben und wachsen. Es treten drei Formen von Speicherorganen auf: Buschwindröschen, Leberblümchen, Sternmiere und Lungenkraut verfügen über verdickte Erdsprosse. Blaustern und Märzenbecher bilden Zwiebeln und das Scharbockskraut besitzt Wurzelknollen.
Schattenpflanzen besitzen oft auffallend große, dünne und zueinander versetzt angeordnete Blätter. So können sie das geringe Sonnenlicht optimal einfangen. Auch ihr sehr hoher Chlorophyllanteil ermöglicht es ihnen, im Schatten noch ausreichend Fotosynthese zu betreiben.

2 Erkläre den Verlauf der Kurve zur Sonneneinstrahlung am Waldboden in Abbildung 02!
Der starke Abfall der Kurve in den Frühlingsmonaten wird durch das Entfalten der neuen Blätter der Laubbäume und Sträucher verursacht. Der Anstieg der Kurve ab Oktober ist Folge des herbstlichen Laubabwurfs der Laubbäume und Sträucher.

Gestufte Hilfe: Berücksichtige vor allem die Belaubung der Bäume!

Zusatzaufgabe: ***Beschreibe den Kurvenverlauf zur Sonneneinstrahlung in Abbildung 02!***
Der prozentuale Anteil des Sonnenlichts, der am Waldboden eintrifft, ist in den Monaten Januar, Februar und März relativ hoch, er beträgt rund 50 % des Sonnenlichts. Im Laufe von April und Mai sinkt dieser Wert sehr stark, im Juni treffen schließlich nur noch wenige Prozent des Sonnenlichts am Waldboden ein. Im Laufe des Julis findet ein leichter Anstieg auf etwa 5% statt. Dieser Wert bleibt bis zum September konstant. Ab Oktober beginnt der prozentuale Anteil des Sonnenlichts, das am Waldboden eintrifft, wieder zu steigen und erreicht im Dezember wieder rund 50 %.

Zusatzinformation: Der leichte Anstieg im Hochsommer hängt mit Fraßschäden durch Schädlinge und vereinzeltem Blattabwurf der Bäume, zum Beispiel bei Stress durch Wassermangel und große Hitze, zusammen.

Seite 89 (Material)

Material A – Lichtverhältnisse am Boden

A1 Stelle die Messwerte der Gebiete A, B und C in einem Diagramm dar!

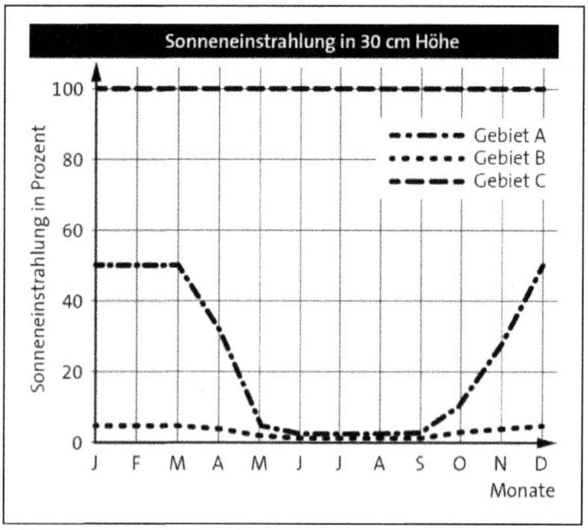

A2 Ordne die Datenreihen den drei Gebieten zu und begründe!

Die Datenreihe des Gebietes A gehört zum Standort Laubwald. Die Sonneneinstrahlung in 30 cm Höhe schwankt im Jahresverlauf sehr deutlich. Mit Beginn der Laubentfaltung der Bäume und Sträucher im Frühling nimmt sie deutlich ab, da der Boden nun stark beschattet wird. Mit dem Laubabwurf im Herbst steigt sie entsprechend wieder an.

Die Datenreihe des Gebietes B gehört zum Standort Nadelwald. Die Sonneneinstrahlung in 30 cm Höhe liegt im gesamten Jahresverlauf bei nur wenigen Prozent, da die Benadelung der Bäume das ganze Jahr über besteht. Eine leichte Abnahme ist auch hier im Frühling zu beobachten, da auch die Nadelbäume neue Zweige austreiben und dadurch den Boden noch etwas stärker beschatten.

Die Datenreihe des Gebietes C gehört zum Standort Wiese. Die Sonneneinstrahlung in 30 cm Höhe liegt das ganze Jahr über bei 100 % der Gesamteinstrahlung, da der Boden nicht durch Bäume oder Sträucher beschattet wird.

Gestufte Hilfe: Die richtige Zuordnung der Datenreihen zu den Standorten vorgeben.

Zusatzinformation: Da einige Nadelbäume, zum Beispiel auch die Gemeine Fichte, im Hochsommer bei Stress durch Wassermangel Nadeln abwerfen, ist auch hier im Herbst wieder ein leichtes Ansteigen der Sonneneinstrahlung am Boden zu beobachten.

A3 Stelle mithilfe der Messwerte eine Vermutung über die Vegetation der Krautschicht in einem Nadelwald an!

Im Nadelwald trifft am Boden das ganze Jahr über nur sehr wenig Sonnenlicht auf, da die Beschattung durch die Benadelung der Bäume weitgehend konstant bleibt. Daher sind Frühblüher hier vermutlich nicht in der Lage zu wachsen. Eventuell können hier aber Schattenpflanzen existieren, da sich die Messwerte von Laub- und Nadelwäldern im Sommer kaum unterscheiden.

Gestufte Hilfe: Berücksichtige vor allem, wie viel Sonnenlicht den Waldboden erreicht!

Zusatzinformation: Die Gewebe der Blätter von Nadelbäumen besitzen einen sehr niedrigen pH-Wert, oft um pH 4. Die starke Versauerung des Bodens, die bei der Zersetzung abgefallener Nadeln entsteht, verhindert weitgehend auch das Wachstum von Schattenpflanzen!

Material B – Waldbewirtschaftung

B1 Beschreibe die in der Abbildung A beziehungsweise B jeweils erkennbaren Waldformen!

Die Abbildungen A zeigen alle einen reinen Nadelwald. Er besteht nur aus einer Nadelbaumart. Alle Bäume sind zum jeweils dargestellten Zeitpunkt auch altersgleich. Daher handelt es sich um eine Monokultur.

Die Abbildungen B zeigen einen Mischwald aus unterschiedlichen Nadel- und Laubbaumarten. Die einzelnen Bäume sind zum jeweils dargestellten Zeitpunkt auch unterschiedlich alt.

B2 Beschreibe jeweils den Ablauf der beiden Methoden!

Beim Kahlschlag werden alle Bäume zur gleichen Zeit gefällt. Das geschieht durch den Einsatz großer und schwerer Holzerntemaschinen. Anschließend werden junge Bäume einer Art gepflanzt, die alle etwa gleich groß sind. Durch den identischen Pflanzzeitpunkt entsteht nach etwa 40 Jahren ein Bestand aus etwa gleich großen Bäumen einer Art, also eine gleichförmige Monokultur.

Bei der Plenterung werden im Abstand von wenigen Jahren immer wieder einzelne alte Bäume gefällt und dem Bestand entnommen. Das geschieht durch den Einsatz kleiner und leichter Hilfsmittel, hier zum Beispiel von Pferden. Anschließend füllen sich die entstandenen Baumlücken durch natürliche Aussaat vorhandener Arten. Weitere Eingriffe und Pflegemaßnahmen finden nicht statt.

Zusatzinformation: Regelmäßig werden nach dem Kahlschlag andere konkurrierende Pflanzen, zum Beispiel Stauden und Sträucher, mit der Motorsense entfernt.

B3 Erkläre, weshalb große Holzkonzerne vor allem den Kahlschlag einsetzen und kleine Waldbauernbetriebe häufig mit der Plenterung arbeiten!

Bei der Kahlschlagmethode kann zu einem planbaren Zeitpunkt eine große Menge Holz geerntet werden. Durch den Einsatz großer Maschinen kann dies besonders schnell und effektiv erfolgen. Da alle Bäume entfernt werden, ist ein rascher Abtransport mit großen Fahrzeugen möglich.

Bei der Plenterung kann ständig eine kleine Menge Holz geerntet werden. Durch den Einsatz kleiner und leichter Transportmittel kann dies besonders waldschonend erfolgen. Der Wald wird als Lebensraum nur wenig beschädigt und bleibt daher weitgehend stabil.

Für große Holzkonzerne ist die Plenterung ungeeignet, da hier mit sehr hohem Arbeits- und Personalaufwand nur geringe Mengen Holz pro Jahr geerntet werden können.

Für kleine Waldbauern ist eine Kahlschlagernte durch den Mangel an geeigneten Maschinen nicht möglich. Diese sind sehr teuer in der Anschaffung und können in kleinen Wäldern nicht regelmäßig und dadurch wirtschaftlich genutzt werden. Oft hegen Waldbauern auch ein langfristigeres Interesse an der Erhaltung eines stabilen Ökosystems, da sie über Generationen von ihrem Wald abhängig sind.

B4 Bewerte die Anfälligkeit der durch die beiden Methoden jeweils entstehenden Waldformen für Sturmschäden und Schädlingsbefall!

Auf Kahlschlägen angepflanzte Monokulturen sind besonders in den ersten Jahren Stürmen schutzlos ausgeliefert und daher für Schäden durch Windbruch besonders anfällig. Plenterwälder besitzen ständig eine ausgeprägte alte Baumschicht, die starke Winde abfangen und somit die jungen Bäume vor Windbruch schützen kann.

Da nach Kahlschlägen häufig Monokulturen aus einer einzigen Baumart angepflanzt werden, ist hier bei einem Schädlingsbefall sofort der gesamte Bestand gefährdet. In artenreichen Plenterwäldern sind nur diejenigen Baumarten in Gefahr, die von einem auftretenden Schädling auch befallen werden können.

B5 Stelle eine Hypothese auf, wie sich die in A dargestellte Fichtenmonokultur ohne Waldbewirtschaftung im Verlaufe von etwa 500 Jahren weiterentwickeln würde!

Nach 100 oder mehr Jahren werden zahlreiche Fichten absterben und umstürzen. Auf dem nun nicht mehr beschatteten Boden werden sich zunächst lichtbedürftige Gräser, Kräuter und Stauden ausbreiten. Zu ihnen gehören Arten wie zum Beispiel Weidenröschen, Johanniskraut, Springkraut, Fingerhut, Greiskraut, Goldrute, verschiedene Distelarten und Sauergräser. Sie werden nach einigen Jahren durch Pionierpflanzen, zum Beispiel Hasel, Sandbirke oder Salweide, verdrängt. Schließlich werden eventuell auch Baumsamen auskeimen, die noch besser als die Fichte an diesen Standort angepasst sind. Dadurch wird sich die Fichten-Monokultur in einen Mischwald umwandeln, der je nach Standort völlig andere Baumarten enthalten kann. Im Gebirge kann zum Beispiel ein Wald mit Kiefern, Lärchen oder Bergahorn entstehen, im Tiefland werden sich vermutlich Buchen und Eichen durchsetzen. Diese standortangepasste Artenzusammensetzung stellt dann eine annähernd stabile Klimaxgesellschaft dar.

Waldschäden

Seite 92–94

1 Stelle die Ursachen von Waldschäden in einer Übersicht dar!

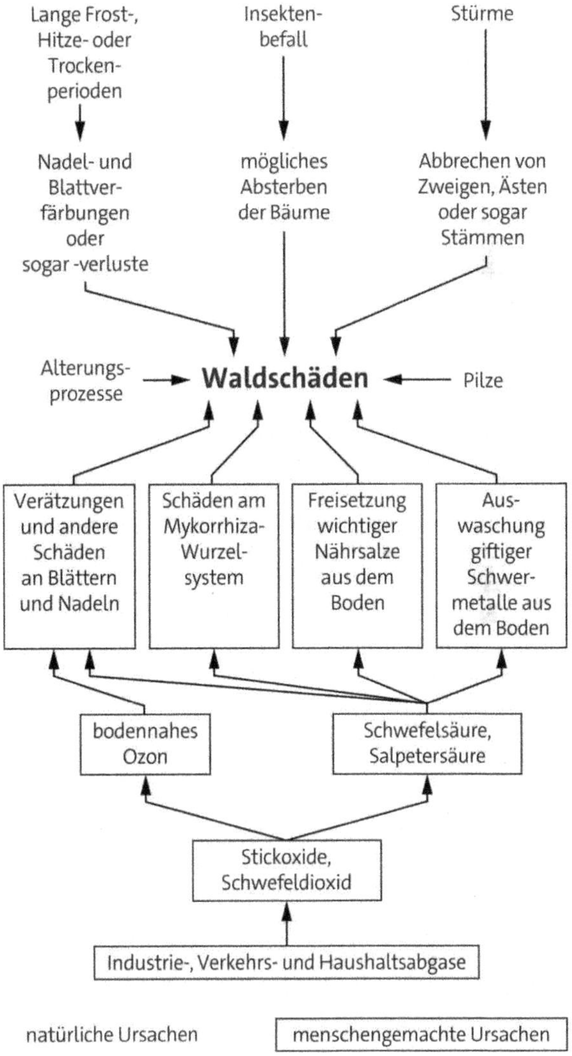

Seite 95 (Material)

Material A – Regionale Verteilung der Schadstufen in Baden-Württemberg

A1 Beschreibe die regionale Verteilung der Schadstufen bei Fichten!

Fichten zeigen eine sehr ungleichmäßige Verteilung der Schadstufen. In Südost-Württemberg kommt vor allem die niedrigste Schadstufe vor, die höchste Schadstufe ist dort kaum anzutreffen. Im Schwarzwald hingegen zeigen Fichten oft die höchste Schadstufe, vor allem in seiner Südhälfte. In der Nordhälfte des Schwarzwaldes treten alle Schadstufen etwa zu gleichen Anteilen auf. Im Schwäbisch-Fränkischen Wald ist eine weitere Anhäufung der höchsten Schadstufe zu erkennen.

Gestufte Hilfe: Nimm eine Karte von Bade-Württemberg zu Hilfe um die verschiedenen Regionen genau zu bezeichnen!

A2 Vergleiche die regionale Verteilung der höchsten Schadstufe bei Fichten und Buchen!

Fichten zeigen eine sehr ungleichmäßige Verteilung der höchsten Schadstufe. Im Schwarzwald weisen sie oft die höchste Schadstufe auf, vor allem in seiner Südhälfte. Im Schwäbisch-Fränkischen Wald ist eine weitere Anhäufung der höchsten Schadstufe zu erkennen. In Südost-Württemberg ist die höchste Schadstufe hingegen kaum anzutreffen.

Buchen zeigen eine gleichmäßigere Verteilung der höchsten Schadstufe. In der gesamten Westhälfte ist sie etwas häufiger als die anderen Schadstufen zu finden. Während in der Nordhälfte des Landes die höchste Schadstufe überall zu finden ist, nimmt sie in der Süd-hälfte Baden-Württembergs von West nach Ost ab.

A3 Formuliere eine Hypothese über mögliche Ursachen der Unterschiede zwischen den beiden Verteilungsmustern der höchsten Schadstufe bei Fichten und Buchen!

Der deutliche Schwerpunkt der höchsten Schadstufe bei Fichten befindet sich im südlichen Schwarzwald, also in den höchsten Erhebungen Baden-Württembergs. Durch Stauniederschläge kommt es dort zu den größten Regenmengen. Da der vorherrschende Westwind nicht nur die Regenwolken, sondern auch die Abgase von Industrie, Verkehr und Haushalten des Rheintales gegen den Schwarzwald führt, kommt es dort zu besonders großen Mengen an saurem Regen.

Die Buche ist auf höhere Temperaturen angewiesen und kommt daher in den Höhenlagen nicht vor. Der Schwerpunkt ihrer höchsten Schadstufen in der Westhälfte deutet ebenfalls auf einen Zusammenhang mit Abgasen aus Industrie, Verkehr und Haushalten hin, da die Osthälfte dünner besiedelt und weniger industrialisiert ist.

Gestufte Hilfe: Berücksichtige, dass der Wind in Mitteleuropa meist aus Westen weht!

Material B – Schäden bei jüngeren und älteren Fichten

B1 Beschreibe die Entwicklungen des Nadelverlustes bei jüngeren Fichten!

1992 beträgt der durchschnittliche Nadelverlust bei Fichten unter 60 Jahren etwa 9 % und steigt im Verlaufe der folgenden zweieinhalb Jahre bis auf etwa 14 %. Bis 1997 fällt er auf etwa 10 % und steigt bis 2007 langsam wieder auf den Höchstwert von etwa 18 %. Bis Mitte 2011 sinkt er wieder auf seinen Tiefstwert von etwa 8 % und steigt bis Mitte 2012 erneut auf etwa 16 %. Bis Mitte 2013 fällt er bis auf etwa 9 % und steigt bis Mitte 2014 wieder auf etwa 13 %.

B2 Vergleiche die Entwicklungsverläufe des Nadelverlustes bei jüngeren und älteren Fichten!

Gemeinsamkeiten: Die folgenden Zu- und Abnahmen des durchschnittlichen Nadelverlustes verlaufen bis 2014 durchgehend nahezu parallel zu den Entwicklungen bei jüngeren Fichten, die Messwerte liegen aber meistens um etwa 10 bis 20 % höher.

Unterschiede: 1992 beträgt der durchschnittliche Nadelverlust bei Fichten über 60 Jahren etwa 22 %, liegt also etwas mehr als doppelt so hoch wie der von Fichten unter 60 Jahren. Die folgenden Zu- und Abnahmen des durchschnittlichen Nadelverlustes verlaufen bis 2014 durchgehend nahezu parallel zu den Entwicklungen bei jüngeren Fichten, die Messwerte liegen aber meistens um etwa 10 bis 20 % höher. Die kontinuierliche Zunahme des durchschnittlichen Nadelverlustes von 1997 bis 2007 verläuft etwas steiler, der absolute Maximalwert von 2007 liegt daher etwa 18 Prozentpunkte über dem zeitgleichen Höchstwert der jüngeren Fichten. Die anschließende Abnahme von 2008 bis Mitte 2011 verläuft hingegen etwas flacher, die Abnahme von Mitte 2012 bis Mitte 2013 sogar deutlicher flacher als bei Fichten unter 60 Jahren.

B3 Stelle jeweils eine Hypothese über die Ursachen der Gemeinsamkeiten und Unterschiede zwischen beiden Altersklassen auf!

Gemeinsamkeiten: Die Entwicklungen des durchschnittlichen Nadelverlustes verlaufen bei beiden Altersklassen annähernd parallel. *Hypothese:* Das ist vermutlich darauf zurückzuführen, dass es sich um jeweils die gleiche Art handelt, denn daher sind die Umweltansprüche in beiden Gruppen nahezu identisch. Da in Baden-Württemberg alle Altersstufen von Fichtenwäldern überall vorkommen, unterlagen auch beide Gruppen im Beobachtungszeitraum im Durchschnitt ähnlichen Umweltfaktoren, zum Beispiel Klimaschwankungen.

Unterschiede: Altersabhängig scheinen jedoch Fichten über 60 Jahren empfindlicher auf ungünstige Einflüsse zu reagieren und sich auch nur langsamer zu erholen. Darauf deuten vor allem die Ergebnisse von 1997 bis Mitte 2007, von Mitte 2007 bis Mitte 2011, von Mitte 2012 bis Mitte 2013 und 2011 bis 2013 durch das jeweils steilere Ansteigen und das flachere Absinken der Werte hin. *Hypothesen:* Dies könnte auf eine langfristige Summierung der Schädigungen hinweisen, die Fichten mit jedem Lebensjahr zunehmend und bleibend schwächen. Zusätzlich könnten ältere Fichten als Folge eines Alterungsprozesses allgemein immer empfindlicher auf schädliche Einflüsse reagieren.

Material C – Infrarotaufnahmen

C1 Beschreibe die Aufnahme!

Auf dem Bild sind zahlreiche Bäume zu erkennen. Es handelt sich überwiegend um Laubbäume. Sie sind in unterschiedlichen Farbtönen zwischen hellrosa und blassviolett gefärbt. Größere Bäume erscheinen überwiegend hellrot bis rosa, kleine Bäume dagegen eher violett. Inmitten des Waldgebietes befindet sich eine dunkelblaue Wasserfläche. Der Wald ist von landwirtschaftlichen Flächen umgeben, bei denen der durchscheinende Erdboden grau und der Pflanzenbewuchs rötlich erscheint. Am Rande der Aufnahme befinden sich Straßen mit Fahrzeugen.

C2 Bewerte den Nutzen dieser Technik für die Einschätzung des Waldzustandes!

Gesunde Bäume besitzen eine höhere Stoffwechselintensität und dadurch auch höhere Wärmeabgabe als geschwächte Bäume unter gleichen Umweltbedingungen. Auch abgestorbene Baumbereiche ohne Stoffwechselaktivität können dadurch leicht erkannt werden. Gegenüber der Einschätzung der Schadstufen vom Boden besitzt dieses Verfahren verschiedene Vorteile: Zum einen können durch die Fotografie aus dem Helikopter große Flächen in kurzer Zeit analysiert werden. Zum anderen ist diese Erfassungsmethode beim Vergleich einzelner Bäume innerhalb einer bestimmten Aufnahme objektiver als die Einschätzung des Gesundheitszustandes der Bäume durch mehrere Fachkräfte mit eventuell untereinander etwas abweichenden Bewertungsmaßstäben. Ein Nachteil ist aber, dass mehrere Aufnahmen, die an verschiedenen Orten und beziehungsweise oder bei unterschiedlichen Umweltbedingungen gemacht worden sind, nur schwer miteinander zu vergleichen sind, da die unterschiedlichen Umwelteinflüsse zu jeweils anderen Ergebnissen führen.
Da in Infrarotaufnahmen Oberflächen in Abhängigkeit von ihrer Temperatur in verschiedenen Farben dargestellt werden, können die Bilder Hinweise auf den Gesundheitszustand der Bäume geben.

Gestufte Hilfen:
Hilfe 1: Blaue oder dunkle Violett-Töne zeigen eine kühlere Oberfläche.
Hilfe 2: Berücksichtige, dass beim Stoffwechsel Wärme an die Umgebung abgegeben wird!
Hilfe 3: Berücksichtige, dass der Stoffwechsel geschädigter Bäume schwächer ist als bei gesunden Bäumen!

3 Ökosystem See

Zonierung eines Sees

Seite 100–102

1 Beschreibe die in Abbildung 02 dargestellte Einteilung eines Sees!

Ein See umfasst den Seeboden und das Freiwasser. Den Seeboden unterteilt man in eine Uferzone, die bis in etwa acht Meter Tiefe reicht und eine Tiefenzone. Das Freiwasser gliedert man in eine Oberflächenwasserzone, die vom Licht durchflutet wird, und eine dunkle Tiefenwasserzone. Die Grenze zwischen diesen beiden Zonen entspricht der Grenze zwischen Uferzone und Tiefenzone.

2 Vergleiche tabellarisch die verschiedenen Lebensgemeinschaften des Freiwassers!

Wasseroberfläche	Oberflächenwasserzone	Tiefenwasserzone
• Lebewesen, die sich auf der Wasseroberfläche oder direkt darunter aufhalten. • Beispiele: Wasserläufer, Stechmückenlarven	• Mikroskopisch kleine Lebewesen, die im Wasser schweben. • Beispiele: Algen = Pflanzenplankton, Wasserflöhe = Tierplankton • Größere Lebewesen, die sich aktiv im Wasser bewegen. • Beispiel: Fische	• Einige Arten des Tierplanktons. • Einige Fischarten.

Seite 103 (Material)

Material A – Seezonierung

A1 Nenne die mit A bis C bezeichneten Bereiche und ordne jedem Bereich zwei typische Pflanzen zu!
A = Bruchwaldzone, Erle und Weide, **B** = Röhrichtzone, Schilfrohr und Rohrkolben, **C** = Schwimmblattzone, See- und Teichrose.

Zusatzinformation: Die Seggenzone fehlt in dieser Abbildung. Die Pflanzensymbole in A weisen aber auf einen Bruchwald hin, und die Tiefengrenze von Zone B mit zwei Metern schließt die Seggenzone aus.

A2 Beschreibe die abiotischen Umweltfaktoren im Bereich B!
Der Bereich B, die Röhrichtzone, ist dauerhaft überschwemmt. Das Wasser ist hier bis zu zwei Meter tief. Der Boden ist vollkommen von Wasser durchdrungen und deshalb locker und sauerstoffarm. An und über der Wasseroberfläche sind die Pflanzen dieser Zone Wellenschlag und Wind ausgesetzt.

Gestufte Hilfe: Bereich B ist die Röhrichtzone.

A3 Begründe das Vorkommen von Pflanzen in D und E!
Im Bereich D sind zwar keine Pflanzen eingezeichnet, aufgrund der Wassertiefe von vier bis zehn Metern können hier aber untergetauchte Pflanzen der Tauchblattzone wie zum Beispiel die Wasserpest und auch Armleuchteralgen vorkommen. Außerdem umfasst dieser Tiefenbereich die Oberflächenwasserzone des Freiwassers, in der Pflanzenplankton vorkommt.
Im Bereich E wird ebenfalls in der Oberflächenwasserzone Pflanzenplankton vorkommen. In einer Tiefe von zehn Metern sind aber die Bedingungen für Pflanzen wegen der zu geringen Lichteinstrahlung und dem zu hohen Wasserdruck ungeeignet.

Gestufte Hilfe: Berücksichtige, dass auch im Plankton Pflanzen vorhanden sind und dass die Stärke der Belichtung von Bedeutung ist.

Material B – Wasserpflanzen

B1 Vergleiche tabellarisch den Bau der Laubblätter von Landpflanzen, Seerosen und der Wasserpest!
siehe Tabelle nächste Seite

Gestufte Hilfen:
Hilfe 1: Vorgabe des Aufbaus der Tabelle.
Hilfe 2: Nimm die Abbildung des Laubblattquerschnitts einer Landpflanze zu Hilfe, zum Beispiel aus Biosphäre 7/8.

B2 Erläutere den Zusammenhang von Struktur und Funktion am Beispiel des Baus der abgebildeten Blätter!
Seerosenblätter: Die Blattoberseite wird von der Sonne bestrahlt. Durch die Kutikula der oberen Epidermis wird Austrocknung verhindert. Über die hier vorhandenen Spaltöffnungen kann Kohlenstoffdioxid aus der Luft aufgenommen und Sauerstoff in die Luft abgegeben werden. Die vielen Chloroplasten in der oberen Epidermis und dem darunter folgenden Gewebe ermöglichen eine sehr gute Aufnahme des Lichtes. Die großen Hohlräume im Schwammgewebe sind mit Luft gefüllt, wodurch die Blätter auf der Wasseroberfläche schwimmen. Die untere Epidermis verhindert mit ihrer Kutikula und dem Fehlen von Spaltöffnungen, dass Wasser von unten in die Blätter eindringen kann.
Wasserpestblätter: Untergetaucht lebende Pflanzen müssen nicht vor Austrocknung geschützt sein und können keinen Gasaustauch mit der Luft betreiben. Sie nehmen das Kohlenstoffdioxid aus dem Wasser auf und geben den Sauerstoff ins Wasser ab. Deshalb benötigen sie keine Kutikula und keine Spaltöffnungen. Das Vorhandensein vieler Chloroplasten in den beiden äußeren Zellschichten wird der aufgrund der Wassertiefe geringeren Lichteinstrahlung gerecht.

Gestufte Hilfe: Vorgabe der Beschreibung der abgebildeten Strukturen.

B3 Stelle Hypothesen auf, aus welchem Stoff die auf dem Foto der Wasserpest sichtbaren Gasbläschen bestehen, und beschreibe wie es zu ihrer Bildung kommt!
Die Gasbläschen bestehen aus Sauerstoff. Er entsteht bei der Fotosynthese. Dabei wird mithilfe des Lichtes aus Kohlenstoffdioxid und Wasser Glukose aufgebaut. Als Nebenprodukt entsteht Sauerstoff. Das Kohlenstoffdioxid wird bei der Wasserpest direkt aus dem Wasser aufgenommen.

Gestufte Hilfen:
Hilfe 1: Berücksichtige die Vorgänge, die bei der Fotosynthese ablaufen!
Hilfe 2: Vorgabe der Wortgleichung der Fotosynthese.

Zusatzinformation: Wenn die Zellatmung vorherrscht, wird vorwiegend Kohlenstoffdioxid abgegeben. Im Dunkeln bestehen deshalb die abgegebenen Gasbläschen aus Kohlenstoffdioxid.

Lösung zu Seite 103, Material B, Aufgabe B1:

	Landpflanzen	Seerosen	Wasserpest
Obere Epidermis	• Einschichtig, mit flachen, dicht aneinandergrenzenden Zellen • Außenseite mit Kutikula • Keine Chloroplasten	• Einschichtig, mit flachen, dicht aneinandergrenzenden Zellen • Außenseite mit Kutikula • Epidermiszellen mit Chloroplasten • Zwischen den Epidermiszellen befinden sich Spaltöffnungen	• Einschichtig, mit großen, dicht aneinandergrenzenden Zellen • Keine Kutikula • Viele Chloroplasten • Keine Spaltöffnungen
Palisadengewebe	• Einschichtig, mit langgestreckten, senkrecht angeordneten Zellen • Viele Chloroplasten	• Mehrschichtig, mit langgestreckten Zellen • Hohlräume zwischen den Zellen • Viele Chloroplasten	• Keine Gliederung in Palisaden- und Schwammgewebe vorhanden • Die beiden Epidermisschichten laufen an den Blatträndern zusammen • In der Blattmitte befinden sich zwischen ihnen Hohlräume und ein Gewebe aus kleinen, dicht angeordneten Zellen mit wenig Chloroplasten
Schwammgewebe	• Mehrschichtig, zwischen den Zellen befinden sich luftgefüllte Hohlräume	• Mehrschichtig, zwischen den Zellen befinden sich große luftgefüllte Hohlräume • Das Schwammgewebe wird durch Festigungselemente stabilisiert	
Untere Epidermis	• Bau wie obere Epidermis • Zwischen den Epidermiszellen befinden sich Spaltöffnungen	• Bau wie obere Epidermis aber ohne Spaltöffnungen	• Bau wie obere Epidermis

Material C – Nahrungsbeziehungen

C1 Fertige eine beschriftete Skizze eines Seebeckens an, und ordne die abgebildeten Arten den Seezonen zu!

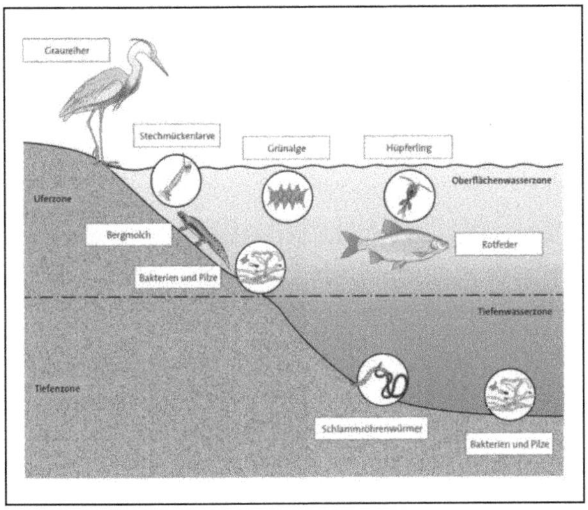

C2 Entwirf durch Einfügen von Pfeilen ein Schema der vermutlichen Nahrungsbeziehungen dieser Arten!

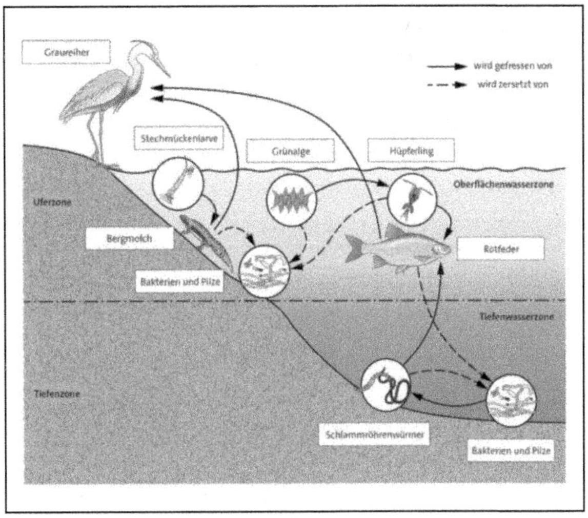

Der See im Jahresverlauf

Seite 107 (Material)

Material A – Dichteanomalie des Wassers

A1 Ordne die drei molekularen Darstellungen von Wasser, B, C und D, den Temperaturen, 0 °C, 4 °C und 90 °C zu und begründe!
B = 4 °C, die Wassermoleküle sind dichter angeordnet als bei C und D. Wasser hat bei 4 °C seine höchste Dichte.
C = 0 °C, die Wassermoleküle sind über Wasserstoffbrückenbindungen zu einem regelmäßigen Gitter mit großen Hohlräumen verbunden. Dies ist im Eis der Fall.
D = 90 °C, die Wassermoleküle sind unregelmäßig angeordnet und weniger dicht als bei B.

A2 Nenne jeweils den genauen Dichtewert zu den drei Temperaturen!
Ablesewerte aus dem Diagramm: 0 °C = 0,915 g/cm^3, 4 °C = 1,000 g/cm^3, 90 °C = 0,965 g/cm^3.

A3 Erläutere mithilfe des Diagramms, worin die Dichteanomalie des Wassers besteht!
Das Diagramm zeigt, dass Wasser seine höchste Dichte im flüssigen Zustand bei 4 °C hat und dass die Dichte bei 0 °C, wenn es in den festen Zustand übergeht, stark abfällt. Dies ist im Vergleich zu anderen Stoffen nicht normal, denn diese haben im festen Zustand ihre höchste Dichte und zeigen im flüssigen Zustand bei steigender Temperatur eine fortlaufende Abnahme der Dichte.

A4 Begründe, wodurch das Überleben von Tieren in einem zugefrorenen See gewährleistet ist!
Da Eis eine geringere Dichte als flüssiges Wasser hat, bleibt es auf der Wasseroberfläche liegen. Seen sind wenigstens zwei Meter tief, sodass sie selbst in strengen Wintern nicht bis auf den Seegrund durchfrieren können. Deshalb ist auch in einem zugefrorenen See ausreichend flüssiges Wasser unter der Eisdecke vorhanden, in dem die Tiere eines Sees überleben können.

A5 Ermittle das Volumen von einem Kilogramm Eis!
Die Dichte von Eis beträgt bei 0°C = 0,917 Gramm pro Kubikzentimeter. Mithilfe der Dichte, die das Verhältnis von Masse zu Volumen angibt, kann bei gegebener Masse das Volumen errechnet werden.
Volumen = Masse/Dichte = 1000 Gramm/0,917 Gramm pro Kubikzentimeter = 1090,51 Kubikzentimeter.

Gestufte Hilfe: Verwende die Formel: Volumen = Masse/Dichte!

Zusatzinformation: Eine anschaulichere Einheit für das Volumen ist Liter. 1090 Kubikzentimeter entsprechen 1,090 Kubikdezimeter oder Liter.

Material B – Jahresverlauf im See

B1 Benenne die Schichten 1 bis 3 der Abbildung A!
1 = Deckschicht, **2** = Sprungschicht, **3** = Tiefenschicht.

B2 Nenne die Wassertemperaturen der Schichten 1 bis 3 sowie im See der Abbildung B!
Abbildung A: **1** = 17 bis 20 °C, **2** = 10 bis 17 °C, **3** = 4 bis 10 °C,

Abbildung B: Eisschicht = 0 °C, unter der Eisschicht bis in etwa fünf Meter Tiefe = 1 bis 4 °C, in mehr als fünf Meter Tiefe = 4 °C.

B3 Erkläre, weshalb im Sommer nur eine teilweise Durchmischung des Wassers stattfindet und im Winter keine!
Im Sommer erwärmt sich das Oberflächenwasser über 4 °C, wobei die Dichte des Wassers mit zunehmender Erwärmung abnimmt. Das erwärmte Wasser sinkt deshalb nicht nach unten, sondern bildet eine Deckschicht über dem darunter liegenden kühleren und dichteren Wasser. Es ist nur eine teilweise Durchmischung des Wassers der Deckschicht durch Wind möglich.
Im Winter nimmt unterhalb der Eisdecke mit zunehmender Tiefe die Wassertemperatur von 0 °C bis maximal 4 °C zu. Damit ist auch eine Zunahme der Dichte des Wassers verbunden. Weil somit das Wasser mit der geringeren Dichte oben und das mit der höheren Dichte unten ist, findet keine Durchmischung statt. Die Eisdecke verhindert auch eine teilweise Durchmischung der oberen Wasserschichten durch Wind.

Gestufte Hilfe: Berücksichtige vor allem die Dichte des Wassers und den Wind!

B4 Vergleiche die Veränderung des Sauerstoffgehalts mit der Wassertiefe im Sommer und im Winter!
Im Sommer beträgt der Sauerstoffgehalt in der Deckschicht etwa 12 bis 13 mg/l. Er nimmt in der Sprungschicht bis auf etwa 5 mg/l ab und sinkt mit zunehmender Tiefe bis auf 1 mg/l.
Im Winter beträgt der Sauerstoffgehalt bis in eine Tiefe von etwa 20 Metern 12 mg/l und nimmt dann mit zunehmender Tiefe auf einen Wert von etwa 7 mg/l ab.

B5 Stelle Hypothesen auf zu den Temperaturverhältnissen in einem Gartenteich im Sommer und im Winter!
Da ein Gartenteich im Vergleich zu einem See nur eine geringe Tiefe aufweist, bildet sich keine Temperaturschichtung des Wassers aus. Im Sommer wird das gesamte Wasser entsprechend der Lufttemperatur erwärmt und im Winter abgekühlt. Ein Gartenteich kann deshalb in kalten Wintern auch bis auf den Grund zufrieren.

Energiefluss und Stoffkreisläufe im See

Seite 112–113 (Material)

Material A – Energieflussmodelle

A1 Nenne für jede Ernährungsebene von Modell A jeweils ein charakteristisches Lebewesen!

Produzenten: Wasserpest, Grünalgen
Konsumenten 1. Ordnung: Wasserflöhe, Kaulquappen
Konsumenten 2. Ordnung: Plötze, Rotfeder
Konsumenten 3. Ordnung: Hecht, Graureiher
Destruenten: Bakterien, Pilze

A2 Erkläre die Bedeutung der Pfeile 1 bis 6!

Die Pfeile 1 bis 5 zeigen die Energieabgabe durch Abstrahlen von Wärmeenergie auf jeder Ernährungsebene an. Pfeil 6 zeigt an, dass auch durch das Absterben von Destruenten totes organisches Material entsteht.
Destruenten: Bakterien, Pilze

A3 Vergleiche die Modelle A und B!

Gemeinsamkeiten:
Auf jeder Ernährungsebene wird Wärmeenergie abgegeben.

Von jeder Ernährungsebene wird chemische Energie in Form von totem organischem Material abgegeben.

Der Energiefluss zwischen dem toten organischen Material und den Destruenten ist in beiden Modellen gleich.

Unterschiede:
Bei Modell A ist die Lichtenergie der Sonne die ausschließliche Energiequelle. Bei Modell B ist es die chemische Energie, die im toten organischen Material gespeichert ist, das aus der Umgebung eingetragen wird.

In Modell B fehlen die Ernährungsebenen „Produzenten" und „Konsumenten 1. Ordnung", die Pflanzenfresser.

In Modell B umfassen die Konsumenten zusätzlich die Ernährungsebenen „Faulschlammfresser" und „Bakterienfresser".

A4 Stelle Hypothesen auf zur Lage und Umgebung von Seen, die ausschließlich Modell A oder B entsprechen!

Modell A: Ein See, der dem Energieflussmodell A entspricht, muss offen gelegen sein und in einer Umgebung ohne Vegetation liegen. Er hat keinen Zufluss, über den totes organisches Material eingetragen wird.

Modell B: Seen, die Modell B entsprechen, müssen im Dunkeln liegen, zum Beispiel ein unterirdischer See, in den über einen Zufluss totes organisches Material eingetragen wird.

Zusatzinformation: Aus Gründen der didaktischen Reduktion wird der Energiefluss im Ökosystem See allgemein meistens wie im Modell A dargestellt. Tatsächlich trifft für die meisten Seen aber eine Kombination aus beiden Modellen zu. Die beiden Modelle stellen deshalb Subsysteme des tatsächlichen Energieflusssystems dar. Modell A entspricht dem Phytophagensystem, Modell B dem Saprophagensystem.
Modell A kann zum Beispiel ein sehr hoch gelegener Bergsee, ein Salzsee in einer Steppenlandschaft oder ein See in einem jungen Vulkankrater sein. Modell B käme auch ein kleiner See nahe, der in einem dichten Wald liegt und in den große Mengen an Falllaub eingetragen werden.

A5 Zeichne ein Energieflussmodell, das beide Aspekte des Energieeintrags vereinigt!

Modell eines Sees, das die Energieflussmodelle A und B vereinigt.

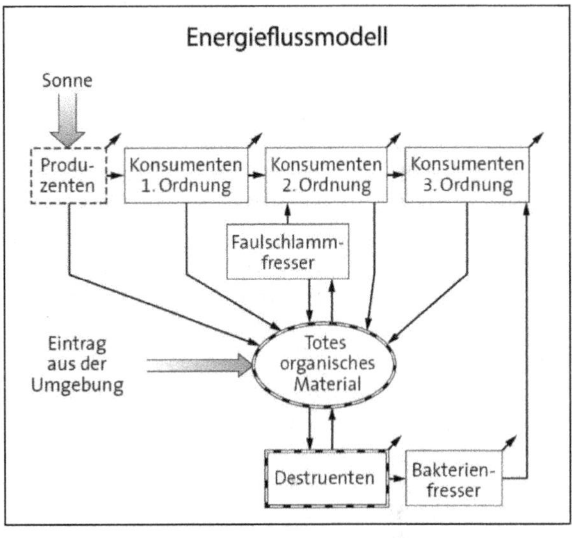

Gestufte Hilfen:
Hilfe 1: Vorgabe des Rohschemas ohne Begriffe

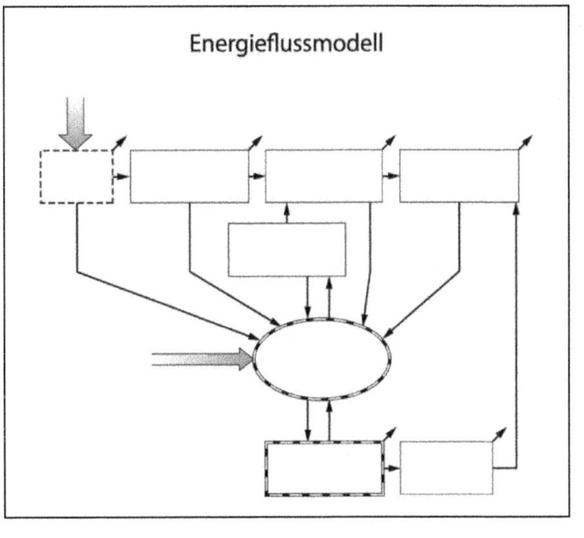

Hilfe 2: Vorgabe der Begriffe.

Material B – Biomassenpyramiden

B1 Ordne den Ernährungsebenen der beiden Ökosysteme folgende Lebewesen zu: Grünalgen, Buchfink, Eule, Plötze, Marder, Wasserfloh, Buche, Hecht!
Ökosystem Wald: Produzenten = Buche, Konsumenten 1. Ordnung = Buchfink, Konsumenten 2. Ordnung = Marder, Konsumenten 3. Ordnung = Eule.
Ökosystem See: Produzenten = Grünalgen, Konsumenten 1. Ordnung = Wasserfloh, Konsumenten 2. Ordnung = Plötze, Konsumenten 3. Ordnung = Hecht.

Gestufte Hilfe: Vorgabe der Ernährungsebenen

B2 Erkläre die Begriffe Biomasse und Biomassenproduktion!
Biomasse ist die Masse organischer Stoffe, die in Lebewesen gebunden ist. Sie wird in einem Ökosystem als Masse einer bestimmten Fläche oder einer Volumeneinheit zu einem bestimmten Zeitpunkt angegeben.
Biomassenproduktion ist die Bildung von Biomasse auf einer bestimmten Fläche oder in einer bestimmten Volumeneinheit während einer bestimmten Zeitspanne.

B3 Vergleiche die Biomasse- und Biomassenproduktionspyramiden der beiden Ökosysteme, und erkläre die Unterschiede!
Ökosystem Wald: Die Biomasse- und Biomasseproduktionspyramiden sind sehr ähnlich. Daraus lässt sich schließen, dass die Produktion von Biomasse auf allen Ernährungsebenen vergleichbar schnell erfolgt.
Ökosystem See: Die Biomassenproduktionspyramide entspricht in der Abstufung der Ernährungsebenen etwa den Pyramiden des Ökosystems Wald. Dagegen haben bei der Biomassepyramide vor allem die Produzenten und Konsumenten 1. Ordnung sehr geringe Biomasseanteile. Der Vergleich mit den Biomassenproduktionsanteilen dieser beiden Ernährungsebenen zeigt, dass auf einen bestimmten Zeitraum bezogen deren Biomasseanteile rasch zunehmen. Die Produzenten und Konsumenten 1. Ordnung im Ökosystem See bilden also sehr viel schneller neue Biomasse als die Konsumenten 2. und 3. Ordnung.

Gestufte Hilfe: Berücksichtige die unterschiedliche Zeitdauer der Produktion von Biomasse.

Material C – Phosphorkreislauf

C1 Beschreibe die mit Zahlen markierten Stellen des Phosphorkreislaufs in einem See!
1 = Phosphor wird als Phosphat in den See eingetragen,
2 = die Produzenten bauen mithilfe des aufgenommenen Phosphats organische Phosphorverbindungen auf,
3 = die Konsumenten bauen die mit ihrer Nahrung aufgenommenen organischen Phosphorverbindungen in eigene Stoffe um,
4 = die Destruenten bauen die in abgestorbenen Pflanzen, toten Tieren und Ausscheidungen enthaltenen Phosphorverbindungen zu Phosphat ab,
5 = das von den Destruenten ins Wasser abgegebene Phosphat kann wieder von den Produzenten aufgenommen werden.

C2 Vergleiche den Phosphorkreislauf mit dem Stickstoffkreislauf!
Gemeinsamkeiten:
Sowohl Stickstoff als auch Phosphor werden nicht in ihrer elementaren Form von den Produzenten aufgenommen, sondern in Form von Ionen, Ammonium, Nitrat und Phosphat.

Die Produzenten bauen mithilfe dieser Ionen organische Stickstoff- und Phosphorverbindungen auf.

Die Konsumenten nehmen diese organischen Stickstoff- und Phosphorverbindungen auf und bauen sie um.

Die Destruenten bauen die organischen Verbindungen zu anorganischen Stoffen ab, die von den Produzenten wieder aufgenommen werden können.

Unterschiede:
Am Stickstoffkreislauf ist auch der elementare Stickstoff der Luft beteiligt. Stickstoff kann deshalb durch Eintrag von Ammonium und Nitrat, aber auch durch die chemische und biologische Stickstofffixierung in den Stickstoffkreislauf des Sees gelangen.

Am Phosphorkreislauf ist kein elementarer Phosphor beteiligt. Phosphor gelangt nur über den Eintrag von Phosphat in den Phosphorkreislauf des Sees.

Die Destruenten bauen organische Stickstoffverbindungen zu Ammonium ab. Für die Oxidation zum Ausgangsstoff Nitrat sind aerobe Bakterien erforderlich.

Die Destruenten bauen organische Phosphorverbindungen direkt zum Ausgangsstoff Phosphat ab.

Beim Stickstoffkreislauf kann unter anaeroben Bedingungen Nitrat wieder reduziert werden. Dabei entsteht entweder Ammonium oder sogar elementarer Stickstoff, der in die Luft entweichen und das Ökosystem See verlassen kann.

Gestufte Hilfen:
Hilfe 1: Gehe auf Gemeinsamkeiten von Produzenten, Konsumenten und Destruenten ein!
Hilfe 2: Beachte vor allem Unterschiede der Rolle der Destruenten!
Hilfe 3: Berücksichtige bei der Darstellung der Unterschiede die Beteiligung von elementarem Stickstoff beziehungsweise Phosphor!

C3 Recherchiere, wozu Lebewesen eines Sees die Elemente S, Ca, Fe und K benötigen und in welchen chemischen Verbindungen sie aufgenommen werden!
S = Schwefel: Wird zum Aufbau von Proteinen gebraucht. Die Produzenten nehmen Schwefel in Form von Sulfat, SO_4^{2-}, auf. Die Konsumenten erhalten die notwendigen organischen S-Verbindungen über die Nahrungskette.

Ca = Calcium: Ist ein wichtiger Nährstoff für Pflanzen zur Stabilisierung der Zellwände und zur pH-Regulation. Schnecken und Muscheln benötigen Calcium zum Aufbau ihrer Kalkschalen, Krebse lagern Kalk in ihren Panzer ein. Bei Wirbeltieren wird Calcium zum Aufbau von Knochen und Zähnen benötigt. Tiere brauchen Calcium außerdem für die Muskelkontraktion, die Blutgerinnung und die Übertragung von Nervensignalen. Calcium wird stets als im Wasser gelöstes Ca^{2+}-Ion aufgenommen.

Fe = Eisen: Pflanzen und Tiere benötigen Eisen zum Aufbau von Enzymen der Zellatmung, bei Tieren ist es außerdem sehr wichtig für den Aufbau von Hämoglobin, das dem Sauerstofftransport dient. Es wird in Form von im Wasser gelösten Ionen, Fe_2^+ und Fe_3^+, aufgenommen.

K = Kalium: Kalium wird sowohl bei Pflanzen als auch bei Tieren zur Regulation des Wasserhaushaltes benötigt. Bei Tieren hat es eine sehr wichtige Funktion bei der Erregungsleitung in Nervenzellen. Es wird in Form von im Wasser gelösten K^+-Ionen aufgenommen.

C4 Nenne die Stoffe in Lebewesen, die Phosphor enthalten!
DNA, Calciumphosphat in den Knochen, Phospholipide der Zellmembranen und weitere

Material D – Abiotische Umweltfaktoren

D1 Stelle mithilfe des Temperaturverlaufs Hypothesen auf, in welcher Wasserschicht die abiotischen Umweltfaktoren gemessen wurden!
Der Temperaturverlauf zeigt an, dass die abiotischen Umweltfaktoren in der Deckschicht gemessen wurden, da in den Sommermonaten Temperaturen von 20 Grad Celsius erreicht werden.

D2 Vergleiche den Jahresverlauf der Sauerstoff- und Kohlenstoffdioxidkonzentration!
Die Sauerstoffkonzentration ist über das Jahr verhältnismäßig konstant im Bereich von 10 mg/l. Im Mai liegt sie mit 15 mg/l deutlich darüber und in den darauffolgenden Sommermonaten ist sie mit etwa 12 mg/l auch etwas erhöht.
Die Kohlenstoffdioxidkonzentration zeigt dagegen im Jahresverlauf eine sehr deutliche Veränderung. Sie sinkt von Januar bis Mai von etwa 5 mg/l auf 0 mg/l ab, bleibt bis Mitte Oktober auf 0 mg/l und steigt dann bis Dezember wieder deutlich an auf 4 mg/l.
Die Kohlenstoffdioxidkonzentration schwankt also wesentlich stärker als die Sauerstoffkonzentration.

D3 Stelle Hypothesen auf, weshalb die Sichttiefe in den Sommermonaten geringer ist!
In den Sommermonaten kann sich aufgrund der Sonneneinstrahlung das Pflanzenplankton stark vermehren. Die dadurch größere Anzahl an Algen in der Oberflächenwasserzone vermindert die Sichttiefe.

Gestufte Hilfe: Beachte das Vorhandensein des Pflanzenplanktons!

D4 Erkläre den Rückgang der Kohlenstoffdioxid-, Nitrat- und Phosphatkonzentration in den Monaten Mai bis Oktober!
Kohlenstoffdioxid wird von den Produzenten aufgenommen. Es dient in der Fotosynthese dazu, Glukose aufzubauen. Die Fotosynthese findet im Sommer wesentlich stärker statt als in den übrigen Jahreszeiten, weil die Einstrahlung von Licht und die Wassertemperatur höher sind. Für den verstärkten Aufbau organischer Stoffe im Sommer durch die Produzenten werden auch Nitrat und Phosphat benötigt. Deshalb verringern sich auch deren Konzentrationen im Seewasser in den Sommermonaten.

Gestufte Hilfen:
Hilfe 1: Überlege welche Stoffwechselvorgänge im Sommer stärker ablaufen als im Winter!
Hilfe 2: Berücksichtige bei der Erklärung, dass wegen der längeren Belichtung die Fotosynthese im Sommer stärker abläuft!

Gefährdung des Ökosystems See

Seite 114–115

1 Nenne Gefährdungen des Ökosystems See!
- Industrieabwässer,
- Wasserentnahme,
- Einsetzen fremder Lebewesen,
- Nutzung der Seeufer,

- Wassersport,
- Haushaltsabwässer,
- Einschwemmung von Düngemitteln.

Seite 116 (Im Blickpunkt Geografie: Entstehung von Mooren)

1 Beschreibe den Unterschied zwischen einem Flachmoor und einem Hochmoor!
Ein Flachmoor erstreckt sich auf der Ebene des ursprünglichen Seespiegels. Es stellt das erste Stadium der Verlandung eines Sees dar, wenn niedrige Temperaturen und anaerobe Abbaubedingungen herrschen. Der aus abgestorbenen Wasserpflanzen entstandene Muddetorf wird dadurch mit Kohlenstoff angereichert und wird zu dunklem Flachmoortorf.
Ein Hochmoor wölbt sich dagegen über die Ebene des ursprünglichen Seespiegels auf. Es entsteht aus einem Flachmoor bei hohen Niederschlagsmengen. Dadurch breiten sich Torfmoose aus, die andere Pflanzen überwuchern und ersticken und dabei Torfmoospolster bilden. Ein Hochmoor kann Regenwasser speichern und ist daher unabhängig vom Grundwasser.

Seite 117 (Material)

Material A – Seentypen

A1 Vergleiche tabellarisch die Biomasse sowie den Sauerstoff- und Mineralstoffgehalt eines oligotrophen und eutrophen Sees!

	Oligotropher See	Eutropher See
Biomasse	wenig	viel
Sauerstoffgehalt	hoch	niedrig
Mineralstoffgehalt	niedrig	hoch

A2 Stelle mithilfe der abgebildeten Tabelle Hypothesen auf, welches Maar eutroph ist!
Das Schalkenmehrener Maar ist eutroph. Es hat ein deutlich größeres Einzugsgebiet als das Weinfelder Maar und flachere und längere Seeufer, die bebaut sind oder landwirtschaftlich genutzt werden. Zudem ist das Schalkenmehrener Maar nur etwa halb so tief wie das Weinfelder Maar und hat ein deutlich geringeres Wasservolumen.

A3 Nenne mögliche Ursachen für die Eutrophierung dieses Maars!
Durch die landwirtschaftliche Nutzung eines Teils des Seeufers werden Düngemittel in den See geschwemmt. Außerdem gelangen vermutlich auch Haushaltsabwässer durch den direkt am See gelegenen Ort in den See. Durch die Düngemittel steigt die Produktion an Biomasse, die zusammen mit dem zusätzlich eingetragenen organischen Material eine Eutrophierung bewirkt.

Material B – Sanierungsverfahren

B1 Beschreibe mithilfe der Abbildungen die beiden Maßnahmen zur Sanierung eutropher Seen!
Belüftungsverfahren: Von einem Druckluftbehälter wird über einen langen Schlauch Luft zum Seegrund gepumpt. Dort tritt sie über eine gelochte Platte am Ende des Schlauchs aus. Die aufsteigenden Luftblasen werden von einer sich über der Platte befindenden Glocke aufgefangen. Diese hat seitliche Öffnungen, durch die der Großteil der Luft in die Tiefenwasserzone gelangt. Über ein Steigrohr am oberen Ende der Glocke kann überschüssige Luft an die Wasseroberfläche entweichen.
Tiefenwasserableitungsverfahren: Mithilfe einer Saugpumpe am Ufer und langen Schläuchen wird Tiefenwasser aus dem See herausgepumpt. Die Schlauchenden sind über eine Stange so im See verankert, dass sie in der Tiefenwasserzone bleiben.

B2 Begründe, welche der beiden Maßnahmen eine nachhaltigere Wirkung hat!
Beim Belüftungsverfahren wird mit der Luft Sauerstoff in die Tiefenwasserzone gebracht, um dort wieder aerobe Abbauprozesse zu ermöglichen. Die Menge der im Wasser gelösten Mineralstoffe wird dabei nicht verringert. Dagegen wird beim Tiefenwasserableitungsverfahren das sauerstoffarme und mit organischen Stoffen belastete Tiefenwasser direkt entfernt. Bei diesem Verfahren wird also die Menge an organischen Stoffen und an Mineralstoffen direkt verringert, womit seine Wirkung nachhaltiger ist.
Zusatzinformation: Beim Belüftungsverfahren kann Tiefenwasser, das Giftstoffe wie Schwefelwasserstoff enthält, aufsteigen und sich mit Oberflächenwasser vermischen. Dadurch können Lebewesen im Oberflächenwasser geschädigt werden.
Beim Tiefenwasserverfahren wird mit dem Tiefenwasser auch Bodenschlamm abgesaugt, das verringert die Menge an organischen Stoffen im See.

Material C – Aralsee und Tschadsee

C1 Recherchiere über die beiden Seen zu folgenden Punkten: Lage, Klima, Größe, Tiefe, Ursachen der Veränderungen, Auswirkungen auf das Ökosystem See und sein Umland. Stelle die Ergebnisse in einer Tabelle zusammen!
siehe Tabelle auf der nächsten Seite

	Aralsee	Tschadsee
Lage	• Zentralasien; Kasachstan und Usbekistan	• Zentralafrika; Südrand der Sahara; Tschad, Kamerun, Nigeria, Niger
Klima	• Kontinentales Halbwüsten- bis Wüstenklima; halbtrocken, Verdunstung während 6–9 Monaten im Jahr höher als die Niederschläge, Niederschläge pro Jahr: etwa 100 mm	• Tropisches Wechselklima, ganzjährig warm; trocken, Verdunstung in 10-12 Monaten im Jahr höher als die Niederschläge (Trockenzeit), Niederschläge im Sommer: 250–1000 mm (Regenzeit)
Größe	• Starke Abnahme der Größe (ursprünglich: 68 000 km^2 Fläche (viertgrößter See der Erde), heute: etwa 14 000 km^2 Fläche)	• Starke jahreszeitliche Schwankungen zwischen Regen- und Trockenzeit • Maximal 30 000 km^2 Fläche • Minimal 1350 km^2 Fläche
Tiefe	• Abnahme der Tiefe (1960: maximal 53 m, heute: maximal 40 m)	• Starke Schwankungen der Tiefe (maximal 7 m, durchschnittlich 2 m)
Ursachen der Veränderungen	• Entnahme großer Wassermengen aus den beiden Hauptzuflüssen für die künstliche Bewässerung riesiger Baumwollplantagen in der um den See gelegenen Steppe	• Häufige Dürreperioden in der Sahelzone als Folge des globalen Klimawandels • Wachsende Wasserentnahme für landwirtschaftliche Bewässerung
Auswirkungen auf das Ökosystem See	• Starker Rückgang der Wasserfläche und des Wasservolumens • Große Bereiche des Sees verlandeten (die Uferlinie verlagerte sich bis zu 100 km in Richtung Seemitte) • Versalzung des Seewassers; höherer Salzgehalt als Meerwasser • Starker Rückgang der Artenvielfalt (heute nur noch 6 von ursprünglich 30 Fischarten vorhanden)	• Starker Rückgang der Wasserfläche und des Wasservolumens • Starke Abnahme der ursprünglich sehr artenreichen Tier- und Pflanzenwelt • Verlust des wichtigen Rastplatzes für viele Zugvögel
Auswirkungen auf das Umland	• Absenkung des Grundwasserspiegels • Bildung einer Staub- und Salzwüste in den verlandeten Bereichen • Verschmutzung mit Pestiziden, die in den Baumwollplantagen eingesetzt werden	• Versteppung ehemaliger Wasserflächen und Ausbreitung der Sahara • Entstehung einer wüstenartigen Landschaft um ehemalige Städte des Seeufers, sodass kaum Ackerbau mehr möglich • Neue Ansiedlungen auf trockengefallenem Seegrund und verstärkte Wasserentnahme, da einziges großes Süßwasservorkommen in der Region

4 Ökosystem Fließgewässer

Von der Quelle zur Mündung

Seite 118–120

1 Beschreibe die ökologischen Bedingungen in zwei Zonen eines Fließgewässers!
Quelle: In dieser Zone ist die Strömung sehr stark und das Gefälle sehr hoch. Das Wasser ist sauerstoffreich und kalt. Das Flussbett ist felsig.

Oberlauf oder Forellen- bzw. Äschenregion: In dieser Zone ist die Strömung stark und das Gefälle hoch. Das Wasser ist sauerstoffreich und kalt. Das Bachbett ist grob steinig.

Mittellauf oder Barbenregion: In dieser Zone ist die Strömung weniger stark als im Oberlauf, auch das Gefälle nimmt ab. Das Wasser ist wärmer und weniger sauerstoffreich als im Oberlauf.

Unterlauf oder Brachsenregion: In dieser Zone ist die Strömung schwach und das Gefälle niedrig. Das Wasser ist relativ warm und sauerstoffarm. Das Bett besteht aus Sand oder Kies. Der Fluss fließt in Mäandern.

Mündung oder Kaulbarsch-Flunder-Region: In dieser Zone ist die Strömung sehr schwach und das Gefälle sehr niedrig. Das Wasser ist warm und sauerstoffarm. Das Bett ist sandig oder schlammig. Der Einfluss des Meeres wird durch Salz im Wasser erkennbar.

2 Erläutere das biologische Prinzip *Angepasstheit* am Beispiel der Köcherfliegenlarven und der Eintagsfliegenlarven!
Die Eintagsfliegenlarve *Ecdyonurus* ist durch ihren flachen und stromlinienförmigen Körperbau an die starke Strömung angepasst, da sie so der Strömung nur wenig Widerstand bietet und nicht so leicht abgedriftet werden kann.
Die Köcherfliegenlarve *Hydropsyche* ist mit ihrem Fangnetz an den Nahrungserwerb in der Strömung angepasst, da sie mithilfe des Netzes Nahrungspartikel aus der Strömung sieben kann. Köcherfliegenlarven sind durch ihren

mit Steinen beschwerten Köcher an die Strömung angepasst, da sie mit ihrem schweren Köcher nicht so leicht weggeschwemmt werden.

Seite 121 (Material)

Material A – Bewohner von Fließgewässern

A1 Vergleiche die Lebensweise von zwei der abgebildeten Arten!
Vergleich Bachflohkrebs und Groppe: Der Bachflohkrebs ist ein Zerkleinerer und frisst grobe Reste von Pflanzen oder Tieren. Die Groppe lebt zwischen Steinen und Wurzeln und ernährt sich räuberisch. Der Bachflohkrebs hat wie die Groppe einen hohen Sauerstoffbedarf. Beide können schwimmen.
Vergleich Bachflohkrebs und Köcherfliegenlarve: Der Bachflohkrebs ist ein Zerkleinerer und frisst grobe Reste von Pflanzen oder Tieren. Die Köcherfliegenlarve sammelt ihre Nahrung vom Bodengrund. Der Bachflohkrebs kann schwimmen, die Köcherfliegenlarve lebt am Grund und baut sich einen Köcher aus Sandkörnern und kleinen Ästen.
Vergleich Köcherfliegenlarve und Groppe: Die Groppe kann gegen die Strömung schwimmen, sie lebt zwischen Steinen und Wurzeln versteckt. Die Köcherfliegenlarve lebt am Grund und baut sich einen Köcher aus Sandkörnern und kleinen Ästen.

A2 Ordne die Tiere jeweils einer Zone eines Fließgewässers zu! Begründe deine Zuordnung!
Der Bachflohkrebs *Gammarus* kommt im Oberlauf eines Fließgewässers vor, da er sauerstoffreiches Wasser benötigt und das Wasser im Oberlauf sauerstoffreich ist.
Die Groppe kommt im Oberlauf eines Fließgewässers vor, da sie sauerstoffreiches Wasser benötigt und das Wasser im Oberlauf sauerstoffreich ist.
Die Köcherfliegenlarve *Anabolia* kommt im Mittel- oder Unterlauf von Fließgewässern vor. Nur hier kann sie genügend Nahrung im Sediment finden und nicht abgetrieben werden, da die Strömung weniger stark ist.

A3 Stelle eine Hypothese auf, weshalb Köcherfliegen zur Eiablage immer flussaufwärts fliegen!
Die im Wasser lebenden Larven werden von der Strömung weiter flussabwärts getrieben. Das wird dadurch ausgeglichen, dass die Köcherfliege zur Eiablage flussaufwärts fliegt.

Material B – Abiotische Faktoren in Fließgewässern

B1 Werte das Diagramm aus!
Im abgebildeten Diagramm ist auf der Hochachse die Fließgeschwindigkeit eines Fließgewässers aufgetragen, auf der Rechtsachse die Fließgewässerzonen von der Quelle bis zur Mündung. Die Kurve zeigt, dass die Fließgeschwindigkeit von der Quelle bis zur Mündung abnimmt, wobei die Abnahme nicht linear verläuft.

B2 Beschreibe den Zusammenhang zwischen Temperatur und Sauerstoffgehalt des Wassers!
Je niedriger die Wassertemperatur, desto höher der Sauerstoffgehalt des Wassers.
Zusatzinformation: Mit zunehmender Temperatur (und abnehmendem Druck) verringert sich die Löslichkeit eines Gases in Wasser (Henrysches Gesetz). Die Löslichkeit von Sauerstoff in Wasser beträgt bei einem Druck von 1013 hPa (=1 atm) jeweils reiner Gasatmosphäre und einer Wassertemperatur von 0 °C 69,65 mg/l, bei 10 °C 53,7 mg/l, bei 20 °C 43,3 mg/l sowie bei 30 °C 35,9 mg/l. Schwoerbel/Brendelberger (2005): Einführung in die Limnologie.

B3 Übertrage das abgebildete Diagramm zweimal in dein Heft! Zeichne in ein Diagramm die Temperatur, in das andere den Sauerstoffgehalt ein!

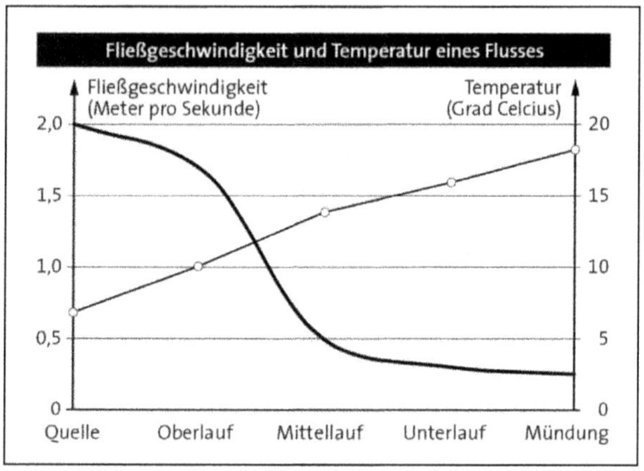

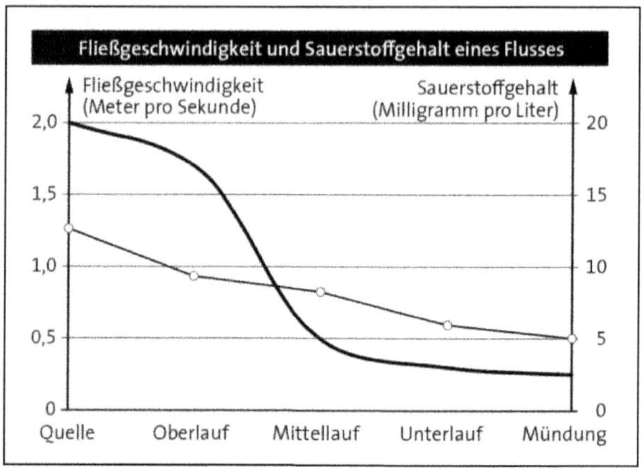

Gestufte Hilfen:
Hilfe 1: Hochachse 0,5 m/s = 1 cm
Hilfe 2: Vorgabe der Achsenbeschriftung der zweiten Hochachsen am rechten Rand der beiden Koordinatensysteme.

Hilfe 3: Vorgabe der Achsenskalierung der zweiten Hochachsen am rechten Rand der beiden Koordinatensysteme.

B4 Begründe, wie der jeweilige Kurvenverlauf zustande kommt!
Der Verlauf der Fließgeschwindigkeit kommt durch das von der Quelle zur Mündung abnehmende Gefälle zustande. Zwischen Oberlauf und Mittellauf fällt die Fließgeschwindigkeit besonders stark ab, da Flüsse hier häufig vom Gebirge in flachere Gebiete eintreten.
Die Temperatur nimmt von der Quelle zur Mündung stetig zu. An der Quelle kommt das Wasser direkt aus dem Gestein des Gebirges und ist sehr kalt. Je langsamer der Fluss dann fließt, desto leichter kann das Wasser durch die Sonne erwärmt werden.
Der Sauerstoffgehalt nimmt von der Quelle zur Mündung stetig ab. Je langsamer das Wasser fließt und je wärmer es ist, desto weniger Sauerstoff kann im Wasser gelöst werden.

Gefährdung von Fließgewässern

Seite 122–125

1 Vergleiche zwei Ursachen für die Gefährdung von Fließgewässern miteinander!
Gemeinsamkeiten:
Alle Gefährdungen entstehen durch menschliche Eingriffe und wirken sich negativ auf die Lebensbedingungen von Wasserlebewesen aus.
Unterschiede:
Fließgewässer können durch Einleitung von Abwässern aus Siedlungen und der Industrie gefährdet werden, was sich auf die Wasserqualität auswirkt. Werden gewundene Flussläufe dagegen begradigt und ihre Ufer befestigt. erhöht sich Fließgeschwindigkeit und Auen können trocken fallen. Stauwehre verhindern die Wanderung von Wasserlebewesen.

2 Beschreibe die Folgen menschlicher Eingriffe auf das Ökosystem Fließgewässer!
Aktivitäten des Menschen wie Abwassereinleitung und Begradigung können Wasserlebewesen töten oder deren Lebensräume zerstören. Weitere Folgen können eine Verschmutzung des Trinkwassers sowie eine Zunahme der Hochwassergefahr sein. Stauwehre können die Wanderungen von wandernden Wasserlebewesen verhindern.

3 Stelle die Verfahren der Abwasserklärung zur Verbesserung der Gewässerqualität in einem Pfeildiagramm dar!
siehe Abbildung unten

4 Erkläre, weshalb die Renaturierung eines Flussabschnitts zu einer Wiederbesiedlung von Tieren führen kann!
Durch die Renaturierung entstehen neue Lebensräume, die durch die Begradigung verschwunden waren. Diese neuen Lebensräume können von Lebewesen genutzt werden. Zum Beispiel legen Wasserinsekten dort ihre Eier ab, Vögel halten sich dort auf, um zu brüten oder Nahrung zu suchen, und Fische finden dort Bedingungen, die in den begradigten Flussabschnitten nicht vorhanden waren, zum Beispiel Strömungsverhältnisse.

Seite 126–127 (Material)

Material A – Gewässergüte in Baden-Württemberg von 1968 bis 2015

A1 Beschreibe, wie sich der Anteil der Qualitätsklassen „sehr gut" und „unbefriedigend" von 1968 bis 2015 verändert hat!
Der Anteil der Qualitätsklasse „sehr gut" an den Fließgewässern Baden-Württembergs ist von 1968 bis 2015 deutlich gestiegen. Er hat sich von 10 Prozent auf 20 Prozent verdoppelt.
Der Anteil der Gewässer mit Qualitätsklasse „unbefriedigend" ist von 1968 bis 2015 von ungefähr 15 Prozent auf 0 Prozent zurückgegangen.

A2 Stelle Hypothesen auf, weshalb sich diese Werte veränderten!
Der Anteil stark verschmutzter Fließgewässer ging zurück und der Anteil der gering belasteten Gewässer stieg, weil seit 1968 viele Kläranlagen gebaut wurden. Heute werden praktisch keine ungeklärten Abwässer mehr in die Fließgewässer eingeleitet. Durch strengere Gesetze dürfen auch nur noch weniger gefährliche Substanzen in die Fließgewässer eingeleitet werden.

A3 Stelle Hypothesen auf, welche Flussabschnitte der Qualitätsklasse „sehr gut" zugeordnet werden könnten!
Vor allem die Oberläufe von Flüssen könnten der Qualitätsklasse „sehr gut" zugeordnet werden. Zum einen fließt hier das Wasser schnell, ist sauerstoffreich und kalt. Zum

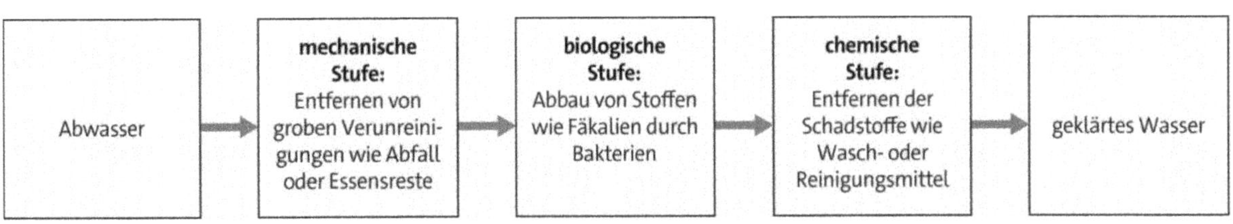

anderen sind in den häufig bergigen und unzugänglichen Bereichen der Oberläufe weniger Belastungen durch Siedlungen, Industrie und Landwirtschaft zu erwarten.

Gestufte Hilfe: Lies auf den Seiten 118–120 nach, welche Bedingungen in den verschiedenen Abschnitten eines Fließgewässers herrschen.

A4 Begründe, in welchen Regionen Baden-Württembergs besonders zahlreiche gering belastete Fließgewässer zu finden sind! Nimm dazu die Karte auf Seite 123 zu Hilfe!
Besonders zahlreich sind gering belastete Fließgewässer im Schwarzwald anzutreffen. Dies liegt daran, dass dort hohe Niederschlagsmengen fallen und nur kleinere Siedlungen liegen. Im Schwarzwald ist auch wenig Industrie vorhanden und es wird kaum Intensivlandwirtschaft betrieben.

Gestufte Hilfe: Beachte das Klima und das Vorkommen von Industriebetrieben!

Zusatzinformation: Bis zum Erlass der EU-Wasserrahmenrichtlinie (2000) und ihrer Umsetzung in nationales Recht (Deutschland 2002 bzw. Baden-Württemberg 2003) wurde der Begriff „Gewässergüte" verwendet. Alle seit 2004 durchgeführten Analysen und Monitorings verwenden nur noch die in der Richtlinie vorgesehenen Qualitätsklassen. Aktuelle und detaillierte Daten zur Gewässergüte in Baden-Württemberg sowie Hintergrundinformationen zu Gewässergüte, Kartierungsgrundlagen etc. können auf der Internetseite der Landesanstalt für Umwelt, Messungen und Naturschutz in Karlsruhe abgerufen werden.

Material B – Abwassereinleitung in ein Fließgewässer

B1 Beschreibe den Verlauf aller Kurven!
Belastung: Direkt nach der Einleitung ist die Belastung hoch und nimmt allmählich im Verlauf des Fließgewässers ab.
Sauerstoffgehalt: Der Sauerstoffgehalt nimmt direkt nach der Einleitung stark ab und steigt dann im Verlauf des Fließgewässers wieder an.
Bakterien: Die Anzahl der Bakterien nimmt direkt nach der Einleitung stark zu und sinkt dann wieder ab.
Reinwassertiere: Die Anzahl der Reinwassertiere nimmt direkt nach der Einleitung stark ab und steigt dann langsam wieder an.
Schlammröhrenwürmer: Die Anzahl der Schlammröhrenwürmer nimmt nach der Einleitung stark zu und geht dann im Verlauf des Fließgewässers wieder zurück.

B2 Stelle Hypothesen auf, wie der Verlauf der Kurven zu erklären sein könnte!
Belastung: Die Belastung des Fließgewässers ist direkt nach der Einleitung am stärksten. Durch Selbstreinigung nimmt die Belastung im weiteren Verlauf des Fließgewässers ab.
Sauerstoffgehalt: Durch die Zunahme der Anzahl von sauerstoffatmenden Bakterien steigt der Sauerstoffbedarf an. Der Sauerstoffgehalt ist daher direkt nach der Einleitung am niedrigsten.
Bakterien: Die Anzahl schadstoffabbauender Bakterien nimmt direkt nach der Einleitung zu, da viele Schadstoffe als Nahrung vorhanden sind.
Reinwassertiere: Die auf sauberes Wasser angewiesenen Tiere werden durch das verschmutzte Wasser vertrieben oder getötet, deshalb nimmt ihre Anzahl ab.
Schlammröhrenwürmer: Die Anzahl von Schlammröhrenwürmern ist nach der Abwassereinleitung am höchsten, da diese Tierart mit belasteten Gewässern gut zurecht kommt.

Gestufte Hilfe: Berücksichtige den Sauerstoffbedarf der Bakterien, die Verunreinigungen im Wasser abbauen.

B3 Stelle Hypothesen auf, weshalb in manche Becken einer Kläranlage Luft eingeblasen wird!
Die Luft muss eingeblasen werden, um den Sauerstoffgehalt des Abwassers im Becken zu erhöhen. Der erhöhte Sauerstoffgehalt ermöglicht den Bakterien, die im Wasser gelösten Stoffe schneller abzubauen.

Gestufte Hilfe: Berücksichtige die Umweltbedingungen, die Lebewesen benötigen, die in der Kläranlage das Abwasser reinigen.

Zusatzinformation: An den aeroben Abbauprozessen der Stickstoffverbindungen des Abwassers wie dem Harnstoff sind neben Bakterien auch Pilze beteiligt. Diese Destruenten werden von Protozoen und weiter von Nematoden und Anneliden konsumiert. Das bei der aeroben Nitrifikation entstehende Nitrat wird dann in einem anaeroben Schritt, der Denitrifikation, zu Stickstoff reduziert.

Material C – Eine Stellungnahme analysieren

C1 Erstelle eine Tabelle wie auf Seite 99! Trage zu jedem Argument, das im Leserbrief des Bewohners von Flussfelde angesprochen wird, ein Stichwort in die linke Spalte der Tabelle ein!
vollständige Tabelle siehe C5

C2 Trage in die zweite beziehungsweise dritte Spalte der Tabelle die Tatsachen- und Sollen-Aussagen ein, die im Leserbrief genannt werden!
vollständige Tabelle siehe *C5*

C3 Ergänze in der Tabelle mit einer anderen Farbe die fehlenden Tatsachen- und Sollen-Aussagen!
vollständige Tabelle siehe C5

C4 Begründe, ob alle Argumente in der Stellungnahme als gültig anzuerkennen sind!
Einige Argumente der Stellungnahme sind ohne weitere Überprüfung nicht als gültig anzuerkennen.
Begründung:
Fraglich ist:
- ob beschauliche Wanderwege und seltene Vogelarten zur Anlockung von Touristen nicht ausreichen. Dass ein Sporthafen als Attraktion erforderlich ist und mehr Touristen anlockt als eine unzerstörte Landschaft, ist nicht belegt, sondern wird nur behauptet;
- ob Landwirte nur konkurrenzfähig bleiben, wenn sie neue, zusätzliche Ackerflächen erhalten.

Besonders zweifelhaft ist das Argument, andere Städte hätten bereits ihre Flussabschnitte begradigt, sodass eine weitere Begradigung ohne Bedeutung sei. Etwas salopper formuliert: „Wenn schon ein Teil der natürlichen Landschaft zerstört worden sei, dann mache es nichts aus, wenn die Zerstörung weitergehe".

C5 Ergänze in der Tabelle eigene Argumente und führe dann eine Gewichtung aller Argumente mithilfe einer Zielscheibe wie auf Seite 99 durch!
siehe Tabelle unten und mögliche Zielscheibe rechts

Zusatzinformation: Von den Schülerinnen und Schülern ergänzte Argumente sind in der Tabelle kursiv gekennzeichnet.
Die ausgefüllten Zielscheiben können gut auf Folie per Overlay-Verfahren verglichen werden. So können die Schülerinnen und Schüler zum Beispiel genau identifizieren, welche Argumente von allen ähnlich und welche sehr unterschiedlich gewichtet werden.

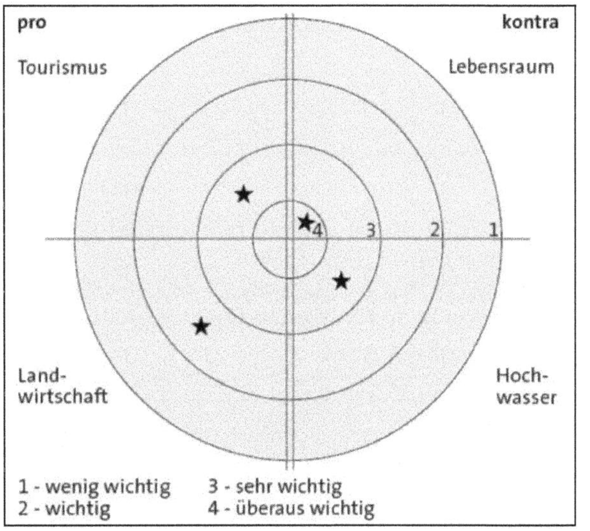

C6 Vergleiche deine Gewichtungen mit denen deiner Mitschüler!
Individuelle Schülerantwort.

C7 Interpretiere das Bild „Tauziehen" unter Berücksichtigung der Entscheidungsfindung in Umweltkonflikten!
Das Bild zeigt gut, dass die einzelnen Argumente wie Menschen beim Tauziehen jeweils in eine von zwei Entscheidungsrichtungen ziehen. Auch die jeweilige Stärke von Argumenten zeigt sich im Bild gut durch die Beine der Tauzieher, denn je überzeugender Tatsachenaussagen und „Sollen"-Aussagen sind, umso stärker „ziehen" ihre Argumente die Entscheidung in eine Richtung.
Das Bild passt allerdings nur dann, wenn es nicht mehr als zwei Entscheidungsmöglichkeiten gibt.

Argument	Tatsachenaussage	„Sollen"-Aussage	Schlussfolgerung
Tourismus	Attraktive Angebote für Touristen wie Wassersportmöglichkeiten durch die Flussbegradigung schaffen Arbeitsplätze.	Die Schaffung von Arbeitsplätzen ist wünschenswert.	Die Flussbegradigung soll durchgeführt werden. ✓
Landwirtschaft	Durch die Flussbegradigung entstehen neue Ackerflächen; Preiskampf erfordert Erhöhung der Anbauflächen.	Lokal ansässige Landwirte sollen konkurrenzfähig bleiben.	Die Flussbegradigung soll durchgeführt werden. ✓
Andere sind auch nicht besser.	Andere Städte haben auch schon Flussbegradigungen vorgenommen; eine weitere Begradigung hat daher keine Auswirkungen.	Lasst uns handeln wie die anderen! → fraglich	Die Flussbegradigung soll durchgeführt werden. → fraglich
Lebensraum	*Die naturnahen Flussverläufe bieten Lebensraum für viele seltene Tierarten.*	*Lebensräume für viele seltene Tierarten sind zu schützen.*	*Die Flussbegradigung soll nicht durchgeführt und der naturnahe Flussverlauf erhalten werden.*
Hochwassergefahr	*Entlang begradigter Flussverläufe kommt es häufiger zu Hochwasser.*	*Hochwassergefahr soll verringert werden.*	*Die Flussbegradigung soll nicht durchgeführt werden.*

5 Mensch und Umwelt

Der Mensch belastet die Umwelt

Seite 130–132

1 Nenne Beispiele für „natürliche Ressourcen“!
Trinkwasser, Boden, Holz, Pflanzen.

2 Nenne ein Beispiel für nachhaltiges Verhalten!
Mögliche Antworten sind:
In einem Wald wird für jeden gefällten Baum ein neuer Baum gepflanzt.
In einem Gebiet wird nicht mehr Wasser verbraucht, als durch Niederschlag auf das Gebiet fällt.
Durch Landwirtschaft werden nicht mehr Mineralsalze verbraucht, als sich im Boden regenerieren können.

3 Beschreibe anhand von drei Beispielen, wie der Mensch die Umwelt belastet!
Der Abbau von Rohstoffen verursacht Luftverschmutzung und belastet Boden und Wasser.
Die industrielle Produktion von Gütern und Waren verursacht Luftschadstoffe und verschmutzt das Wasser.
Die intensive Landwirtschaft verursacht Landschaftsveränderung und belastet den Boden durch Verdichtung, Bodenerosion, Düngemittel und Schädlingsbekämpfungsmittel.
Abfälle belasten Boden und Wasser.
Nicht nachhaltige Nutzung von natürlichen Ressourcen führt zum Verlust oder zur Zerstörung dieser Ressourcen.

Seite 133 (Im Blickpunkt Geographie: Treibhauseffekt)

1 Erläutere den Zusammenhang zwischen der steigenden Kohlenstoffdioxidkonzentration in der Atmosphäre und dem Anstieg des Meeresspiegels!
Durch den vom Menschen verursachten Anstieg der Kohlenstoffdioxidkonzentration in der Atmosphäre wird der natürliche Treibhauseffekt verstärkt. Dadurch erhöht sich die Durchschnittstemperatur auf der Erde. Die erhöhten Temperaturen können zum Abschmelzen des Eises an den Polkappen der Erde führen. Dieses zusätzlich frei werdende Wasser lässt den Meeresspiegel steigen.

Seite 134–135 (Material)

Material A – Luftverschmutzung in Deutschland (2014)

A1 Ermittle, wie viele Kilotonnen Luftschadstoffe jede Verursachergruppe insgesamt pro Jahr in die Luft abgibt! Trage die Ergebnisse in eine Tabelle ein!
siehe Tabelle auf der nächsten Seite

	Energiewirtschaft	Industrie und Gewerbe	Haushalte, Kleinverbraucher	Verkehr
NO_x (Kilotonnen)	298,7	178,3	125,8	491,2
SO_2 (Kilotonnen)	220,9	110,1	48,9	5,0
CO (Kilotonnen)	143,8	1077,1	909,8	804,1
Feinstaub (Kilotonnen)	11,5	172,6	32,2	45,2
Summe (Kilotonnen)	**674,9**	**1538,1**	**1116,7**	**1345,5**

Gestufte Hilfe: Vorgabe des Tabellenrasters.

Zusatzinformation: Die Ergebnisse wurden auf eine Dezimale nach dem Komma gerundet. Landwirtschaft und weitere kleine Verursachergruppen wurden aus Übersichtlichkeitsgründen nicht berücksichtigt, obwohl die Landwirtschaft insbesondere beim Staub signifikante Beiträge zur Luftverschmutzung leistet. Die Schadstoffklasse „Staub“ enthält Stäube unterschiedlicher Partikelgrößen, auch Feinstaub ist enthalten.
Quelle: Umweltbundesamt, Nationale Trendtabellen für die deutsche Berichterstattung atmosphärischer Emissionen seit 1990, Emissionsentwicklung 1990 bis 2014 (Stand 03/2016).

A2 Erkläre, welche der Verursachergruppen die größte Masse an Luftschadstoffen produziert!
Die größte Masse, nämlich fast 1540 Kilotonnen an Luftschadstoffen, wird durch Industrie und Gewerbe erzeugt. Das betrifft vor allem den Ausstoß von Kohlenstoffmonooxid.

A3 Formuliere eine Hypothese, wie die Belastung mit Luftschadstoffen reduziert werden könnte!
Verursachergruppe Energiewirtschaft: Die Belastung mit Luftschadstoffen könnte reduziert werden durch verstärkte Nutzung nicht fossiler Brennstoffe sowie durch Energiesparen.
Verursachergruppe Industrie und Gewerbe: Die Belastung mit Luftschadstoffen könnte reduziert werden durch Filteranlagen sowie energiesparende Produktion.
Verursachergruppe Haushalte, Kleinverbraucher: Die Belastung mit Luftschadstoffen könnte reduziert werden durch energiesparende Maßnahmen wie Wärmedämmung oder moderne Heizungen sowie durch Nutzung von Solarenergie oder Erdwärme.
Verursachergruppe Verkehr: Die Belastung mit Luftschadstoffen könnte reduziert werden durch Abgasfilter, weniger Verkehr sowie verstärkte Nutzung des öffentlichen Nahverkehrs.

Gestufte Hilfe: Gehe auf jede einzelne Verursachergruppe ein!

Zusatzinformation: In diesem Zusammenhang könnte auch die Wachstumsthematik angesprochen werden sowie die Haltbarkeit und Dauerhaftigkeit von Produkten.

Material B – Bodenerosion

B1 Beschreibe den Zusammenhang zwischen Bodenbedeckung durch Bewuchs und Bodenerosion!
Je mehr Pflanzen auf einer Fläche stehen, desto weniger Boden wird durch Bodenerosion abgetragen.

B2 Erkläre, weshalb in einem Buchenwald deutlich weniger Niederschlag abfließt als von einem Kartoffelacker!
Das dichte Blätterdach der Buchen schützt die Bodenoberfläche besser vor der direkten Einwirkung durch den Niederschlag als die Kartoffelpflanzen. Zusätzlich werden die oberen Bodenschichten durch die Wurzeln der Bäume festgehalten.
Die Strauch-, Kraut- und Moosschicht eines Buchenwaldes schützt den Boden.

Material C – Bevölkerungsentwicklung

C1 Beschreibe die Kurven der Bevölkerungsentwicklung!
Die Kurve der Variante A steigt kontinuierlich an, im Jahr 2050 liegt die Erdbevölkerung bei 11 Milliarden Menschen. Die Kurve B steigt weniger stark an als Kurve A und verläuft ab ungefähr 2020 flacher. Im Jahr 2050 beträgt die Erdbevölkerung 9,1 Milliarden Menschen. Die Kurve C verläuft ab ungefähr dem Jahr 2010 flacher und nähert sich ab ungefähr 2040 dem Wert 8 Milliarden Menschen an.

Zusatzinformation: Auf der Internetseite der Deutschen Stiftung Weltbevölkerung lassen sich aktuelle Daten zur Erdbevölkerung finden, aber auch Informationen über Projekte zur Familienplanung oder Armutsbekämpfung sowie ein Bevölkerungszähler, der den Anstieg der Erdbevölkerung veranschaulicht (die im Jahr 2017 pro Sekunde um circa 2,65 Menschen zunimmt!).

C2 Stelle Hypothesen auf, weshalb die Weltbevölkerung seit 1950 stark angestiegen ist!
Seit 1950 hat sich die medizinische Versorgung vieler Menschen deutlich verbessert. Tödlich wirkende Krankheiten wurden ausgerottet oder können leichter bekämpft werden. Durch die bessere medizinische Versorgung wurde nicht nur die Kindersterblichkeit reduziert, sondern die Menschen leben auch länger.
Die hygienischen Bedingungen, unter denen viele Menschen leben, haben sich verbessert. Dadurch wurde die Qualität der Nahrung und des Trinkwassers verbessert und die Sterblichkeit durch verdorbene Nahrung oder verseuchtes Wasser reduziert.

C3 Stelle Hypothesen auf, welche Bedingungen zu den unterschiedlichen Kurvenverläufen geführt haben könnten!
Die Kurve A zeigt die Bevölkerung der Erde bis 2050, wenn das Bevölkerungswachstum weiter zunimmt. Diese Kurve könnte zeigen, wie sich das Wachstum entwickelt, wenn keine oder nur wenige Maßnahmen gegen das Bevölkerungswachstum ergriffen werden.
Die Kurve B zeigt die Bevölkerung der Erde bis 2050, wenn sich das Bevölkerungswachstum bis 2050 leicht abschwächt.
Bei Kurve C greifen Maßnahmen zur Verringerung des Bevölkerungswachstums wie beispielsweise Kampagnen zur Empfängnisverhütung sodass das Wachstum geringer wird. Dennoch steigt die Erdbevölkerung weiter an.

Material D – Ökologischer Fußabdruck

D1 Ermittle deinen persönlichen Fußabdruck mithilfe eines Fußabdruckrechners im Internet!
Individuelle Schülerantwort.

Zusatzinformation: Fußabdruckrechner lassen sich im Internet finden (zum Beispiel Umweltbundesamt, BUND Jugend, Lebensministerium Österreich).

D2 Vergleiche deinen persönlichen Fußabdruck mit dem deiner Freunde und mit dem Fußabdruck eines Menschen aus einem wenig entwickelten Land!
Individuelle Schülerantwort.

Gestufte Hilfen:
Hilfe 1: Wenig entwickelte Länder angeben, zum Beispiel Brasilien, Indien, Indonesien, Peru oder afrikanische Länder.
Hilfe 2: Wenig entwickelte Länder und zugehörigen Fußabdruck angeben:

Land	Hektar pro Person
Brasilien	3,02
China	3,59
Peru	2,34
Afrika gesamt	1,40
Indonesien	1,45
Indien	1,06
Afghanistan	0,89
Vergleich: Deutschland	5,46

Daten aus footprintnetwork.org für 2013

Zusatzinformation: Um die gewonnenen Daten untereinander vergleichen zu können, sollten die Schülerinnen und Schüler denselben Fußabdruckrechner benutzen.

D3 Beschreibe mögliche Maßnahmen, mit der sich dein ökologischer Fußabdruck verkleinern ließe!
Der ökologische Fußabdruck kann durch folgende Maßnahmen verkleinert werden: weniger Energieverbrauch zum Beispiel Strom, Heizung oder Warmwasser. Weitere Maßnahmen wären geringerer Fleischkonsum sowie Fortbewegung zu Fuß, mit dem Fahrrad oder mit öffentlichen Verkehrsmitteln. Durch eine möglichst lange Nutzungsdauer von Gegenständen und Geräten wird der ökologische Fußabdruck verkleinert wie auch durch Müllvermeidung.

Gestufte Hilfe: Berücksichtige die Bereiche Ernährung, Mobilität, Wohnen und Konsum!

Biodiversität

Seite 136–138

1 Erkläre die Bedeutung der Biodiversität für den Menschen!
Von Bedeutung ist die Biodiversität vor allem, weil sie die Anfälligkeit für Störungen herabsetzt. Bei geringer Artenvielfalt sind die Folgen des Ausfalls einer Art schwerwiegender als bei hoher Artenvielfalt. Außerdem sind die Möglichkeiten der Nutzung von Arten bei hoher Vielfalt größer.

2 Erläutere anhand von drei Beispielen den Nutzen der Biodiversität!
Eine große Vielfalt ermöglicht dem Menschen, Arten auszuwählen und als Nahrungsgrundlage, als Rohstoffgrundlage für Güter oder als Anregung für industrielle Anwendungen zu nutzen.

Zusatzinformation: weitere Antworten sind möglich. Insekten helfen bei der Schädlingsbekämpfung oder als Bestäuber. Viele Arzneimittel sind natürlichen Ursprungs. Biodiversität hat einen hohen Freizeitwert. Biodiversität bietet Schutz vor Naturkatastrophen. Biodiversität bedeutet Stabilität für Lebensgemeinschaften.

3 Beschreibe anhand von drei Beispielen, wie der Mensch die Biodiversität beeinflusst!
Übernutzung: Der Mensch nutzt mehr natürliche Ressourcen, als nachwachsen können. Beispiele sind Abholzung oder Überfischung.
Lebensraumzerstörung: Der Mensch zerstört natürliche Lebensräume durch Bebauung, Agrarnutzung oder Verschmutzung.
Eingeführte Arten: Vom Menschen eingeführte Arten können die heimischen Arten verdrängen.
Klimaveränderung: Die vom Menschen verursachte Klimaveränderung bedroht Arten, die den Veränderungen nicht ausweichen können, vor allem Pflanzen.

Seite 139 (Im Blickpunkt Geografie: Arten- und Biotopschutz)

1 Beschreibe den Zusammenhang zwischen Artenschutz und Biotopschutz!
Beim Artenschutz wird die einzelne Tier- oder Pflanzenart geschützt, beim Biotopschutz der Lebensraum von Arten. Wenn eine Art geschützt wird, ihr Lebensraum aber nicht, kann die Art dennoch aussterben. Man benötigt also eine Kombination aus Arten- und Biotopschutz.

Seite 140–141 (Material)

Material A – Biodiversität von Pflanzen

A1 Beschreibe, in welchen Gebieten der Erde die Pflanzenvielfalt besonders hoch ist!
Die Pflanzenvielfalt ist im nordwestlichen Südamerika (Peru, Ecuador, Kolumbien), in den Anden, entlang der Küste Brasiliens, um Kapstadt in Südafrika, entlang der Ostküste Madagaskars und in Südostasien besonders groß. Hier liegen die Werte bei über 3000 Arten pro 10 000 Quadratkilometer.

A2 Nenne die Ökozonen der in A1 genannten Gebiete! Nimm die Abbildung 04 auf Seite 138 zu Hilfe!
Nordwestliches Südamerika, Ostküste Brasiliens, Ostküste Madagaskars: Immerfeuchte Tropen.
Anden: Gebirge mit verschiedenen Lebensräumen
Südostasien: Immerfeuchte Tropen und Immerfeuchte Subtropen
Region um Kapstadt: Winterfeuchte Subtropen

Gestufte Hilfen:
Hilfe 1: Vorgabe der Lösungen von A1.
Hilfe 2: Verwendung der Abbildung Ökozonen der Erde.

A3 Stelle eine Hypothese auf, weshalb gerade in Gebieten mit hoher Pflanzenvielfalt der Schutz der Diversität häufig besonders schwierig ist!
Individuelle Schülerantwort.

Zusatzinformation: Mögliche Antworten sind Überbevölkerung, Armut der Bevölkerung, instabile politische Lage, Gewinnung von Bodenschätzen, Abholzung, Landwirtschaft.

Material B – Artensterben

B1 Ermittle den Anteil bedrohter Arten jeder Gruppe in Prozent! Trage die Ergebnisse in eine Tabelle ein!

Anteil bedrohter Arten			
Säugetiere	20,83 %	**Fische**	6,77 %
Vögel	13,09 %	**Insekten**	0,09 %
Reptilien	10,06 %	**Weichtiere**	2,23 %
Amphibien	29,93 %	**Pflanzen**	,38 %

B2 Nenne die vier Tiergruppen, bei denen der Anteil bedrohter Arten besonders hoch ist!
Amphibien, Säugetiere, Vögel, Reptilien.

B3 Stelle eine Hypothese auf, durch welche Bedrohungen die hohen Anteile der bei B2 genannten Tiergruppen zustande kommen!
Individuelle Schülerantwort.

Zusatzinformation: Amphibien sind zur Fortpflanzung auf Feuchtbiotope angewiesen, die immer seltener werden. Amphibien sind empfindlich gegenüber Störungen. Amphibien sind wegen ihrer unbedeckten Haut besonders empfindlich gegenüber Schadstoffen. Amphibien wandern und werden deshalb leicht zum Opfer des Verkehrs.
Säugetiere werden häufig wegen ihres Felles oder als Nahrung gejagt. Viele Lebensräume von Säugetieren, vor allem die Wälder, sind bedroht. Säugetiere benötigen häufig viel Platz, der ihnen in dicht besiedelten Gebieten nicht mehr zur Verfügung steht.
Vögel sind von Lebensraumzerstörung, beispielsweise durch Abholzung, bedroht. Vögel finden in dicht besiedelten und stark genutzten Gebieten kaum Nahrung.
Reptilien werden gejagt und sind von Lebensraumzerstörung betroffen. Schlangen werden gejagt, weil die Menschen Angst vor ihnen haben.

Zusatzinformation Material B: Die Anzahl der bekannten (=erfassten) Arten ist eine stark schwankende und mit Unsicherheiten behaftete Größe, die neben dem zugrundeliegenden Artkonzept auch von Synonymisierungen und weiteren Faktoren beeinflusst wird. Im Jahr 2013 sind rund 1,25 Mio. Arten bekannt (Mora et al. 2011). Schätzungen, welcher Anteil aller Arten der Erde bereits bekannt sind, schwanken zwischen 75% (Costello et al. 2012) und 20% (Mora et al. 2011).
Als Quelle für die in der Abbildung aufgeführte Artenanzahl wurde ein Übersichtsartikel von Chapman (2009) verwendet. Die Anzahl der bedrohten Arten umfasst die in der Roten Liste der IUCN (2013) erfassten Arten der Kategorien CR (critically endangered), EN (endangered) und VU (vulnerable). Die tatsächliche Anzahl bedrohter Arten, insbesondere bei den Insekten dürfte signifikant höher sein. Die Angabe „Pflanzen“ bezieht sich auf die Kormophyten.

Material C – Schutz von Lebensräumen in Deutschland

C1 Recherchiere in Fachliteratur und im Internet über einen der drei Lebensräume! Erstelle eine Präsentation über den Lebensraums mit folgenden Punkten: Vorkommen in Deutschland, Nutzung durch den Menschen, Besonderheit des Lebensraums, besondere Tier- und Pflanzenarten!
Individuelle Schülerantwort.

Gestufte Hilfe: Vorgabe der Informationsquelle, beispielsweise Homepages von Naturschutzorganisationen oder -behörden.

C2 Bewerte, ob der von dir gewählte Lebensraum bedroht ist!
Individuelle Schülerantwort.

Gestufte Hilfe: Vorgabe der Informationsquelle, beispielsweise Wikipedia oder die Homepage des BUND.

Zusatzinformation: Wacholderheiden sind vor allem bedroht, weil sie nicht mehr beweidet werden. Die Aufgabe der Beweidung führt zur Wiederbewaldung und damit zum Verschwinden derjenigen Tier- und Pflanzenarten, die auf den offenen Lebensraum angewiesen sind.
Hochmoore sind durch Entwässerung, Austrocknung, Überdüngung und Torfabbau bedroht.
Buchenwälder sind durch Abholzung oder zu intensive Nutzung bedroht.

C3 Erläutere, welche Maßnahmen zum Schutz des gewählten Lebensraums ergriffen werden können!
Individuelle Schülerantwort.

Gestufte Hilfe:
Vorgabe der Informationsquelle, beispielsweise Homepages von Naturschutzorganisationen oder -behörden.

Zusatzinformation: Wacholderheiden werden durch Beweidung oder Mähen offen gehalten, so dass die Bewaldung verhindert wird. Wacholderheiden stehen unter Naturschutz, damit die dort vorkommenden Arten nicht durch menschliche Eingriffe gefährdet werden.
Hochmoore werden unter Naturschutz gestellt. Entwässerungsgräben werden zugeschüttet. Der Torfabbau wird eingestellt.
Buchenwälder werden weniger stark genutzt.

Nachhaltiges Handeln

Seite 142–144

1 Erkläre, weshalb letztlich nur eine Kreislaufwirtschaft nachhaltig ist!
Bei einer Kreislaufwirtschaft werden die zur Herstellung von Produkten eingesetzten Rohstoffe nach der Nutzung der Produkte wieder zurückgewonnen und zur Herstellung neuer Produkte verwendet. Aufgrund dieses Recyclings müssen keine weiteren Rohstoffe aus der Natur entnommen werden, wodurch diese Ressourcen erhalten bleiben. Deshalb ist eine Kreislaufwirtschaft nachhaltig.

Zusatzinformation: Das Gegenteil einer Kreislaufwirtschaft nennt man auch Linearwirtschaft. Die eingesetzten Rohstoffe werden dabei nach der Nutzung der Produkte nicht zurückgewonnen. Die Produkte werden weggeworfen, deponiert oder verbrannt.

2 Erkläre, wie Kunststoffmüll aus deiner Heimat ins Meer gelangen kann!
Kunststoffprodukte, die in Bäche, Flüsse oder Seen gelangen, zum Beispiel Verpackungen und Einkaufstüten aus Kunststoff, Kunststoffnetze und –leinen von Anglern und Fischern, können in ein Meer geschwemmt werden.
Dabei kann Kunststoffmüll, der in den Rhein oder seine Nebenflüsse gelangt, in die Nordsee und Kunststoffmüll, der in die Donau und ihre Nebenflüsse gelangt, ins Schwarze Meer transportiert werden.
Außerdem kann Kunststoffmüll, der exportiert wird, beim Transport mit dem Schiff und durch unsachgemäße Entsorgung ins Meer gelangen.

Gestufte Hilfe: Überlege, welche Wege von deinem Wohnort in Baden-Württemberg in welches Meer führen!

3 Erkläre nachhaltiges Handeln an einem Beispiel!
Das Ziel nachhaltigen Handelns ist, nur so viel von einer Ressource zu verbrauchen, wie durch Neubildung oder Recycling wieder gebildet werden kann.
Beispiel Holzverbrauch: Nachhaltiges Handeln bedeutet hier, nicht mehr Holz aus den Wäldern zu entnehmen, als durch Aufforstung wieder nachwächst.

Zusatzinformation: Der Begriff „Nachhaltigkeit" hat laut Duden unterschiedliche Bedeutungen. Die ursprüngliche Bedeutung leitet sich vom Verb „nachhalten" ab und bedeutet „längere Zeit andauern oder bleiben". Da der Begriff in der Forstwissenschaft geprägt wurde, ist seine zweite Bedeutung das „forstwissenschaftliche Prinzip, nach dem nicht mehr Holz gefällt werden darf, als jeweils nachwachsen kann". Unter der umfassenden heutigen Bedeutung im Sinne des englischen Begriffs „sustainability" versteht man das „Prinzip, nach dem nicht mehr verbraucht werden darf, als jeweils nachwachsen, sich regenerieren, künftig wieder bereitgestellt werden kann".

Seite 145 (Material)

Material A – Globaler Kohlenstoffkreislauf

A1 Vergleiche den globalen Kohlenstoffkreislauf mit einem natürlichen Kohlenstoffkreislauf! Nimm dazu die Abbildung auf Seite 80 oder 110 zu Hilfe.
Gemeinsamkeiten:
Sowohl bei dem globalen Kohlenstoffkreislauf als auch den Kohlenstoffkreisläufen der Ökosysteme Wald und See wird der Kohlenstoff in Form von CO_2 aus der Luft entnommen und wieder in die Luft abgebeben.

Unterschiede:
Bei den natürlichen Kohlenstoffkreisläufen sind die Kreisläufe einzelner, natürlicher Ökosysteme ohne menschliche Einflüsse dargestellt. Beim globalen Kohlenstoffkreislauf ist der Kreislauf des Kohlenstoffs der gesamten Erde mit der Einbeziehung menschlicher Einflüsse dargestellt.
Beim globalen Kohlenstoffkreislauf sind auch langfristige geologische Prozesse mit einbezogen.
Bei den natürlichen Kohlenstoffkreisläufen sind die Prozesse der Kohlenstoffaufnahme und –abgabe, Fotosynthese und Zellatmung benannt und auch der Kreislauf des Sauerstoffs mit berücksichtigt.

A2 Erkläre die natürlichen Prozesse 1 bis 3!
1: Die Bäume des Waldes nehmen CO_2 über die Blätter auf und bauen damit bei der Fotosynthese Glukose auf.
2: Beim Abbau von organischem Material durch Bakterien wird bei der Zellatmung CO_2 abgegeben.
3: Tiere produzieren bei der Zellatmung CO_2 und geben es beim Ausatmen in die Atmosphäre ab.

A3 Bewerte nachhaltige Alternativen für die durch Menschen verursachten Prozesse 4 bis 6!
Bei den Prozessen 4 bis 6 wird CO_2 bei der Energiegewinnung aus fossilen Brennstoffen in die Atmosphäre abgegeben. Damit wird die Atmosphäre zusätzlich durch nicht natürliche Prozesse mit CO_2 angereichert und fossile Energieressourcen reduziert.
Eine gute gesellschaftlich tragbare Alternative wäre, die fossilen Energieressourcen zu schonen und damit auch die unnatürlichen CO_2-Emissionen zu verringern. Dies kann man für alle drei Prozesse durch den zunehmenden Einsatz erneuerbarer Energien, die durch Solarzellen, Windkraft, Wasserkraft und Biogasanlagen gewonnen werden, erreichen.

Gestufte Hilfe: Beachte, dass bei den Prozessen 4 bis 6 die Energiegewinnung aus fossilen Brennstoffen erfolgt!

A4 Erkläre den Einfluss des Bevölkerungswachstums auf den globalen Kohlenstoffkreislauf unter Einbeziehung der linken Tabelle!
Mit der Zunahme der Anzahl an Menschen steigt auch der CO_2-Ausstoß durch menschliche Atmung, da Menschen bei der Atmung CO_2 abgeben.
Da mehr Menschen auch mehr Energie benötigen, würde bei der heutigen Art der Energiegewinnung auch der CO_2-Ausstoß durch Energiegewinnung ansteigen. Während in Deutschland der Wert des CO_2-Ausstoßes durch Energiegewinnung etwa das 25-fache des Wertes durch menschliche Atmung ausmacht, beträgt er in der gesamten Welt etwa das 15-fache.

Gestufte Hilfe: Beachte, dass mehr Menschen auch mehr Energie benötigen!

Zusatzinformation: Die Werte der Tabelle gelten für das Jahr 2017. Der CO_2-Ausstoß eines Menschen beträgt pro Jahr im Durchschnitt etwa 380 kg.
Das CO_2, das bei der Zellatmung entsteht, stammt letztendlich aus der Nahrung der Menschen. Bei einer rein vegetarischen Ernährung, wäre die CO_2-Bilanz des CO_2-Ausstoßes durch menschliche Atmung und der CO_2-Assimilation der Pflanzen, die als Nahrung dienen, etwa ausgeglichen.

A5 Erkläre den Einfluss der Löslichkeit von CO_2 in Wasser auf das Klima mithilfe der rechten Tabelle!
Aus der Tabelle geht hervor, dass die CO_2-Löslichkeit in Wasser mit zunehmender Wassertemperatur abnimmt. Mit zunehmender Klimaerwärmung werden deshalb die Gewässer der Erde weniger CO_2 aufnehmen können. Die damit verbundene zusätzliche Erhöhung des CO_2-Gehalts in der Atmosphäre wird die Klimaerwärmung beschleunigen.

Gestufte Hilfe: Die Zunahme an CO_2 in der Atmosphäre verstärkt den Treibhauseffekt.

Material B – Minimumgesetz

B1 Beschreibe das Modell der Minimumtonne!
Eine Tonne, die unterschiedlich lange Dauben hat, lässt sich nur bis zur Höhe der kürzesten Daube mit Wasser füllen.
Die unterschiedlich langen Dauben im Modell stehen für die unterschiedliche Verfügbarkeit von Ressourcen, die Pflanzen zum Wachstum benötigen. Die Ressource, die am geringsten vorhanden ist, begrenzt das gesamte Wachstum. Phosphat stellt hier im Beispiel den begrenzenden Faktor dar. Der Wasserspiegel in der Minimumtonne zeigt die Grenze des Wachstums an.

Gestufte Hilfe: Überlege, wofür die unterschiedlich langen Tonnendauben des Modells und die Höhe des Wasserspiegels in der Tonne stehen!

B2 Erkläre die in der Tabelle angegebenen Veränderungen des Pflanzenwachstums, wenn kein, viel und sehr viel Phosphatdünger verwendet wird, durch das Minimumgesetz!
Wenn kein Phosphatdünger verwendet wird, ist auch keine Wachstumssteigerung zu beobachten, weil weiterhin die geringe Phosphatmenge das Wachstum begrenzt.
Wenn viel Phosphatdünger verwendet wird, tritt eine starke Wachstumssteigerung ein, weil Phosphat nicht mehr der begrenzende Faktor ist.
Wenn sehr viel Phosphatdünger verwendet wird, ist die Wachstumssteigerung so stark wie bei der Verwendung von viel Phosphatdünger, weil nun andere Faktoren, zum Beispiel das Nitrat den Minimumfaktor darstellen.

B3 Erkläre das unterschiedliche Pflanzenwachstum, das in den letzten beiden Tabellenzeilen angegeben ist!
Wenn man sehr viel Phosphatdünger verwendet, erreicht man keine zusätzliche Steigerung des Pflanzenwachstums, weil nun andere Ressourcen zu Minimumfaktoren werden und das Wachstum begrenzen. Düngt man aber zusätzlich auch mit anderen Mineralstoffen, tritt eine sehr starke Wachstumssteigerung ein, weil nun auch diese begrenzenden Faktoren erhöht wurden.

B4 Bewerte die Verwendung von Phosphatdünger!
Mögliche Bewertung:
Da Phosphat meistens der Minimumfaktor für das Pflanzenwachstum ist, lässt sich mit Phosphatdünger der Ertrag bei der landwirtschaftlichen Pflanzenproduktion steigern.
Zur Herstellung von Phosphatdünger muss aber phosphathaltiges Gestein abgebaut werden. Dies kostet viel Geld und die Phosphatreserven auf der Erde werden immer geringer.
Beim Phosphatabbau und bei zu starker Düngung mit Phosphatdünger gelangt Phosphat in die Gewässer. Dort trägt es zur Eutrophierung und möglicherweise zum „Umkippen“ aquatischer Ökosysteme bei. Außerdem kann es auch ins Grundwasser gelangen und damit die Trinkwasserversorgung beeinträchtigen.
Aus diesen Gründen kann man die Verwendung von Phosphatdünger nicht vollständig vermeiden. Man sollte aber eine exakte Überprüfung der Verwendung von Phosphatdünger unbedingt gewährleisten.

Gestufte Hilfe: Berücksichtige auch die Kosten der Herstellung von Phosphatdünger und die möglichen Umweltbelastungen, die durch den Abbau und durch Verwendung von viel Phosphatdünger verursacht werden können!

B5 Nenne nachhaltige Alternativen zur Verwendung von künstlichem Phosphatdünger!
Eine nachhaltige Alternative wäre, nur so viel Phosphat auf die Felder auszubringen wie sich aus dem natürlichen Stoffkreislauf des Phosphats durch Recycling gewinnen lässt, zum Beispiel durch Recycling von Abwässern in Kläranlagen, Kompostierung von Pflanzenabfällen und Verwendung von Gülle zum Düngen der Felder.

Gestufte Hilfe: Überlege, wie der natürliche Stoffkreislauf des Phosphats von der Aufnahme durch die Produzenten bis zur Mineralisierung durch die Destruenten verläuft!

Genetik

1 Erbinformation

Teilung und Wachstum

Seite 155 (Material)

Material A – Phasen der Mitose in Zellen der Königslilie

A1 Beschrifte die mit Zahlen gekennzeichneten Bereiche!
1 = Zellwand
2 = Chromosomen (Ein-Chromatid-Chromosomen)
3 = Zellplasma (Zytoplasma)

A2 Nenne die Fachbegriffe für die dargestellten Phasen!
A = Anaphase
B = Telophase
C = Metaphase

Gestufte Hilfe: Vorgabe der Fachbegriffe in ungeordneter Reihenfolge.

A3 Ordne die Phasen in der richtigen zeitlichen Reihenfolge an! Begründe!
Die Phasen laufen in der zeitlichen Reihenfolge C-A-B ab. In Abbildung A, der Anaphase, sieht man zwei, deutlich voneinander getrennte Ansammlungen von Chromosomen in der Transportform. Dieser Zustand tritt erst auf, nachdem sich die Chromosomen in der Äquatorialebene angeordnet haben. Chromosomen in der Äquatorialebene sieht man in der Abbildung C, der Metaphase. Also muss die Abbildung A nach der Abbildung C eingeordnet werden.
In der Abbildung B, der Telophase, erkennt man eine balkenähnliche Struktur zwischen den beiden Ansammlungen von Chromosomen. Die Farbe deutet darauf hin, dass es sich um das gleiche Material wie in der Zellwand handelt. Es bildet sich also bereits eine Grenze zwischen den beiden entstehenden Zellen. Die Abbildung B muss daher als letzte in der zeitlichen Reihenfolge eingeordnet werden.

Gestufte Hilfe:
Hilfe 1: Vorgabe der Reihenfolge C-A-B.
Hilfe 2: Begründe mithilfe der Lage der Chromosomen.

A4 Nenne den Fachbegriff der fehlenden Phase!
Es fehlt die Prophase.

A5 Beschreibe die Vorgänge, die zu der fehlenden Phase geführt haben!
Die Chromosomen haben sich verdoppelt, bevor die Prophase begann. Die Hülle des Zellkerns hat damit begonnen, sich aufzulösen. Die Chromosomen haben sich verkürzt und sind dicker geworden, sind also von der Arbeits- in die Transportform übergegangen.

A6 Vergleiche die Phase C mit der gleichen Phase der Zellteilung von Tierzellen!
Auch bei Tierzellen sind die Chromosomen während der Metaphase in der Äquatorialebene angeordnet. Beide Zelltypen haben in dieser Phase eine große Ähnlichkeit.

Zusatzinformation:
Alternative Aufgabe: ***Vergleiche die Phase B mit der gleichen Phase der Zellteilung von Tierzellen!***
In der Phase B, der Telophase, schnürt sich die Tierzelle in der Mitte so weit ein, dass sich die eingestülpten Bereiche der Zellmembran treffen, sodass zwei getrennte, vollständig von Membranen umgebene Zellen entstehen.
Bei Pflanzenzellen schnürt sich die Zelle nicht ein. Es bilden sich zwischen den beiden Ansammlungen von Chromosomen, den zukünftigen Zellkernen, neues Zellwandmaterial und neue Membranteile. Diese grenzen die beiden Bereiche der sich teilenden Zelle voneinander ab, sodass zwei Zellen entstehen, die beide vollständig von einer Zellwand und einer Zellmembran umgeben sind.

Material B – Interphase und Mitose

B1 Nenne ein Gewebe, in dem besonders häufig Zellen gebildet werden!
Besonders häufig werden Zellen im blutbildenden Knochenmark gebildet.

B2 Stelle die in der untersten Abbildung dargestellte Zeitdauer der Mitosephasen in einem geeigneten Diagramm dar!
Geeignete Diagrammformen sind Balken oder Kreisdiagramme.
Aus der Abbildung sind folgende Werte für die Dauer der Mitosephasen zu entnehmen

Phase 1 (Prophase)	ca. 13,5 Minuten
Phase 2 (Metaphase)	ca. 13,5 Minuten
Phase 3 (Anaphase)	ca. 3,0 Minuten
Phase 4 (Telophase)	ca. 10,0 Minuten

Beispiele für geeignete Diagramme:

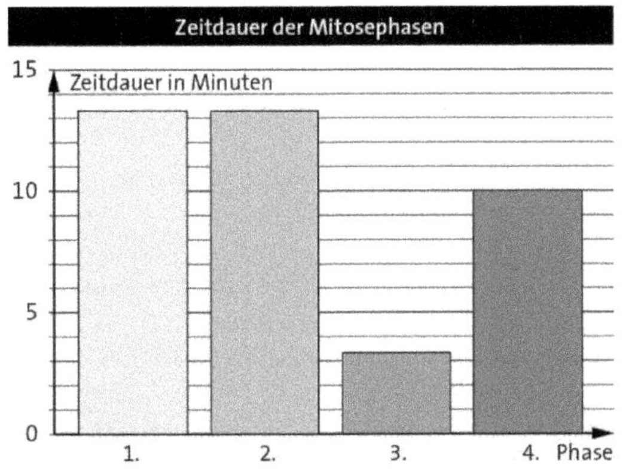

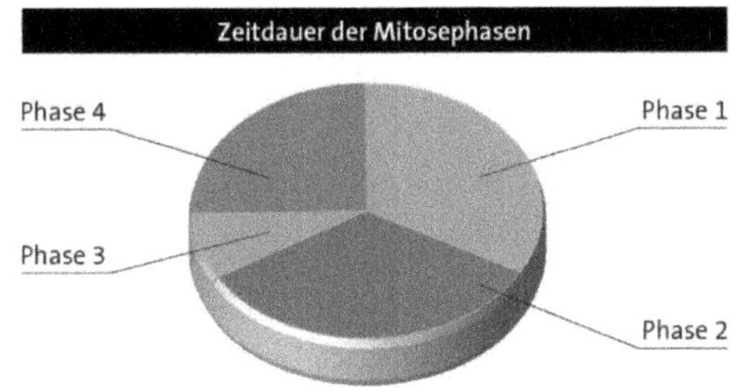

Gestufte Hilfen:
Hilfe 1: Ermittle zunächst die Zeitdauer der Mitosephasen
Hilfe 2: Zur Anfertigung eines Balkendiagramms muss ein Achsenkreuz vorbereitet werden. Auf der x-Achse werden die Phasen aufgetragen, auf der y-Achse die Zeit.
Hilfe 3: Um ein Kreisdiagramm zu erstellen, müssen zunächst die Werte der Zeitdauer so umgerechnet werden, dass sie Gradzahlen entsprechen.
Hilfe 4: Die gesamte Gradzahl eines Kreisdiagramms beträgt 360°.
Die Umrechnung von der Zeitdauer auf die entsprechenden Gradwerte erfolgt folgendermaßen: Die Gesamtdauer der Mitose beträgt 40 Minuten. Das bedeutet: 40 Minuten entsprechen im Kreisdiagramm 360°. Daher ergibt sich für die Umrechnung der Dauer der Mitosephasen folgende Formel:

Phase (in Minuten) : 40 = x (gesuchte Gradzahl) : 360.

B3 Erkläre, weshalb in mikroskopischen Bildern von wachsenden Geweben nur wenige Zellen in der Anaphase zu sehen sind!
Aus der Abbildung, in der die Dauer der Mitosephasen angegeben ist, ist zu entnehmen, dass die Anaphase in viel kürzerer Zeit abläuft als die übrigen Mitosephasen. Sich teilende Zellen durchlaufen zwar immer alle Phasen der Mitose, aber jede Zelle liegt nur für eine kurze Zeit in der Anaphase vor. Das mikroskopische Bild ist eine Art Momentaufnahme. Daher ist die Wahrscheinlichkeit, dass man im mikroskopischen Bild eine Zelle in der Anaphase sieht, geringer als bei den anderen Mitosephasen.

Gestufte Hilfen:
Hilfe 1: Vergleiche die Zeitdauer der Mitosephasen.
Hilfe 2: Phase 1 = Prophase, Phase 2 = Metaphase, Phase3 = Anaphase, Phase 4 = Telophase.

B4 Wunden an den Lippen heilen sehr viel schneller als andere Hautverletzungen. Stelle Vermutungen an, woran das liegen könnte!
Vermutlich ist die Interphase der Lippenzellen kürzer als die der Hautzellen, sodass sich die Zellen der Lippen häufiger teilen als die Zellen der Haut. Es könnte auch sein, dass zusätzlich die Zellteilung schneller verläuft.

Kinder sehen ihren Eltern ähnlich

Seite 156–159

1 Definiere die Begriffe Phänotyp und Genotyp!
Der Phänotyp bezeichnet die Gesamtheit aller Merkmale eines Lebewesens. Man spricht auch vom Erscheinungsbild.
Der Genotyp bezeichnet die Gesamtheit aller Gene eines Lebewesens. Man spricht auch vom Erbbild.

2 Erkläre, weshalb jeder Mensch einen einzigartigen Genotyp hat!
Die Eizellen einer Frau und die Spermienzellen eines Mannes sind in ihrer Erbinformation unterschiedlich. Je nachdem, welche Spermienzelle zufällig welche Eizelle befruchtet, ergibt sich für jede befruchtete Eizelle desselben Paares eine andere Kombination der Erbinformation. Der Genotyp jedes Menschen ist somit einzigartig.

Zusatzinformation: Einzige Ausnahme sind eineiige Zwillinge, da sie aus derselben befruchteten Eizelle hervorgegangen sind.

3 Erläutere das biologische Prinzip *Variabilität* beim Menschen!
Die Vielfalt der Geschlechtszellen und die individuelle Kombination bei der Befruchtung führen bei allen Lebewesen, auch bei Geschwistern, zu unterschiedlichen Kombinationen der Erbinformationen. Dadurch entsteht eine große Zahl von möglichen Genotypen, also eine hohe Variabilität. Eine weitere Ursache der Variabilität sind die Veränderungen des Phänotyps durch Umwelteinflüsse, wie zum Beispiel die Veränderung der Hautfarbe durch UV-Strahlung.

4 Vergleiche die genetische Variabilität mit der Variabilität durch Modifikation!
Gemeinsamkeit:
Variabilität bedeutet in beiden Fällen die Verschiedenheit von Lebewesen.

Unterschiede:
Genetische Variabilität beschreibt die erblich bedingte Variabilität, die durch Mutationen, also der zufälligen Veränderung der Basenabfolge der genetischen Information in den Geschlechtszellen zustande kommt. Sie wird an die Nachkommen weitergegeben. Auch die Rekombination, also die Neuverteilung der Chromosomen bei der Bildung der Geschlechtszellen in der Meiose, trägt zur genetischen Variabilität bei.
Die Variabilität durch Modifikation wird hingegen durch unterschiedliche Umweltbedingungen hervorgerufen und ist nicht vererbbar. Die Spanne der Modifikation eines Merkmals, die Reaktionsbreite, ist jedoch genetisch festgelegt.

5 Erkläre den Begriff Modifikation anhand eines selbstgewählten Beispiels!
Individuelle Schülerantwort.

6 Erläutere die Unterschiede der Erbinformation zwischen Körper- und Geschlechtszellen!
Eine Körperzelle enthält einen doppelten, einen diploiden Satz aus 23 mütterlichen und 23 väterlichen Chromosomen. Die Geschlechtszellen enthalten nur einen einfachen, einen haploiden Chromosomensatz. Sie haben nur je eines der homologen Chromosomen, also insgesamt nur 23 Chromosomen. Das ist erforderlich, damit bei der Befruchtung nicht in jeder Generation die Anzahl der Chromosomen verdoppelt wird. Die Geschlechtszellen des Vaters, wie auch die der Mutter enthalten nur den haploiden Chromosomensatz.

Seite 160/161 (Material)

Material A – Familienähnlichkeit

A1 Beschreibe Unterschiede und Ähnlichkeiten der Geschwisterkinder mit ihrem Vater im ähnlichen Alter!
Die Geschwisterkinder haben beide wie der Vater braune Augen, auch die Form des Gesichtes ist ähnlich. Die Form der Nase von Vater und Tochter weist ebenfalls Ähnlichkeiten auf. Die Nase des Sohnes hingegen ist schmäler und kürzer. Die Form des Kinns hingegen ist bei Vater und Sohn übereinstimmend. Die Tochter hat ein schmäleres und runderes Kinn.

A2 Erkläre, wie trotz gemeinsamen Vaters die Unterschiede der Geschwister entstehen können!
Jede Eizelle der Mutter und jede Spermienzelle des Vaters kann sich in ihrer Erbinformation unterscheiden. Die individuelle Kombination von Eizelle und Spermienzelle bei der Befruchtung führen auch bei Geschwistern zu unterschiedlichen Kombinationen der elterlichen Erbinformationen und damit zu unterschiedlichen Zygoten. Wenn die Geschwister aus unterschiedlichen Zygoten entstehen, haben sie unterschiedliche, manchmal aber auch ähnliche Merkmale, zum Beispiel eine ähnliche Gesichtsform.

A3 Beschreibe mithilfe der Bilder das biologische Prinzip *Variabilität*!
Die Unterschiede aber auch Ähnlichkeiten der Geschwister beruhen auf unterschiedlichen Kombinationen der elterlichen Gene bei der Befruchtung. Den sichtbaren Merkmalen liegen die Gene zugrunde. Einige Merkmale haben die Kinder von ihrem Vater geerbt, wie beispielsweise die Haarfarbe und die Gesichtsform. Andere Merkmale wie die Nasenform oder die Form des Kinns hat nur eines der Kinder vom Vater vererbt bekommen, sie variieren.

A4 Vergleiche die Karyogramme von Vater und Tochter!
Das Karyogramm von Vater und Tochter weist dieselbe Anzahl an 46 Chromosomen auf. Die 22 Autosomenpaare lassen sich bei Vater und Tochter im Karyogramm nicht unterscheiden. Die Gonosomen hingegen zeigen bei der Tochter die Kombination XX und beim Vater die Kombination XY.

Material B – Zwillinge

B1 Vergleiche jeweils den Phänotyp der Geschwister bei den Zwillingspaaren!
Das Zwillingspaar A weist nahezu identische äußere Merkmale auf und sie haben dasselbe Geschlecht. Ihr Phänotyp ist nahezu gleich.
Das Zwillingspaar B unterscheidet sich in ihrem Geschlecht und in ihrem Aussehen, wie zum Beispiel der Haarfarbe. Sie zeigen einen unterschiedlichen Phänotyp.

B2 Beurteile die Ähnlichkeiten der jeweiligen Zwillingspaare!
Das Zwillingspaar A gleicht sich in seinem Aussehen. Dies lässt auf den gleichen Genotyp schließen, da der Genotyp die Grundlage für unsere Merkmale und damit für unseren Phänotyp ist.
Das Zwillingspaar B ähnelt sich nur in wenigen Merkmalen, sie sehen sich nicht ähnlicher als andere Geschwister. Daraus lässt sich ableiten, dass jeder dieser Zwillinge einen individuellen Genotyp und damit einen unterschiedlichen Phänotyp aufweist.

Gestufte Hilfen:
Hilfe 1: Überlege dir, welche Bedeutung der Genotyp für den Phänotyp hat.
Hilfe 2: Beim Zwillingspaar A handelt es sich um eineiige Zwillinge, beim Zwillingspaar B um zweieiige Zwillinge.

B3 Ordne die Begriffe eineiige und zweieiige Zwillinge den Abbildungen zu! Begründe mithilfe der Grafik, ob auch das Zwillingspaar A unterschiedlichen Geschlechts sein kann!
Bei Zwillingspaar A handelt es sich um eineiige Zwillinge, Zwillingspaar B sind zweieiige Zwillinge.
Zwillingspaar A kann nie unterschiedlichen Geschlechts sein, da sie immer aus einer einzigen befruchteten Eizelle

hervorgehen. Sie weisen die identische Erbinformation auf und müssen daher gleichen Geschlechts sein.
Zwillingspaar B geht aus zwei unterschiedlichen Eizellen hervor, die von jeweils einer anderen Spermienzelle befruchtet wurden. Sie können daher, wie andere Geschwister auch, unterschiedlichen Geschlechts sein.

Gestufte Hilfen:
Hilfe 1: Beachte die Anzahl der Eizellen in den Grafiken.
Hilfe 2: Eineiige Zwillinge gehen aus einer befruchteten Eizelle, zweieiige Zwillinge aus zwei befruchteten Eizellen hervor.

B4 Auch eineiige Zwillinge unterscheiden sich in manchen Merkmalen. Stelle Hypothesen über die Ursachen an!
Eineiige Zwillinge haben zwar denselben Genotyp, aber unser äußeres Erscheinungsbild, der Phänotyp, wird sowohl von der Umwelt, als auch vom Genotyp beeinflusst. Merkmale, auf die zusätzlich die Umwelt Einfluss hat, können sich auch bei eineiigen Zwillingen unterscheiden. Neben der Hautfarbe können beispielsweise das Körpergewicht oder in geringem Maße auch die Körpergröße bei eineiigen Zwillingen unterschiedlich sein.

Material C – Anzahl der Blutzellen

C1 Beschreibe, wie sich die Anzahl der roten Blutzellen verändert hat!
Mit steigender Höhe über dem Meeresspiegel nimmt die Anzahl an roten Blutzellen des Bergsteigers pro Kubikmillimeter Blut stetig zu. Bei einer Höhe von 5500 m im Vergleich zu einer Höhe von 210 m hat sich die Anzahl der roten Blutzellen fast verdoppelt.

C2 Stelle Hypothesen auf, welche Ursachen die Veränderungen haben könnten!
Hypothese 1: Der Sauerstoffgehalt der Luft sinkt mit steigender Höhe über dem Meeresspiegel ab. Da die roten Blutzellen für die Sauerstoffaufnahme und den Sauerstofftransport im Blut verantwortlich sind, könnte die Änderung ihrer Anzahl im Blut mit dem sinkenden Sauerstoffgehalt in Verbindung stehen.
Hypothese 2: Damit die Zellen des Bergsteigers auch in Höhen mit geringerem Sauerstoffgehalt ausreichend mit Sauerstoff versorgt werden können, werden vermutlich die Sauerstoffaufnahme ins Blut und der Sauerstofftransport erhöht. Der Körper des Bergsteigers reagiert mit einer verstärkten Produktion von roten Blutzellen.

C3 Erkläre, weshalb Leistungssportler sich zum Training längere Zeit im Hochgebirge aufhalten!
Eine verstärkte Produktion von roten Blutzellen führt zu einer gesteigerten Sauerstoffaufnahme und einem erhöhten Sauerstofftransport im Blut.
Leistungssportler benötigen für die Verrichtung von Muskelarbeit ausreichend Sauerstoff in den Muskelzellen. Je mehr rote Blutzellen im Blut des Sportlers für den Sauerstofftransport zur Verfügung stehen, desto mehr Sauerstoff gelangt in die Muskulatur und der Muskel kann mehr Arbeit verrichten.
Beim Höhentraining des Sportlers nimmt die Zahl der Blutzellen zu. Bei anschließenden Wettkämpfen unter Normalbedingungen ist die Leistungsfähigkeit des Sportlers kurzzeitig erhöht, da mehr Muskelarbeit geleistet werden kann.

C4 Begründe, ob es sich bei diesem Beispiel um Modifikation handelt!
Modifikationen sind umweltbedingte, nicht erbliche Variationen des Phänotyps.
Die Änderung der Anzahl der roten Blutzellen wird in diesem Beispiel durch die sich stark ändernde Umwelt, hier durch die zunehmende Höhe und den damit sinkenden Sauerstoffgehalt, hervorgerufen. Sie ist deshalb umweltbedingt. Es handelt sich damit um eine Modifikation und nicht um genetische Variabilität. Der Genotyp des Bergsteigers hat sich bei seiner Gebirgstour nicht geändert.

Material D – Modifikation bei Pflanzen

D1 Vergleiche die Versuchsergebnisse!
Gemeinsamkeit:
Beide Pflanzen zeigen im Hochland eine deutlich geringere Wuchshöhe als im Flachland.
Unterschiede:
Pflanze A wächst jedoch im Flachland etwas höher als Pflanze B, während Pflanze B im Hochland etwas höher wächst und eine Blüte ausbildet.

D2 Begründe, ob sich der Genotyp der Tieflandpflanze B von dem Genotyp der Hochlandpflanze B unterscheidet!
Die beiden Pflanzen sind aus derselben Wurzel und damit aus derselben Ursprungspflanze hervorgegangen. Sie haben in allen Zellen die gleiche Erbinformation und damit denselben Genotyp, solange keine Mutationen stattgefunden haben.
Zusatzinformation: Es handelt sich hier um eine Form von vegetativer Vermehrung.

D3 Erkläre, welche Unterschiede auf genetische Variabilität und welche auf Modifikation beruhen!
Die unterschiedlichen Wuchsformen und Wuchshöhen von Pflanze A und B gehen auf genetische Variabilität zurück. Die Pflanzen sind aus unterschiedlichen befruchteten Eizellen hervorgegangen und besitzen deshalb einen unterschiedlichen Genotyp. Sie unterscheiden sich zum Beispiel in Wuchshöhe, Größe der Blätter und Blütendolden.
Die deutlich geringere Wuchshöhe und die Bildung kleinerer Blätter und Blütendolden der Pflanze A im Hochland im Vergleich zum Tiefland geht auf Variabilität durch veränderte Umweltbedingungen zurück. Die Pflanze A im Flachland und im Hochland besitzen jeweils denselben

Genotyp, da sie aus derselben Pflanze hervorgegangen sind. Dasselbe gilt für Pflanze B.

Gestufte Hilfen:
Hilfe 1: Überlege, welche Pflanzen sich in ihrem Genotyp unterscheiden und welche denselben Genotyp aufweisen.
Hilfe 2: Pflanze A und B besitzen unterschiedliche Genotypen.

D4 Erläutere den Begriff Variationsbreite an diesem Beispiel!
Hinweis: In der Aufgabenstellung im Schulbuch (1. Auflage, 1. Druck 2018) wird nach dem Begriff „Variationsbreite" gefragt. Der korrekte Begriff lautet „Reaktionsbreite".

Die Reaktionsbreite ist eine genetisch festgelegte Spanne, die bestimmt, wie stark Umwelteinflüsse bestimmte Merkmale von Lebewesen verändern können.
Die beiden für den Versuch verwendeten Pflanzen A und B derselben Art zeigen beide umweltbedingte Modifikationen des Längenwachstums. Allerdings unterscheiden sie sich im Tief- bzw. Hochland jeweils etwas im Phänotyp. Die Pflanze B zeigt eine größere Variation im Längenwachstum. Sie wächst im Flachland 100 cm hoch, während sie im Hochland lediglich 10 cm hoch wird. Pflanze A hingegen zeigt eine Größenvariation von nur 60 cm zwischen Hochland und Tiefland.
Demnach hat Pflanze A eine geringere Reaktionsbreite als Pflanze B bezüglich des Merkmals Längenwachstum.

D5 Stelle Hypothesen zu den Umweltfaktoren auf, die für die Unterschiede verantwortlich sein könnten!
Eine mögliche Hypothese:
Im Hochland und im Tiefland herrschen unterschiedliche Umweltbedingungen. Beispielsweise könnte die Temperatur für die unterschiedlichen Wuchsformen derselben Pflanzen im Hoch- und Tiefland verantwortlich sein. Im Hochland sind die Temperaturen geringer als im Tiefland, was sich auf den Stoffwechsel und damit das Wachstum auswirkt.

Zusatzinformation: Weitere Hypothesen im Bereich anderer abiotischer Faktoren, wie zum Beispiel Niederschlagsmenge, Bodenbeschaffenheit und Sonneneinstrahlung, sind denkbar.
Auch biotische Faktoren wie Tiere, die die Pflanzen fressen, könnten bei der Ausprägung der Unterschiede eine Rolle spielen.

D6 Stelle eine Hypothese dazu auf, welchen Vorteil die Modifikation bei der Pflanze A bieten könnte!
Die Modifikation bei Pflanze A im Hochland könnte darauf zurückzuführen sein, dass bei geringerer Temperatur und Niederschlagsmenge sowie weniger fruchtbarem Boden die Pflanze weniger Energie für das Längenwachstum aufbringen kann. Die Pflanze bildet aber schneller Blüten aus. Dies hat den Vorteil, dass sich die Pflanze auch unter schlechteren Standortbedingungen unter Umständen besser fortpflanzen kann als andere Pflanzen.

D7 Formuliere zwei Fragen, die durch den Versuch geklärt werden können!
Frage 1: Welche Auswirkungen hat der Standort der Schafsgarbe auf die Wuchsform der Pflanze (Längenwachstum, Blütenbildung, Größe der Blätter etc.)?
Frage 2: Wie stark werden Merkmale genetisch identischer Pflanzen durch unterschiedliche Umweltbedingungen (Standorte) modifiziert?

Chromosomen – Träger der Erbinformation

Seite 162–164

1 Beschreibe den Bau eines Einzelstrangs der DNA!
Die Einzelbausteine der DNA sind die vier Basen (Adenin, Thymin, Guanin und Cytosin), der Zucker Desoxyribose und Phosphatreste.
Der Grundbaustein der DNA ist ein Nukleotid. Dieses setzt sich aus einer Base, einem Zuckerbaustein und einem Phosphatrest zusammen.
Beim Einzelstrang sind zahlreiche Nukleotide als Kette miteinander verknüpft, das Rückgrat der Kette bilden dabei in abwechselnder Folge die Zucker- und Phosphatbausteine. Die Basen sind jeweils an den Zuckerbaustein gebunden.

2 Beschreibe den Feinbau eines Chromosoms!
Ein Chromosom besteht aus einem durchgängigen DNA-Faden. Dieser ist mehrfach spiralisiert und zusätzlich um Proteine gewunden. Diese haben eine Stützfunktion für den dünnen DNA-Strang.
Der DNA-Faden ist eine Doppelhelix, die einer gewundenen Strickleiter gleicht. Die Einzelbausteine dieser Strickleiter sind vier Basen, der Zucker Desoxyribose und Phosphatreste. Je ein Zucker, eine der vier Basen und ein Phosphatrest sind zu einem Nukleotid, dem Grundbaustein der DNA, verknüpft.
Die Holme der Strickleiter bestehen in abwechselnder Folge aus Phosphatresten und dem Zucker. Die Sprossen bilden Basenpaare. Zwei der Basen passen jeweils wie Schlüssel und Schloss zusammen, sie sind einander komplementär. Diese Basenpaare sind über Wasserstoffbrückenbindungen verknüpft.
Die DNA setzt sich also aus zwei Einzelsträngen zusammen, die jeweils aus zahlreichen, miteinander verknüpften Nukleotiden bestehen. Die beiden Einzelstränge sind über Wasserstoffbrücken der gegenüberliegenden, komplementären Nukleotide zum Doppelstrang verbunden.

3 Stelle die Vorgänge der Replikation als Pfeildiagramm dar!

Entwinden des DNA-Doppelstrangs

↓

Trennen des Doppelstrangs in Einzelstränge durch Lösen der Wasserstoffbrückenbindungen

↓

Anlagerung der komplementären Nukleotide an die Einzelstränge

↓

Verknüpfen der Nukleotide zu einem Strang

↓

Zwei Doppelstränge der DNA sind entstanden

Seite 165 (Material)

Material A – Bau der DNA

A1 Erstelle eine Legende in deinem Heft, in der du die Symbole den Einzelbausteinen der DNA zuordnest!

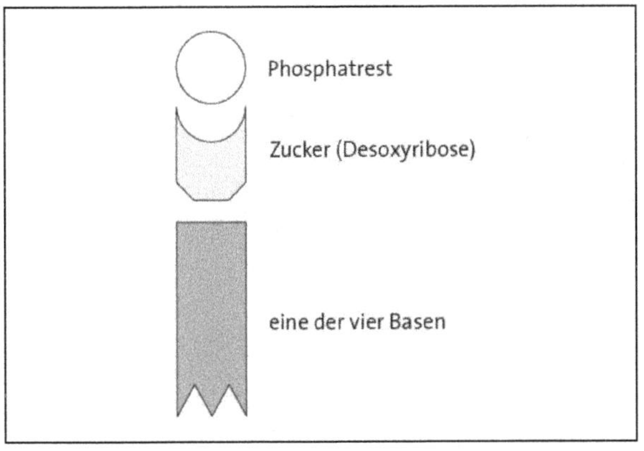

A2 Zeichne ein Nukleotid in dein Heft! Verwende hierfür die in der Abbildung angegebenen Symbole!

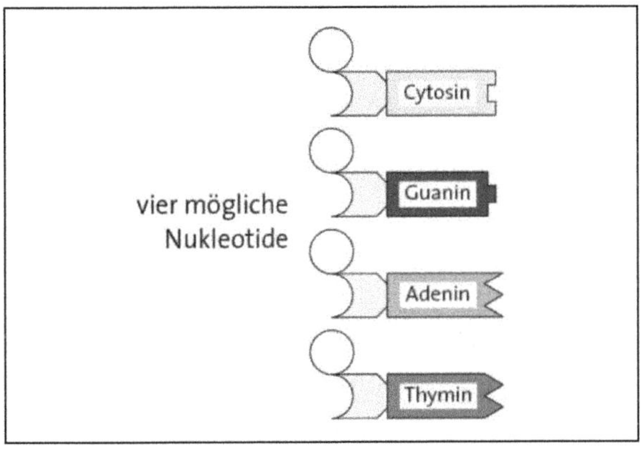

A3 Zeichne einen DNA-Einzelstrang aus sieben Nukleotiden!

Es sind mehrere Anordnungen von Zucker und Phosphatresten möglich. Mögliche Skizze:

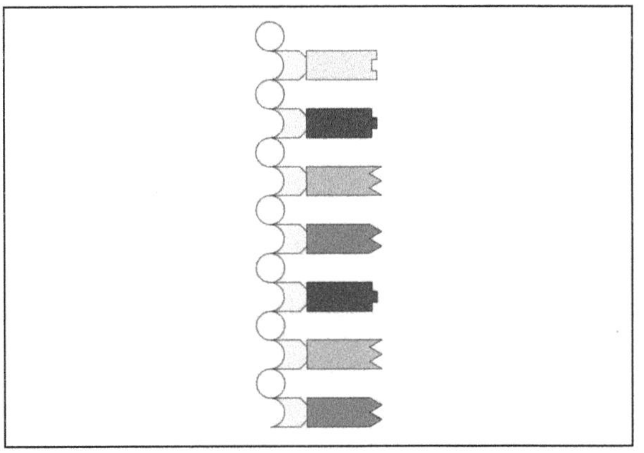

Gestufte Hilfe: Vorgabe eines Nukleotids. Siehe Lösung von A2

A4 Ergänze zeichnerisch den Einzelstrang, sodass ein Doppelstrang entsteht!

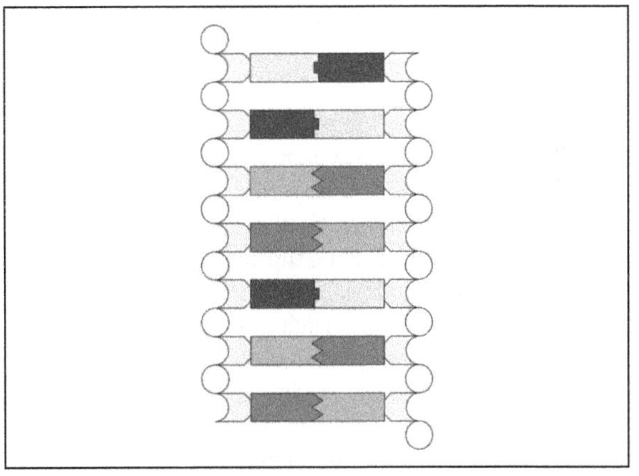

A5 Vergleiche die Basenabfolge deines DNA-Moleküls mit der Zeichnung deiner Mitschüler. Erkläre, welche Bedeutung die unterschiedlichen Basenabfolgen für die Erbinformation haben!

Die Basenabfolge (Sequenz) der DNA unterscheidet sich wahrscheinlich. Je nach gewählten Nukleotiden entsteht ein DNA-Strang mit unterschiedlicher Basenabfolge.

In der Basensequenz ist die Erbinformation verschlüsselt. Unterschiedliche Basenabfolgen bedeuten daher unterschiedliche Informationen. Aufgrund der Vielfalt der Möglichkeiten, selbst bei einem kurzen DNA-Stück, lassen sich mit der DNA sehr viele unterschiedliche Informationen verschlüsseln.

A6 Erläutere das Baumerkmal der DNA, welches für die identische Verdopplung von großer Bedeutung ist!

Die DNA ist eine Doppelhelix, die aus zwei über Wasserstoffbrückenbindungen verknüpften Einzelsträngen besteht. Die sich gegenüberliegenden Basen der Einzelstränge passen wie Schlüssel und Schloss zueinander, sie sind einander komplementär.

Dieses Baumerkmal ist für die Verdoppelung von großer Bedeutung. Jeder Einzelstrang kann durch Anlagerung von komplementären Nukleotiden wieder zu einem Doppelstrang ergänzt werden. Die Einzelstränge dienen somit als Kopiervorlage für ihr Gegenstück. Auf diese Weise entstehen Doppelstränge mit identischer Information.

Material B – Basenzusammensetzung der DNA

B1 Vergleiche die Anteile der verschiedenen Basen der DNA des Menschen!
Die menschliche DNA weist jeweils 31 % Adenin und Thymin und je 19 % Cytosin und Guanin auf. Die zueinander komplementären Basen sind somit gleich häufig vorhanden.

B2 Vergleiche die Basenzusammensetzung des Menschen mit der des Weizens und der Hefe!
Die DNA des Weizens zeigt eine andere Basenzusammensetzung als die menschliche DNA. Der Anteil von Adenin und Thymin beträgt hier nur 27 %, der Guanin-Cytosin Anteil ist dementsprechend höher und beträgt 23 %. Die Hefe hat die gleiche Basenzusammensetzung wie der Mensch.

B3 Erkläre die Unterschiede und Gemeinsamkeiten, die bei B2 beschrieben wurden!
Da der Weizen und der Mensch unterschiedliche Organismen sind, ist ihre Erbinformation ebenso verschieden. Dies lässt sich auch in der Basenzusammensetzung erkennen.
Auch wenn es sich bei der Hefe und beim Menschen um unterschiedliche Organismen handelt, so kann ihre Basenzusammensetzung dennoch gleich sein. Die Information, die durch die DNA festgelegt ist, muss jedoch verschieden sein, da es sich um Organismen mit unterschiedlichen Merkmalen und damit unterschiedlicher Erbinformation handelt.
Aus der Basenzusammensetzung alleine lässt sich deshalb nicht auf die Erbinformation schließen. Vielmehr ist die Abfolge der Basen, die Sequenz, für die Erbinformation ausschlaggebend. Die Sequenz kann sich auch bei gleicher Basenzusammensetzung unterscheiden.

Gestufte Hilfe: Überlege, ob die Häufigkeit der Basen Rückschlüsse auf ihre Abfolge (Sequenz) ermöglicht.

B4 Interpretiere die Daten der Tabelle im Hinblick auf den Bau der DNA!
Die Basenzusammensetzung der unterschiedlichen Organismen kann verschieden sein. Dennoch zeigen alle Organismen einen gleichen Anteil der jeweils komplementären Basen. Dies ist durch den Bau der DNA vorgegeben, da jede Base im Einzelstrang durch ihr komplementäres Gegenstück zum Doppelstrang ergänzt ist. Die komplementären Basen müssen deshalb, unabhängig von der jeweiligen Basenzusammensetzung, gleich häufig vorhanden sein.

Material C – Wasserstoffbrücken

C1 Übernimm die Einzelstränge in dein Heft und ergänze sie zu Doppelsträngen!
Nach der Ergänzung ergeben sich folgende Doppelstränge:

T – A – C – C – G – G – C – A – T – C – G – G –
A – T – G – G – C – C – G – T – A – G – C – C –

A – A – T – C – T – T – T – A – T – T – G – T –
T – T – A – G – A – A – A – T – A – A – C – A –

C2 Begründe, weshalb sich der Doppelstrang 2 bei Erwärmung eher in Einzelstränge trennt als der Doppelstrang 1!
Im Doppelstrang 2 sind mehr Basenpaare T-A enthalten als im Doppelstrang 1. Das Basenpaar T-A ist nur durch zwei Wasserstoffbrücken aneinander gebunden. Zwischen den Basen G und C dagegen liegen drei Wasserstoffbrücken. Die Einzelstränge eines Doppelstrangs, der überwiegend Basenpaare T-A enthält, lösen sich daher bei Erhöhung der Temperatur leichter voneinander als ein Doppelstrang, der überwiegend aus G-C-Basenpaare besteht.

Gestufte Hilfe: Berücksichtige die unterschiedliche Zahl der Wasserstoffbrückenbindungen je nach Basenpaar.

Gene bestimmen Merkmale

Seite 166–168

1 Beschreibe den Zusammenhang zwischen Genen und Merkmalen!
Die Gene enthalten indirekt die Information für die Merkmale. In den Genen sind die Bauanleitungen für zahlreiche Proteine gespeichert. Diese sind wiederum für die Ausprägung unserer Merkmale erforderlich.
Häufig wirken Proteine als Enzyme in Stoffwechselprozessen durch die Merkmale entstehen.

2 Erkläre, wie viele unterschiedliche Aminosäuren mit einem 2er Codon verschlüsselt werden können!
Die Anzahl der Aminosäuren, welche mit einem 2er-Codon verschlüsselt werden könnten, hängt von den Zweier-Kombinationen ab, die sich bei vier verschiedenen Basen ergeben.
An der ersten Stelle können alle vier Basen vorkommen, ebenso an der zweiten Stelle. Somit ergeben sich 4 x 4 = 16 Möglichkeiten.
Mit einem 2er Codon könnten lediglich 16 Aminosäuren codiert werden.

Seite 169 (Material)

Material A – Das genetische Alphabet

A1 Übersetze die als DNA codierte Information! Beginne mit den ersten drei Basen des unteren Stranges!
Lösungswort: ?CODE?

A2 Die Tripletts „?“ zeigen keine Zuordnung zu einem Buchstaben. Stelle eine Hypothese auf, welche Funktion diese besitzen könnten!
Um die Information der DNA korrekt ablesen zu können, muss der Beginn und das Ende der zu übersetzenden Information gekennzeichnet werden. In diesem Falle Anfang und Ende des Wortes Code.
Die mit Fragezeichen gekennzeichneten Codons könnten den Anfang oder Start der Information und das Ende oder Stopp der Information angeben.
Zusatzinformation: Im genetischen Alphabet existieren keine Satzzeichen. Start- und Stopp-Codons kennzeichnen aber Beginn und Ende der genetischen Information.

A3 Nenne die Strukturen, die bei der Proteinbiosynthese den Buchstaben und dem ganzen Wort entsprechen!
Ein Buchstabe entspricht einem Farbentriplett, in der Proteinbiosynthese einer Aminosäure. Mehrere Farbentripletts zusammen entsprechen einem Wort, in der Proteinbiosynthese einem Protein.

A4 Beschreibe die Folgen, wenn der lila eingerahmte Teil der DNA verloren geht! Übersetze auch diese Information!
Fehlt das lila eingerahmte Basenpaar im DNA-Strang, so können die ersten beiden Codons noch korrekt abgelesen werden (? Und C). Alle weiteren Basentripletts sind verschoben und codieren damit für andere Buchstaben. Der Sinn der Information geht durch den Verlust des gekennzeichneten Teils verloren, da ein sinnloses Wort entsteht. Zudem geht das Informationsende verloren.
Das Lösungswort ist: ?CPZT

A5 Zeichne ein weiteres denkbares Farbentriplett für den Buchstaben E!
Individuelle Schülerlösung.

Zusatzinformation: Der Buchstabe E wird durch gelb-grün-rot codiert. Weitere Codierungsmöglichkeiten, welche nicht vergeben sind, wären zum Beispiel: gelb-grün-gelb, gelb-grün-grün, blau-blau-blau, usw.

Material B – Die Codesonne

B1 Nenne alle möglichen Basentripletts der RNA für die Aminosäure Leucin!
Mögliche Codons für Leucin sind:
CUC, CUU, CUG, CUA, UUG und UUA.

Zusatzinformation: Für die 20 Aminosäuren stehen im genetischen Code 64 Kombinationsmöglichkeiten, das heißt 64 verschiedene Codons zur Verfügung. Neben den Codons für Start und Stopp der Proteinbiosynthese gibt es Mehrfachbelegungen für Aminosäuren. Man bezeichnet daher den genetischen Code auch als degeneriert oder redundant.

Gestufte Hilfen:
Hilfe 1: Die Leserichtung der Codesonne ist immer von innen nach außen. Für die Aminosäure Leucin steht die Abkürzung LEU in der Codesonne.
Hilfe 2: Für die Aminosäure Leucin existieren in der Codesonne sechs verschiedene Codons.
Hilfe 3: Ein mögliches Codon für die Aminosäure Leucin ist CUC.

B2 Übersetze die mRNA-Sequenz AUG GUA AAG CCA AGA CAC UGA sowohl in die DNA- als auch in die Aminosäuresequenz!

DNA-Sequenz:
TAC-CAT-TTC-GGT-TCT-GTG-ACT

Aminosäuresequenz:
Met(Start)-Val-Lys-Pro-Arg-His-Stop

Bildung der Geschlechtszellen

Seite 172–174

1 Vergleiche Körper- und Geschlechtszellen hinsichtlich ihrer Chromosomen!
Sowohl Körper- als auch Geschlechtszellen haben Chromosomen, die sich jedoch in der Anzahl unterscheiden. Körperzellen haben einen diploiden Chromosomensatz mit 46 Chromosomen. Jedes Chromosom ist zweimal vorhanden. Es gibt also 23 homologe Chromosomenpaare.
Geschlechtszellen haben einen haploiden Chromosomensatz mit 23 Chromosomen. Jedes Chromosom ist nur einmal vorhanden.

2 Beschreibe die erste Reifeteilung!
In der Prophase werden die Zwei-Chromatiden-Chromosomen sichtbar. In der Metaphase wandern alle Chromosomen in die Äquatorialebene. In der Anaphase ziehen die Spindelfasern je ein Chromosom eines Chromosomenpaares an einen Zellpol. In der ersten Reifeteilung werden also die homologen Chromosomenpaare getrennt und auf zwei Tochterzellen verteilt. Der diploide Chromosomensatz wird dadurch auf den haploiden Chromosomensatz halbiert. Die Verteilung der Chromosomen erfolgt zufällig.

3 Vergleiche die Chromosomen derAnaphase I und II!

In beiden Anaphasen wandern Chromosomen an die Zellpole. In der Anaphase I werden die beiden homologen Chromosomen eines jeden Paares voneinander getrennt und zu den entgegengesetzten Zellpolen gezogen. Jedes der homologen Chromosomen besteht zu dieser Zeit aus zwei Chromatiden. In dieser Phase wird der diploide Chromosomensatz auf den haploiden halbiert.

In der Anaphase II trennen sich die Zwei-Chromatiden-Chromosomen in ihre beiden Ein-Chromatid-Chromosomen. Je eines gelangt zu einem Zellpol.

4 Nenne die Vorgänge durch die Chromosomen neu kombiniert werden können!

Die Reduktionsteilung bei der Meiose und die Befruchtung führen zu neuen Kombinationen der Chromosomen.

5 Erkläre die Bedeutung der Meiose für das biologische Prinzip *Variabilität*!

In der ersten Reifeteilung werden die Chromosomen jeden Chromosomenpaares voneinander getrennt und zufällig auf die Tochterzellen verteilt. Dadurch ergeben sich wegen der in der Regel hohen Zahl von Chromosomen sehr viele verschiedene Möglichkeiten der Kombination der Chromosomen. Weil sich die auf den beiden Chromosomen eines Paares gespeicherte Information unterscheiden kann, variiert auch die Information der Chromosomenkombinationen, die durch die erste Reifeteilung entstehen. Die Meiose hat also eine große Bedeutung für die Variabilität.

Seite 175 (Material)

Material A – Vergleich von Mitose und Meiose

A1 Ordne alle Stadien der Mitose oder Meiose zu und nenne den Fachbegriff des jeweiligen Stadiums!

A = Anaphase I der Meiose
B = Metaphase der Mitose
C = Anaphase der Mitose
D = Metaphase I der Meiose

A2 Zeichne jeweils das Zellstadium, das auf Abbildung A und C folgt!

A: Telophase I der Meiose, C: Telophase der Mitose

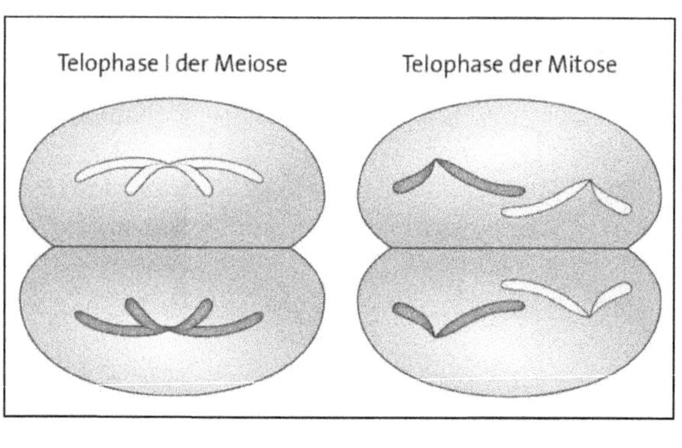

Zusatzinformation: Das Beispiel zeigt die Telophase einer Tierzelle. In der Telophase von Pflanzenzellen bildet sich zwischen den beiden Ansammlungen der Chromosomen eine neue Zellwand.

A3 Vergleiche Mitose und Meiose tabellarisch! Berücksichtige dabei die Anzahl der Teilungen, die Chromosomenanzahl und die Bedeutung für die Vielfalt.

	Mitose	Meiose
Anzahl der Teilungen	Ein Teilungsschritt	Zwei Teilungsschritte, die erste und zweite Reifeteilung
Chromosomen-anzahl	Mutterzelle und die daraus entstehenden Tochterzellen haben dieselbe Anzahl an Chromosomen. Beim Menschen sind dies 23 Paare, also insgesamt 46 Chromosomen.	Die Mutterzelle, auch Vorläuferzelle genannt, besitzt 46 Chromosomen, 23 homologe Paare. Die Geschlechtszellen besitzen nur 23 Chromosomen, je ein Chromosom eines jeden Paares.
Bedeutung für die Vielfalt	Alle Tochterzellen sind identisch. Es entstehen nur Zellen mit gleicher Erbinformation. Keine Bedeutung für die Vielfalt	Die Geschlechtszellen enthalten unterschiedliche Kombinationen der 23 Chromosomen. Die unterschiedlichen Kombinationsmöglichkeiten führen zu Vielfalt

Material B – Variabilität

B1 Vergleiche die Chromosomenkombination der Geschwister Luisa und Sebastian König!

Die Geschwister haben jeweils eine andere Chromosomenkombination von Vater und Mutter geerbt. Einzelne Chromosomen, wie beispielsweise das „dunkelblaue“ Chromosom 5 des Vaters, oder das „hellrote“ Chromosom 13 der Mutter haben beide vererbt bekommen. Insgesamt haben sie 22 gleiche Chromosomen geerbt und 24 unterschiedliche. Die Kombination der Geschlechtschromosomen unterscheidet sich. Luisa hat zwei X-Chromosomen und Sebastian ein X- und ein Y-Chromosom.

B2 Begründe, ob Luisa und Sebastian eineiige oder zweieiige Zwillinge sein könnten!

Luisa und Sebastian haben verschiedene Chromosomenkombinationen von Vater und Mutter geerbt.

Eineiige Zwillinge gehen aus derselben befruchteten Eizelle hervor und haben somit dieselbe Chromosomenkombination. Sie können deshalb keine eineiigen Zwillinge sein.

Zweieiige Zwillinge entstehen aus zwei verschiedenen Eizellen, die von jeweils einer anderen Spermienzelle befruchtet werden. Die Geschwister könnten somit zweieiige Zwillinge sein.

B3 Frau König ist erneut schwanger mit einem Mädchen. Zeichne eine mögliche Chromosomenkombination für das dritte Kind!
Individuelle Schülerlösung.
Grafik mit 46 Kästchen und anderer Kombination als bei Sebastian und Luisa

B4 Zeichne zwei mögliche Chromosomensätze von Luisas Eizellen!
Individuelle Schülerlösung.
2 Grafiken mit 23 Kästchen, unterschiedliche Chromosomenverteilung von Luisas Chromosomen.

B5 Erkläre, in welchem Stadium der Meiose die möglichen Chromosomensätze in Luisas Eizellen zustande kommen!
Bei der ersten Reifeteilung der Meiose werden in der Anaphase I die homologen Chromosomenpaare getrennt. Welches Chromosom eines jeden Paares zu welchem Zellpol gelangt, erfolgt zufällig. Dies bedeutet, dass jede der Eizellen von Luisa mit hoher Wahrscheinlichkeit eine unterschiedliche Chromosomenkombination aufweist.

2 Regeln der Vererbung

MENDELs Experimente

Seite 179 (Material)

Material A – Kreuzung bei Meerschweinchen

A1 Erstelle Kreuzungsschemata bis zur F_2-Generation!
A= Allel für schwarze Fellfarbe
a= Allel für weiße Fellfarbe
P-Generation
Phänotyp schwarze und weiße Fellfarbe

Genotyp AA X aa

Geschlechtszellen A A a a

Kombinationsquadrat

P \ P	a	a
A	Aa	Aa
A	Aa	Aa

F_1-Generation
Phänotyp nur schwarze Fellfarbe

Genotyp Aa X Aa

Geschlechtszellen A a A a

Kombinationsquadrat

F_1 \ F_1	A	a
A	AA	Aa
a	Aa	aa

F_2-Generation
Phänotypen schwarze Fellfarbe und weiße Fellfarbe

Genotypen AA Aa aa

Gestufte Hilfen:
Hilfe 1: A = Allel für schwarze Fellfarbe; a = Allel für weiße Fellfarbe
Hilfe 2: Die Geschlechtszellen der P-Generation haben die Allele A oder a.
Hilfe 3: Vorgabe des Wegs bis zum Kombinationsquadrat der F_1-Generation.
P-Generation
Phänotyp *schwarz* *weiß*

Genotyp AA X aa

Geschlechtszellen A A a a

Kombinationsquadrat

P \ P	a	a
A		
A		

Hilfe 4: Bei den Geschlechtszellen gibt es zwei Möglichkeiten A und a.
Hilfe 5: Vorgabe des Wegs ab der F1-Generation bis zum Kombinationsquadrat der F2-Generation.

F_1-Generation
Phänotyp *schwarz* *schwarz*

Genotyp Aa X Aa

Geschlechtszellen A a A a

Kombinationsquadrat

F_1 \ F_1	A	a
A		
a		

A2 Nenne das Zahlenverhältnis von Genotypen und Phänotypen in der F_2-Generation!

Genotypenverteilung: 1 : 2 : 1
AA : Aa : aa

Phänotypenverteilung: 3 : 1
schwarze Fellfarbe : weiße Fellfarbe

A3 Erkläre, weshalb man bei einem schwarzen Meerschweinchen nicht eindeutig vom Phänotyp auf den Genotyp schließen kann!

Beim Meerschweinchen ist das Allel für die schwarze Fellfarbe dominant. Das Meerschweinchen hat daher eine schwarze Fellfarbe, wenn die Allele reinerbig vorliegen (AA), aber auch wenn diese mischerbig auftreten (Aa), da das Allel für die weiße Fellfarbe unterdrückt wird. Deshalb kann beim schwarzen Meerschweinchen nicht eindeutig vom Phänotyp auf den Genotypen geschlossen werden.

Gestufte Hilfen:
Hilfe 1: Überlege dir die Wirkung eines dominanten Allels auf die möglichen Phänotypen.
Hilfe 2: Vergleiche mit den Ergebnissen MENDELS bei den Kreuzungsversuchen mit Erbsen.

A4 Erstelle ein Glossar mit folgenden Begriffen: homozygot, heterozygot, dominant, rezessiv, Gen und Allel!

homozygot: Vorliegen zweier gleicher Allele

heterozygot: Vorliegen zweier unterschiedlicher Allele

dominant: Allel, das ein anderes Allel überdeckt. Es wird daher phänotypisch ausgeprägt.

rezessiv: Allel, das von einem dominanten Allel überdeckt wird, sodass es nicht phänotypisch ausgeprägt wird.

Gen: kleinste informationstragende Einheit eines Chromosoms, die zur Ausprägung eines bestimmten Merkmals führt

Allel: Ausbildungsform eines Gens, zum Beispiel dominant oder rezessiv

Material B – Modellversuch zur Spaltungsregel

B1 Zähle die Häufigkeiten der drei entstandenen Kombinationen aus!

Individuelle Schülerlösung, zum Beispiel:
15 : 23 : 12
Zahl / Zahl   Kopf / Zahl   Kopf / Kopf

B2 Ordne die Begriffe homo- und heterozygot den Kombinationen zu!

homozygot: Zahl / Zahl und Kopf / Kopf
heterozygot: Kopf / Zahl

B3 Vergleiche dein Ergebnis mit dem Zahlenverhältnis der Genotypen in der F_2-Generation!

Individuelle Schülerlösung, zum Beispiel:

	Zahl/Zahl		Kopf/Zahl		Kopf/Kopf
Ergebnis 2. Versuch	12	:	22	:	16
Ergebnis 3. Versuch	11	:	26	:	13
Ergebnis 4. Versuch	12	:	26	:	12
Summe aus den Versuchen 1 bis 4	50	:	97	:	51
Genotypen-Aufspaltung in der F_2-Generation	1	:	2	:	1

Es fällt auf, dass mit der Häufigkeit dieser Versuchsdurchführung sich die Zahlen an das Zahlenverhältnis der Genotypen in der F_2-Generation von 1:2:1 immer mehr annähern, aber dieses doch nicht ganz erreichen. Dies entspricht den Ergebnissen Mendels.

B4 Erkläre, weshalb MENDEL viele Kreuzungsversuche durchführen musste, um sichere Aussagen machen zu können, welche Regeln für die Vererbung gelten!

Der Modellversuch zeigt, dass es sich bei der Spaltungsregel von MENDEL nur um einen statistischen Wert handelt. Er musste viele Kreuzungsversuche durchführen, um zu einem abgesicherten Zahlenmaterial zu gelangen. Da es sich hier um Wahrscheinlichkeiten handelt, die nur Gültigkeit haben bei einer großen Anzahl an Nachkommen.

Zusatzinformation: Mendel hat über tausend Nachkommen berücksichtigt.

B5 Erkläre, inwieweit dieser Modellversuch die Vorgänge bei der Meiose und der Befruchtung wiedergibt!

Aus den beiden Boxen wird jeweils nur eine Centmünze gezogen. Für die Centmünze gibt es nur zwei Möglichkeiten entweder Kopf oder Zahl. Bei Übertragung des Modellversuchs auf die genetischen Verhältnisse steht für Kopf ein Allel und für die Zahl ebenfalls. Das bedeutet, dass es sich beim Ziehen der Centmünzen um Geschlechtszellen handeln muss, da diese haploid sind. Der Vorgang der Meiose ist demnach bereits vor dem Ziehen abgeschlossen. Durch das zufällige Zusammenführen der beiden Centmünzen wird der Vorgang der Befruchtung modellhaft nachvollzogen.

Gestufte Hilfen:
Hilfe 1: Überlege, was bei den Centmünzen dem Kopf oder der Zahl entspricht!

Hilfe 2: Wodurch wird die Befruchtung in dem Modellversuch dargestellt?
Hilfe 3: Überlege, was das Ergebnis bei der Meiose ist! Zu welchem Zeitpunkt in dem Modellversuch ist dieses Ergebnis vorhanden?

Weitere Vererbungsregeln

Seite 180–182

1 Erkläre am Beispiel der Erbsensamen, wie genetische Vielfalt entsteht!
Die Erbsenpflanzen unterscheiden sich in dem vorliegenden Beispiel durch die Farbe und die Form ihrer Erbsensamen: gelbe, glatte Samen mit dem Genotyp AABB und grüne, runzlige Samen mit dem Genotyp aabb. Die Gene für die Ausbildung dieser beiden Merkmale liegen auf verschiedenen Chromosomen. Dadurch können die Gene für diese beiden Merkmale unabhängig voneinander vererbt werden. In der F_2 - Generation können daher neue Allelkombinationen gebildet werden wie zum Beispiel AAbb / Aabb mit dem Phänotyp gelbe, runzlige Samen oder aaBB / aaBb mit dem Phänotyp grüne, glatte Samen. Durch die Neukombination von Allelen kann Vielfalt im Phänotyp entstehen.

Seite 183–184 (Material)

Material A – Dihybrider Erbgang bei Rinderrassen

A1 Nenne die Genotypen der Körper- und Geschlechtszellen der P-Generation!
A = Allel für schwarze Fellfarbe
a = Allel für braune Fellfarbe
B = Allel für einfarbiges Fell
b = Allel für geschecktes Fell

P-Generation

Phänotyp	schwarz gescheckte Fell	x	einfarbig braunes Fell
Genotyp	AAbb		aaBB
Geschlechtszellen	Ab Ab		aB aB

Gestufte Hilfen:
Hilfe 1: Überlege Dir, wie viele Merkmale in einem dihybriden Erbgang betrachtet werden und was das für die Anzahl der Gene beziehungsweise Allele bedeutet.
Hilfe 2: Vergleiche die Phänotypen der P-Generation mit dem Phänotyp der F_1 - Generation. Welche Allele sind dominant? Leite daraus die Genotypen der P-Generation ab.
Hilfe 3: Denke darüber nach, wie sich der Chromosomensatz bei der Bildung der Geschlechtszellen verändert und welche Folgen es für die Anzahl der Allele hat.

A2 Erstelle Kreuzungsschemata bis zur F_2-Generation! Stelle die Phänotypen im Kombinationsquadrat der F_2-Generation mit sinnvollen Symbolen dar!

P-Generation Genotyp	AAbb	aaBB

Kombinationsquadrat der F_1-Generation

P \ P	aB	aB
Ab	AaBb	AaBb
Ab	AaBb	AaBb

F_1-Generation

Phänotyp	schwarze einfarbige Fellfarbe	
Genotyp	AaBb	AaBb
Geschlechtszellen	AB Ab	aB ab

Kombinationsquadrat der F_2-Generation:

F_1 \ F_1	AB	Ab	aB	ab
AB	AABB	AABb	AaBB	AaBb
Ab	AABb	AAbb	AaBb	Aabb
aB	AaBB	AaBb	aaBB	aaBb
ab	AaBb	Aabb	aaBb	Aabb

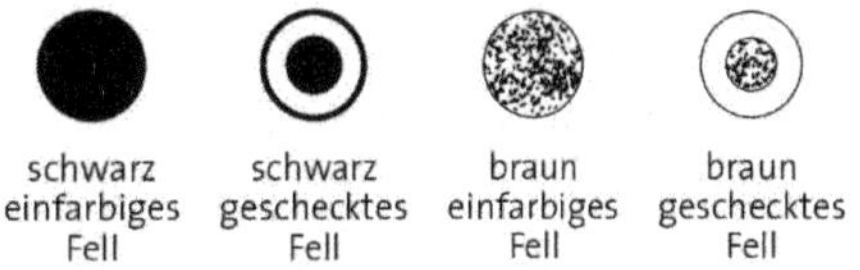

Gestufte Hilfen:
Hilfe 1: Die F_1-Generation ist bezüglich der beiden Merkmale Fellfarbe und Scheckung mischerbig. Daher können vier unterschiedliche Allelkombinationen in den Geschlechtszellen auftreten.

Hilfe 2: Bei der Kreuzung der F_1-Generation miteinander ergibt sich für das Kombinationsquadrat folgendes Raster:

F_1 \ F_1	AB	Ab	aB	ab
AB				
Ab				
aB				
ab				

A3 Erläutere an diesem Beispiel, wie die Variabilität durch Züchtung erhöht werden kann!

In der P-Generation werden zwei Rinderrassen miteinander gekreuzt, die sich in ihrer Fellfarbe und Scheckung unterscheiden. Die Phänotypen der Rinder sind schwarz gescheckt und einfarbig braun. Bei der Kreuzung dieser beiden Rinderrassen werden die verschiedenen Erbanlagen, die Fellfarbe und die Scheckung, unabhängig voneinander vererbt, sodass neue Kombinationen von Merkmalen möglich sind. In der F_1-Generation entstehen durch Neukombination einfarbig schwarze Rinder.

Bei deren Nachkommen tritt in der F_2-Generation neben den schwarzen, einfarbigen Rindern, den braunen, gescheckten Rindern und den schwarzen, gescheckten Rindern ein weiterer, bisher nicht in Erscheinung getretener Phänotyp auf, braune, gescheckte Rinder. Die Tierzüchtung gewinnt durch Kreuzung verschiedener Rinderrassen also neue Phänotypen in den Folgegenerationen. Dadurch wird die Variabilität erhöht.

Material B – Kreuzung von Hühnern

B1 Beschreibe die Phänotypen der Kreuzungsergebnisse bis zur F_2-Generation!

Die P-Generation unterscheidet sich in der Gefiederfarbe. Die Henne hat ein weißes Gefieder, der Hahn ein schwarzes. In der F_1-Generation sehen alle Hühner gleich aus, sie tragen graues Gefieder. In der F_2-Generation treten wieder Hühner mit unterschiedlicher Gefiederfarbe in Erscheinung. Es gibt Hühner mit schwarzem Gefieder, Hühner mit weißem und Hühner mit grauem Gefieder. Die Hühner mit grauem Gefieder sind doppelt so häufig wie mit schwarzem oder weißem Gefieder.

B2 Begründe, ob es sich bei dieser Kreuzung um einen dominant-rezessiven oder um einen intermediären Erbgang handelt!

Die P-Generation ist reinerbig. Bei einem dominant-rezessiven Erbgang müsste sich eines der Allele in der F_1-Generation durchsetzen. Die Hühner müssten also phänotypisch alle weißes oder schwarzes Gefieder tragen. Da hier jedoch in der F_1-Generation mit dem grau gefärbten Gefieder eine neue Merkmalsausprägung entstanden ist, die phänotypisch zwischen den Elterntieren liegt, handelt es sich um einen intermediären Erbgang.

B3 Erstelle Kreuzungsschemata bis zur F_2-Generation! Nenne jeweils auch die Phänotypen!

Die P-Generation unterscheidet sich in der Gefiederfarbe. Die Henne hat ein weißes Gefieder, der Hahn ein schwarzes. In der F_1-Generation sehen alle Hühner gleich aus.

a_1 = Allel für weißes Gefieder
a_2 = Allel für schwarzes Gefieder

P-Generation

Phänotyp	weißes Gefieder	x	schwarzes Gefieder
Genotyp	a_1 a_1		a_2 a_2
Geschlechtszellen	a_1 a_1		a_2 a_2

Kombinationsquadrat der F_1-Generation

P \ P	a_1	a_1
a_2	a_1 a_2	a_1 a_2
a_2	a_1 a_2	a_1 a_2

F1-Generation

Phänotyp	grau gefärbtes Gefieder	
Genotyp	a_1 a_2	a_1 a_2
Geschlechtszellen	a_1 a_2	a_1 a_2

Kombinationsquadrat der F_2-Generation

F_1 \ F_1	a_1	a_2
a_1	a_1 a_1	a_1 a_2
a_2	a_1 a_2	a_2 a_2

Phänotypen der F_2-Generation
a_1a_1 = weißes Gefieder
a_1a_2 = grau gefärbtes Gefieder
a_2a_2 = schwarzes Gefieder

B4 Ein Tierzüchter möchte möglichst viele graue Hühner besitzen. Um dieses Ziel zu erreichen, kreuzte er die F_1-Generation untereinander. Begründe, ob diese Vorgehensweise sinnvoll war!

Wenn der Tierzüchter die F_1-Generation untereinander kreuzt, ist die Wahrscheinlichkeit 50 %, dass er in der F_2-Generation grau gefärbte Hühner erhält. Beim intermediärem Erbgang spalten sich die Phänotypen nämlich im

Zahlenverhältnis 1 : 2 : 1 auf. Kreuzt der Tierzüchter dagegen die P-Generationen miteinander, die bezüglich der Gefiederfarbe weiß und schwarz reinerbig sind, entstehen in der F_1-Generation ausschließlich graue Hühner.
Die Vorgehensweise des Tierzüchters ist daher nicht sinnvoll.

Material C – Züchtung von Rebpflanzen

C1 Nenne die mit Zahlen gekennzeichneten Blütenbestandteile!

1 = Narbe
2 = Staubbeutel
3 = Fruchtknoten

C2 Erläutere anhand der Abbildung und mit Kreuzungsschemata, wie der Winzer vorgehen muss, wenn er eine süße, pilzresistente Traubensorte züchten möchte!

Um eine süße, pilzresistente Traubensorte zu züchten, muss der Winzer die beiden Traubensorten miteinander kreuzen. Das heißt er muss den Pollen der süßen, aber pilzresistenten Traubensorte mit einem Pinsel auf die Narbe der pilzresistenten, bitteren Sorte übertragen. Die Fremdbestäubung kann ebenso umgekehrt durchgeführt werden. Damit eine Selbstbestäubung verhindert wird, muss der Winzer zuvor die Staubblätter entfernen.

Bei einem dihybriden Erbgang können bei den Individuen der Folgegenerationen neue Merkmalskombinationen auftreten, da die Erbanlagen unabhängig voneinander vererbt werden. Daher muss der Winzer seine beiden Traubensorten miteinander kreuzen bis in einer der Folgegenerationen die gewünschte Merkmalskombination auftritt.

A= Allel für bitter
a= Allel für süß
B= Allel für pilzanfällig
b= Allel für pilzresistent

P-Generationen der Traubensorten:

Phänotyp	süß, pilzanfällig	x	bitter, pilzresistent
Genotyp	aaBB		AAbb
Geschlechtszellen	aB aB		Ab Ab

Kombinationsquadrat der F_1-Generation

P \ P	aB	aB
Ab	AaBb	AaBb
Ab	AaBb	AaBb

Der Phänotyp der F_1-Generation ist bitter und pilzanfällig. Da diese neue Merkmalskombination nicht die gewünschte ist, muss der Winzer die F_1-Generation miteinander kreuzen.

F_1-Generation		
Phänotyp	bitter, pilzanfällig	
Genotyp	AaBb	AaBb
Geschlechtszellen	AB Ab aB ab	AB Ab aB ab

Kombinationsquadrat der F_2-Generation:

F_1 \ F_2	AB	Ab	aB	ab
AB	AABB	AABb	AaBB	AaBb
Ab	AABb	AAbb	AaBb	Aabb
aB	AaBB	AaBb	aaBB	aaBb
ab	AaBb	Aabb	aaBb	aabb

Erst in der F_2-Generation entsteht die Allelkombination aabb und damit die süße und pilzresistente Traubensorte.

Gestufte Hilfen:
Hilfe 1: Verwende für die Allele folgende Buchstaben:
A= Allel für bitter
a= Allel für süß
B= Allel für pilzanfällig
b= Allel für pilzresistent
Hilfe 2: Der Genotyp der gewünschten Traubensorte ist aabb.
Hilfe 3: Überlege dir, wie bei einem dihybriden Erbgang neue Merkmalskombinationen entstehen können.

Material D – Rückkreuzung

D1 Erläutere, weshalb die Versuchsergebnisse eine Aussage über den Genotyp einer violett blühenden Erbsenpflanze erlauben!

Da das Allel für violett blühend dominant über weiß ist, liegt der Genotyp einer violett blühenden Erbsenpflanze entweder homozygot oder heterozygot vor. Bei der Rückkreuzung mit dem rezessiven Elternteil wird das dominante Allel immer phänotypisch ausgeprägt. Ist die zu testende Pflanze reinerbig, werden ausschließlich violett blühende Erbsenpflanzen gebildet. Im Falle der Mischerbigkeit spalten sich die Nachkommen violett blühend und weiß blühend im Zahlenverhältnis 1 : 1 auf. Nur bei hohen Zahlen lassen sich allerdings zuverlässige Rückschlüsse über den Genotyp einer violett blühenden Erbsenpflanze erschließen. Wenn eine weiß blühende Pflanze unter den Nachkommen auftaucht, ist der Nachweis möglich, dass die violette Elternpflanze mischerbig ist.

D2 Erkläre, weshalb die Rückkreuzung mit einem reinerbig dominanten Elternteil keine Aussage über den Genotyp erlaubt!
Bei der Rückkreuzung mit einem reinerbig dominanten Elternteil sind alle Nachkommen violett blühend, da das dominante Allel immer im Genotyp der Nachkommen vorhanden sein wird. Daher können keine Aussagen über den Genotyp der violett blühenden Erbsenpflanze gemacht werden.

D3 Die Testkreuzung ist auch mit einem heterozygotem Partner möglich. Begründe mithilfe von Kreuzungsschemata, weshalb diese Kreuzung als Testkreuzung weniger geeignet ist!
Folgendes Kreuzungsschema ergibt sich bei violett blühenden Erbsenpflanzen, die homozygot vorliegen:

	A	**a**
A	AA	Aa
A	AA	Aa

Alle Erbsenpflanzen blühen in violett.

Folgendes Kreuzungsschema ergibt sich bei violett blühenden Erbsenpflanzen, die heterozygot vorliegen:

	A	**a**
A	AA	Aa
a	Aa	aa

Der Phänotyp spaltet im Zahlenverhältnis 3 : 1 auf, das heißt mit einer Wahrscheinlichkeit von 25 % werden die Nachkommen aus dieser Kreuzung weiß blühen. Da es sich bei der Spaltungsregel von MENDEL nur um einen statistischen Wert handelt, sind hohe Nachkommenzahlen erforderlich. Bei geringer Zahl an Nachkommen kann zufällig kein Individuum mit dem Genotyp aa auftreten. Daher ist diese Kreuzung als Testkreuzung weniger geeignet als die Kreuzung mit dem homozygot-rezessivem Elter. Aus dieser Kreuzung gehen weiß blühende Nachkommen mit einer Wahrscheinlichkeit von 50 % hervor.

Material E – Dihybrider Erbgang bei Meerschweinchen

E1 Begründe anhand von Kreuzungsschemata, welche Genotypen der P-Generation vorliegen müssten, damit erst in der F_2-Generation neue Merkmalskombinationen entstehen!
Die P-Generation müsste bezüglich der beiden Merkmale Fellfarbe und Fellstruktur jeweils homozygot dominant, AABB, und homozygot rezessiv, aabb, vorliegen. Die dominanten Allele für die Merkmalsausprägung schwarz und wirbelhaarig setzen sich in der F_1-Generation durch. Diese Meerschweinchen entsprechen somit dem Phänotyp des homozygot dominanten Elternteils. Erst in der F_2-Generation entstehen durch die unabhängige Vererbung der Allele neue Genotypen wie zum Beispiel aaBB und AABB, und somit die neuen Merkmalskombinationen weißes, wirbelhaariges und schwarzes, glattes Fell.

A = Allel für schwarze Fellfarbe
a = Allel für weiße Fellfarbe
B = Allel für wirbelhaariges Fell
b = Allel für glatthaariges Fell

P-Generation der Meerschweinchen:

Phänotyp	weißes, glatthaariges Fell	x	schwarzes, wirbelhaariges Fell
Genotyp	aabb		AABB
Geschlechtszellen	ab ab		AB AB

Kombinationsquadrat der F_1-Generation

P \ P	**ab**	**ab**
AB	AaBb	AaBb
AB	AaBb	AaBb

F_1-Generation

Phänotyp	schwarzes, wirbelhaariges Fell	
Genotyp	AaBb	AaBb
Geschlechtszellen	AB Ab aB ab	AB Ab aB ab

Kombinationsquadrat der F_2-Generation:

F_1 \ F_1	AB	Ab	aB	ab
AB	AABB	AABb	AaBB	AaBb
Ab	AABb	AAbb	AaBb	Aabb
aB	AaBB	AaBb	aaBB	aaBb
ab	AaBb	Aabb	aaBb	aabb

Als neue Phänotypen können in der F_2 auftreten:

- schwarzes, glatthaariges Fell,
- Weißes, wirbelhaariges Fell.

E2 Mithilfe von Testkreuzungen sucht ein Züchter unter den Individuen der F_2-Generation reinerbig schwarze, wirbelhaarige Tiere. Entwirf entsprechende Kreuzungsschemata und begründe deinen Vorschlag!

In diesem Fall müssen Rückkreuzungen mit beiden Elternteilen durchgeführt werden, da jeder Elternteil nur für ein Merkmal reinerbig rezessiv ist.

Zur Überprüfung der Fellfarbe wird daher mit dem Elternteil gekreuzt, der den Genotyp aaBB aufweist und zur Testkreuzung der Fellstruktur mit dem Elternteil des Genotyps AAbb. Da die Meerschweinchen der F_2-Generation bezüglich der schwarzen Fellfarbe und der wirbelhaarigen Fellstruktur sowohl mischerbig als auch reinerbig vorliegen können, gibt es je zwei mögliche Kombinationsquadrate.

Testkreuzung zur schwarzen Fellfarbe:

F_2 AABB X P aaBB

Geschlechtszellen: AB AB — aB aB

Kombinationsquadrat 1

F_2 \ P	aB	aB
AB	AaBB	AaBB
AB	AaBB	AaBB

Bei Reinerbigkeit haben alle Nachkommen ein schwarzes, wirbelhaariges Fell.

F_2 AaBB X P aaBB

Geschlechtszellen: AB aB — aB aB

Kombinationsquadrat 2

F_2 \ P	aB	aB
AB	AaBB	AaBB
aB	aaBB	aaBB

Bei Mischerbigkeit haben mit einer Wahrscheinlichkeit von 50 % die Nachkommen ein schwarzes, wirbelhaariges und mit einer Wahrscheinlichkeit von 50 % ein weißes, wirbelhaariges Fell.

Testkreuzung zur wirbelhaarigen Fellstruktur:

F_2 AABB X P AAbb

Geschlechtszellen: AB AB — Ab Ab

Kombinationsquadrat 1

F_2 \ P	Ab	Ab
AB	AABb	AABb
AB	AABb	AABb

Bei Reinerbigkeit haben alle Nachkommen ein schwarzes, wirbelhaariges Fell.

F_2 AABb X P AAbb

Geschlechtszellen: AB Ab — Ab Ab

Kombinationsquadrat 2

F_2 \ P	Ab	Ab
AB	AABb	AABb
Ab	AAbb	AAbb

Bei Mischerbigkeit haben mit einer Wahrscheinlichkeit von 50 % die Nachkommen ein schwarzes, glatthaariges und mit einer Wahrscheinlichkeit von 50 % ein schwarzes, wirbelhaariges Fell.

Anhand der Ergebnisse dieser Testkreuzungen kann der Tierzüchter herausfinden, welche Meerschweinchen ein reinerbig, schwarzes wirbelhaariges Fell besitzen, und kann diese dann zur weiteren Zucht verwenden.

Gestufte Hilfen:
Hilfe 1: Eine Testkreuzung wird auch als Rückkreuzung bezeichnet. Überlege mit welchem Elternteil sich der Genotyp ermitteln lässt.
Hilfe 2: Bei einer Testkreuzung wird mit dem rezessiven Elternteil rückgekreuzt.
Hilfe 3: Zur Vereinfachung wird bei den jeweiligen Testkreuzungen das nicht betrachtete Merkmal im reinerbigen Zustand angegeben.

Material F – Vererbung der Fellfarbe bei Mäusen

F1 Übertrage das Schema in dein Biologieheft und vervollständige die fehlenden Phäno- und Genotypen!
F_1-Generation:
Aa (schwarz), Aa (schwarz), aa (grau), aa (grau)

F2 Begründe, welche der MENDEL'schen Regeln erfüllt werden!
Bei der 1. MENDEL'schen Regel kreuzt man Individuen, die sich in einem Merkmal reinerbig unterscheiden. In der Folgegeneration sind dann alle Nachkommen bezogen auf das betrachtete Merkmal identisch. Da der eine Elternteil mischerbig ist, kann man die 1. MENDEL'sche Regel nicht anwenden.
Bei der 2. MENDEL'schen Regel werden die Mischlinge der F_1-Generation miteinander gekreuzt, wobei sich die Nachkommen dann in einem bestimmten Zahlenverhältnis aufspalten. Beim dominant-rezessiven Erbgang beträgt die phänotypische Aufspaltung 3 : 1. Da hier nur der eine Elternteil mischerbig ist, kann man diese Aufspaltung nicht beobachten. Daher ist auch die 2. MENDEL'sche Regel nicht anwendbar.
Bei der 3. MENDEL'schen Regel werden Individuen betrachtet, die sich in mehr als einem Merkmal unterscheiden. Somit können neue Merkmalskombinationen in den Folgegenerationen auftreten. Da in diesem Beispiel nur ein Merkmal, die Fellfarbe, betrachtet wird, lässt sich keine Aussage zur 3. MENDEL'schen Regel machen.

Material G – Kreuzungsversuche bei Taufliegen

G1 Erkläre, weshalb eine hohe Nachkommenanzahl und eine kurze Entwicklungsdauer vorteilhaft für Kreuzungsversuche sind!
Da die 2. und 3. Regel von MENDEL nur statistische Aussagen machen, sind hohe Nachkommenzahlen erforderlich. Bei einer geringen Zahl an Nachkommen kann zufällig ein Individuum mit einem bestimmten Genotyp fehlen, sodass die Ergebnisse keine zuverlässigen Schlüsse ermöglichen. Eine kurze Entwicklungsdauer führt schneller zu Ergebnissen. Beide Faktoren machen die Taufliegen zu besonders günstigen Versuchstieren für Kreuzungsversuche.

G2 Erkläre, weshalb das Ergebnis in der F_2-Generation überraschend war!
Bei einem dihybriden Erbgang entstehen auch neue Merkmalskombinationen. Im Beispiel der Fruchtfliegen könnten in den Folgegenerationen auch braungraue, stummelflügelige und schwarze, normalflügelige Tiere vorkommen. Diese zwei neuen Phänotypen müssten dann in der F_2-Generation im Zahlenverhältnis 1 : 1 : 1 : 1 aufspalten. In dem Kreuzungsversuch von Morgan traten aber nur die beiden Phänotypen der P-Generation im Verhältnis von 3 : 1 in Erscheinung.

G3 Stelle eine Hypothese auf, die dieses Ergebnis erklärt!
MORGAN beobachtete, dass sich die Taufliegen in der F_2-Generation nur im Zahlenverhältnis von 3 : 1 aufspalteten. Das entspricht der Spaltung bei einem Erbgang, in dem nur ein Merkmal betrachtet wurde. Das heißt die Gene der beiden Merkmale werden nicht unabhängig voneinander, sondern nur zusammen vererbt. In diesem Fall müssten die Gene für die Körperfarbe und die Flügelform auf demselben Chromosom liegen und nicht wie in den Beispielen bei MENDEL auf verschiedenen.

Damit ist die freie Kombinierbarkeit der Erbanlagen aufgehoben. Die Allele für eine braune Körperfarbe und normale Flügel liegen immer zusammen in einer Geschlechtszelle vor, ebenso die Allele für eine schwarze Körperfarbe und Stummelflügel.

Gestufte Hilfen:
Hilfe 1: Berücksichtige, dass Gene Abschnitte auf der DNA sind.
Hilfe 2: Nimm die Abbildung zum dihybriden Erbgang zu Hilfe und achte dabei besonders auf die Chromosomen.
Hilfe 3: Angenommen die Gene A und B liegen auf demselben Chromosom. Welchen Genotyp können die Geschlechtszellen der F_1-Generation dann haben beziehungsweise welche Genotypen kann es geben?
Hilfe 4: Erstelle mithilfe dieser Geschlechtszellen AB und ab ein Kreuzungsschema für die F_2-Generation. Beachte dabei, dass die F_2-Generation hier das Ergebnis der Kreuzung 2 ist.

3 Vererbung beim Menschen

Forschungsmethoden der Humangenetik

Seite 189 (Material)

Material A – Stammbaumanalyse

A1 Übertrage den Stammbaum in dein Heft! Begründe mit Beispielen aus dem Stammbaum, ob es sich hier um einen autosomal-rezessiven oder autosomal-dominanten Erbgang handelt!
Es handelt sich hier um einen rezessiven Erbgang, da die Eltern (5 und 6) Nicht-Merkmalsträger sind, aber einen Sohn (10) haben, welcher Merkmalsträger ist. Ein dominanter Erbgang kann bei diesem Stammbaum eindeutig ausgeschlossen werden. Die Eltern als Nicht-Merkmalsträger könnten nur den Genotyp aa besitzen, und somit kann das dominante Allel A, welches zur Merkmalsausprägung führen würde, nicht an den Sohn vererbt werden.
Ein weiteres Beispiel, welches den rezessiven Erbgang begründet, sind die Eltern (8 und 9) und ihre Kinder (12 und 14). Auch hier sind die Eltern Nicht-Merkmalsträger, ihre Kinder aber tragen das Merkmal.

Gestufte Hilfen:
Hilfe 1: Verwende das Beispiel der Eltern 5 und 6.
Hilfe 2: Denke daran, dass du jeweils die möglichen Alternativen begründet in deiner Argumentation ausschließen musst.

A2 Nenne die möglichen Genotypen der Personen 1, 2, 4, 5, 8, 9, 12, 15 und 18!
Person 1: Aa oder AA
Person 2: Aa oder AA, eine der beiden Personen 1 und 2 muss den Genotyp Aa haben
Person 4: Aa oder AA
Person 5: Aa
Person 8: Aa
Person 9: Aa
Person 12: aa
Person 15: Aa
Person 18: Aa

Gestufte Hilfe:
Überlege dir, wie bei einem autosomal-rezessiven Erbgang die Genotypen der Merkmalsträger beziehungsweise der Nicht-Merkmalsträger vorliegen.

A3 Begründe, mit welcher Wahrscheinlichkeit ein Kind der Personen 16 und 18 Merkmalsträger ist!
Da die Eltern die Genotypen aa (16) und Aa (18) besitzen, kann das Kind mit einer Wahrscheinlichkeit von 50 Prozent Merkmalsträger sein.

Gestufte Hilfe:
Erstelle ein Kombinationsquadrat anhand der Geschlechtszellen der Eltern (16 und 18). Leite daraus die Wahrscheinlichkeit für ein Kind als Merkmalsträger ab.

A4 Erkläre, weshalb die Merkmalsträger nach der dritten Generation gehäuft auftreten!
In der dritten Generation sind die Eltern Cousin (8) und Cousine (9). Aufgrund dieser Verwandtschaftsverhältnisse ist die Wahrscheinlichkeit erhöht, dass bei den Nachkommen rezessive Allele zusammentreffen, und sich somit die Häufung von Merkmalsträgern nach der dritten Generation erklärt.

A5 Erstelle ein Glossar mit folgenden Begriffen: reinerbig, dominant, rezessiv, F_1-Generation, Gen, Allel, Genotyp, Phänotyp!
reinerbig: beide Alle, die einem Merkmal zugrunde liegen, sind gleich

dominant: Allel, das ein anderes Allel überdeckt. Es wird ausgeprägt.

rezessiv: Allel, das von einem dominanten Allel überdeckt wird, sodass es nicht ausgeprägt wird

F_1-Generation: Nachkommen der Parentalgeneration

Gen: kleinste informationstragende Einheit eines Chromosoms, die zur Ausprägung eines bestimmten Merkmals führt

Allel: Ausbildungsform eines Gens, zum Beispiel dominant oder rezessiv

Genotyp: Ausstattung eines Lebewesens mit seinen Allelen

Phänotyp: Erscheinungsbild eines Lebewesens aufgrund bestimmter Allelkombinationen

Zusatzinformation: In der Klassischen Genetik werden die Begriffe Genotyp und Phänotyp bei der Betrachtung auch nur eines Gens bzw. eines Merkmals verwendet. Wissenschaftliche Untersuchungen haben gezeigt, dass die Fähigkeit des Zungenrollens nicht rein genetisch bedingt ist, die Vererbung dieses Merkmals unterliegt auch Umwelteinflüssen und ist in Wirklichkeit viel komplexer. Ähnliches gilt auch für den spitzen Haaransatz.

Material B – Stammbaumanalyse

B1 Begründe, ob der Stammbaum A einen dominanten oder rezessiven, autosomalen oder gonosomalen Erbgang abbildet!
Es handelt sich hier um einen rezessiven Erbgang, da die Eltern (5 und 6) Nicht-Merkmalsträger sind und ein Kind (10) haben, welches Merkmalsträger ist. Ein dominanter Erbgang kann ausgeschlossen werden, da sonst die Eltern als Nicht-Merkmalsträger nur den Genotyp aa besitzen könnten, und somit das dominante Allel A nicht an ihre Kinder weitergeben könnten.
Es handelt sich um einen autosomalen Erbgang. Die merkmalstragende Tochter (7) wäre bei einem gonosomal-rezessiven Erbgang nicht möglich, da der Vater Nicht-Merkmalsträger ist und somit das betreffende Allel auch nicht an die Tochter weitergeben kann. In einem rezessiven Erbgang kann die Tochter aber nur zur Merkmalsträgerin werden, wenn sie von beiden Eltern das betreffende Allel erhalten würde.

Gestufte Hilfen:
Hilfe 1: Untersuche zuerst, ob das betrachtete Merkmal in Stammbaum A dominant oder rezessiv vererbt wird.
Hilfe 2: Untersuche in einem zweiten Schritt, ob das betrachtete Merkmal in Stammbaum A autosomal oder gonosomal vererbt wird. Berücksichtige dabei, welchen Erbgang du bei Hilfe 1 herausgefunden hast.

Zusatzinformation: Bei gonosomalen Erbgängen lässt sich nicht eindeutig die Autosomalität ausschließen. Kennzeichnend für diesen Erbgang bleibt die einseitige Betroffenheit der Geschlechter.

B2 Nenne zu allen Personen des Stammbaums A die möglichen Genotypen!

Person 1:	*aa*	*Person 2:*	*Aa*	*Person 3:*	*Aa*
Person 4:	*aa*	*Person 5:*	*Aa*	*Person 6:*	*Aa*
Person 7:	*aa*	*Person 8:*	*aa*	*Person 9:*	*Aa*
Person 10:	*aa*	*Person 11:*	*Aa/AA*		

B3 Im Rahmen theoretischer Überlegungen wurde durch Vertauschen der Geschlechter aus Stammbaum A der Stammbaum B erstellt. Begründe, ob deine Analyse von Stammbaum A auch für den Stammbaum B zutrifft!
Da ein autosomaler Erbgang vorliegt, das heißt, dass die Information nicht auf den Geschlechtschromosomen liegen, ist es ohne Bedeutung, wenn bei der Kreuzung das Geschlecht der Eltern vertauscht wird. Wenn dagegen das betreffende Allel auf dem X- oder Y-Chromosom liegen würde, würde das rezessiv vererbte Merkmal beim Mann ausgeprägt.
Deshalb trifft die Analyse bei Stammbaum A auch für den Stammbaum B zu.

Gestufte Hilfe:
Überlege, welches Ergebnis MENDEL erhalten hatte, als er die Parentalgeneration mit vertauschten Geschlechtern gekreuzt hatte.

Zusatzinformation:
Bei genauer Betrachtung der Genotypen trifft folgende Analyse zu. Die Annahme, dass es sich um einen rezessiven Erbgang handelt, trifft auch bei Stammbaum B zu. Auch hier haben Eltern, die Nicht-Merkmalsträger sind, Kinder, die das Merkmal tragen.
Zum Nachweis, dass es sich nicht um einen gonosomal-rezessiven Erbgang handeln kann, müssen andere Konstellationen herangezogen werden als beim Stammbaum A. Der merkmalstragende Sohn 7 wäre auch bei Annahme eines gonosomal-rezessiven Erbgangs möglich. Die merkmalstragende Tochter 10 ist bei Annahme eines gonosomal-rezessiven Erbgangs nicht möglich. Der Vater 5 müsste dann Merkmalsträger sein.

Genetik der Blutgruppen

Seite 190–192

1 Nenne die möglichen Genotypen der Blutgruppen A, B, AB und 0!

Blutgruppe A:	AA und A0
Blutgruppe B:	BB und B0
Blutgruppe AB:	AB
Blutgruppe 0:	00

2 Nenne Gemeinsamkeiten und Unterschiede des AB0- und des Rhesus-Systems!
Gemeinsamkeiten:
An der Erythrozytenmembran befinden sich Oberflächenstrukturen, die als Antigene wirken können.
Bei Vermischung unterschiedlicher Blutgruppen können die Erythrozyten verklumpen.

Unterschiede:
Beim AB0-Sytem gibt es vier Blutgruppen, beim Rhesus-System gibt es nur zwei Blutgruppen.
Beim AB0-System sind bei den Blutgruppen A, B und 0 Antikörper im Blut.
Beim Rhesus-System werden die Antikörper erst nach Kontakt mit rhesuspositivem Blut gebildet.

Seite 193 (Material)

Material A – Familienzusammenführung

A1 Begründe mithilfe von Kreuzungsschemata, welche Kinder sich welchen Eltern zuordnen lassen!
Elternpaar I :
Da der Vater die Blutgruppe A rh- hat, sind zwei Genotypen möglich AAdd oder A0dd; zwei verschiedene

Geschlechtszellen können daher gebildet werden Ad und 0d.
Bei der Mutter mit B rh- sind ebenfalls zwei Genotypen möglich BBdd oder B0dd; zwei verschiedene Geschlechtszellen können daher gebildet werden Bd und 0d.

	Bd	0d
Ad	ABdd AB rh	A0dd A rh
0d	B0dd B rh	00dd 0 rh

Bei den Kindern des Elternpaares I sind alle Blutgruppen des AB0-Systems möglich, allerdings müssen die Kinder rhesusnegativ sein. Das heißt es kommen nur Mabou, Latifa und Khem in Frage.

Elternpaar II:
Da der Vater die Blutgruppe AB Rh+ hat, sind zwei Genotypen möglich ABDD oder ABDd; hier können vier verschiedene Geschlechtszellen gebildet werden AD, Ad, BD und Bd.
Bei der Mutter mit B Rh+ sind vier Genotypen möglich BBDD, B0DD, BBDd oder B0Dd; hier können vier verschiedene Geschlechtszellen gebildet werden BD,0D, Bd und 0d.

	BD	0D	Bd	0d
AD	ABDD AB Rh^+	A0DD A Rh^+	ABDd AB Rh^+	A0Dd A Rh^+
Ad	ABDd AB Rh^+	A0Dd A Rh^+	ABdd AB rh^-	A0dd A rh^-
BD	BBDD B Rh^+	B0DD B Rh^+	BBDd B Rh^+	B0Dd B Rh^+
Bd	BBDd B Rh^+	B0Dd B Rh^+	BBdd B rh^-	B0dd B rh^-

Das Ergebnis des Kreuzungsschemas zeigt, dass die drei Blutgruppen A, B und AB sowohl rhesuspositiv auch als rhesusnegativ kombiniert auftreten können. Das heißt es können Mabou, Chukwudi, Aayna und Latifa die Kinder des Eltenpaares II sein. Darya und Khem haben die Blutgruppe 0 und können daher nicht die Kinder dieser Eltern sein.

Elternpaar III:
Da der Vater die Blutgruppe 0 rh- hat, ist nur ein Genotyp möglich 00dd, es kann daher nur ein Geschlechtszellentyp gebildet werden, 0d.

Bei der Mutter mit 0 Rh+ sind zwei Genotypen möglich 00DD oder 00Dd; hier können zwei verschiedene Geschlechtszellen gebildet werden 0D und 0d.

	0D	0d
0d	00Dd 0 Rh^+	00dd 0 rh^-
0d	00Dd 0 Rh^+	00dd 0 rh^-

In diesem Fall können die Nachkommen des Elternpaares II nur die Blutgruppe 0 rhesuspositiv oder 0 rhesusnegativ besitzen. Das heißt nur Darya und Khem können die Kinder dieser Eltern sein.

Gestufte Hilfen:
Hilfe 1: Notiere dir für jedes Elternpaar die möglichen Genotypen! Bilde die möglichen Geschlechtszellen!
Hilfe 2: Denke daran, dass bei einem dihybriden Erbgang die Merkmale der Blutgruppensysteme unabhängig voneinander vererbt werden können!

A2 Nenne die Kinder, die nur einem Elternpaar zugeordnet werden können!
Chukwudi und Aayana dem Elternpaar II
Darya dem Elternpaar III

Material B – Stammbaumanalyse

B1 Nenne die im Stammbaum nicht angegebenen Blutgruppen!

Person 3: Blutgruppe A
Person 6: Blutgruppe B
Person 10: Blutgruppe A oder AB
Person 17: Blutgruppe 0
Person 18: Blutgruppe 0
Person 19: Blutgruppe 0
Person 20: Blutgruppe B
Person 21: Blutgruppe B

B2 Begründe mithilfe eines Kreuzungsschemas, mit welcher Wahrscheinlichkeit ein zweites Kind der Eltern 7 und 8 die Blutgruppe B haben könnte!

Eltern 7/8	A	B
A	AA	AB
B	AB	BB

Ein zweites Kind der Eltern 7 und 8 könnte mit einer Wahrscheinlichkeit von 25 Prozent die Blutgruppe B vererbt bekommen.

Material C – Rhesusunverträglichkeit

C1 Beschreibe, wie es bei einer Schwangerschaft zur Rhesusunverträglichkeit kommen kann!
Wenn bei der Geburt eines rhesuspositiven Kindes dessen Erythrozyten in den Kreislauf einer rhesusnegativen Mutter gelangen, bildet diese Frau Anti-D-Antikörper gegen den Rhesusfaktor. Bei einer zweiten Schwangerschaft mit einem rhesuspositiven Kind, treten die gebildeten Anti-D-Antikörper in den Kreislauf des Kindes über. Die Anti-D-Antikörper verklumpen dessen Erythrozyten. Es kommt zu einer Rhesusunverträglichkeit.

C2 Nenne die Folgen für das Kind!
- Verklumpung der Erythrozyten
- Verlust von Erythrozyten
- Sauerstoffmangel
- eventuell Fehlgeburt

C3 Erläutere, weshalb einer rhesusnegativen Mutter nach der Geburt eines rhesuspositiven Kindes Anti-D-Antikörper gespritzt werden!
Spritzt man der Mutter nach der Geburt eines rhesuspositiven Kindes Anti-D-Antikörper, so werden die in den Kreislauf der Mutter gelangten Erythrozyten des Kindes verklumpt und beseitigt, bevor die Immunantwort der Mutter startet. Es werden also keine Anti-D-Antikörper gebildet, die bei einer weiteren Schwangerschaft mit einem rhesuspositiven Kind in dessen Körper gelangen könnten. In dieser Schwangerschaft wird dadurch die Rhesusunverträglichkeit vermieden.

Zusatzinformation: Während einer normal verlaufenden Schwangerschaft gelangen rote Blutzellen des Kindes (hier Rh^+-Blut) nicht in den Blutkreislauf der Mutter (hier rh^--Blut). Zu einem Blutkontakt kommt es in der Regel erst während der Geburt, wenn Blutungen auftreten. In der Abbildung wird das durch die gestrichelten Linien angedeutet.

4 Veränderungen der Erbinformationen

Genmutationen

Seite 194–196

1 Definiere den Begriff Genmutation!
Eine Genmutation ist eine bleibende Veränderung der Basensequenz eines Gens.

2 Beschreibe an einem Beispiel eine Genmutation und erläutere die Auswirkungen dieser Genmutation auf den Organismus!
Eines der folgenden Beispiele wird erwartet.

Beispiel Mukoviszidose:
Bei der Mukoviszidose geht ein Basentriplett, welches für die Aminosäure Phenylalanin codiert, verloren. Dadurch wird das Protein der Membran von Schleimhautzellen so verändert gebildet, dass der gebildete Schleim zähflüssig bleibt. Die Auswirkungen auf den Organismus sind schwere Atemnot, Lungenentzündungen, starke Verdauungsstörungen und Unfruchtbarkeit bei Männern.

Beispiel Sichelzellenanämie:
Bei der Sichelzellenanämie ist nur eine einzige Base im Hämoglobin-Gen ausgetauscht. Dadurch wird aber eine andere Aminosäure codiert. Statt der Glutaminsäure wird die Aminosäure Lysin verwendet. Durch diese Genmutation bilden sich bei sauerstoffarmem Blut starre, sichelförmige Erythrozyten. Diese verhaken sich nicht nur im Blut und verstopfen so die Blutgefäße, sondern sind auch wenig stabil. Die verringerte Anzahl an Erythrozyten führt zur Sauerstoff-Unterversorgung aller Organe.

3 Erkläre, wie man erkennen kann, dass Mukoviszidose autosomal-rezessiv vererbt wird!
Die Wahrscheinlichkeit an Mukoviszidose zu erkranken, ist bei beiden Geschlechtern gleich. Daher muss es sich hier um einen autosomalen Erbgang handeln.

Mukoviszidose tritt nur auf, wenn beide Allele verändert sind. Bei einem dominanten Erbgang würde die Mutation eines Allels ausreichen, um an Mukoviszidose zu erkranken.

Seite 197 (Material)

Material A – Genmutationen

A1 Beschreibe die abgebildeten Mutationen!
Genmutation B:
Beim dritten Basentriplett wurde die letzte Base Guanin durch Adenin ausgetauscht.

Genmutation C:
Beim zweiten Basentriplett wurde die erste Base Thymin durch Adenin ausgetauscht.

Genmutation D:
Beim zweiten Basentriplett ist die Base Cytosin verloren gegangen.

A2 Ermittle mithilfe der Codesonne auf der Seite 169 die Aminosäuresequenz für A bis D!
A normale Sequenz

mRNA:	ACG	AAG	GGC	UAA
Aminosäuresequenz:	Thr	Lys	Gly	Stopp

B Genmutation

mRNA:	ACG	AAG	GGU	UAA
Aminosäuresequenz:	Thr	Lys	Gly	Stopp

C Genmutation

mRNA:	ACG	UAG
Aminosäuresequenz:	Thr	Stopp

D Genmutation

mRNA:	ACG	AAG	GCU	AA
Aminosäuresequenz:	Thr	Lys	Ala	

Gestufte Hilfen:
Hilfe 1: Überlege, ob du für die Verwendung der Codesonne die DNA oder die mRNA benötigst!
Hilfe 2: Die Codesonne wird von innen nach außen gelesen!
Hilfe 3: Schreibe zunächst die entsprechenden Basenfolgen der mRNA auf!

A3 Erkläre die jeweils mögliche Folge für die Bildung des Proteins!

Genmutation B:
In diesem Fall führt der Austausch einer Base zu keiner Veränderung des Proteins, da das neue Basentriplett für die gleiche Aminosäure (Lysin) codiert.

Genmutation C:
Der Basenaustausch an der ersten Stelle des Basentripletts hat zur Bildung eines Stopp-Codons geführt. Die Translation bricht ab, es kommt daher zur unvollständigen Bildung des Proteins. Je nachdem, an welcher Stelle des DNA-Abschnitts dieser Basenaustausch stattgefunden hat, ist das gebildete Protein mehr oder weniger stark verkürzt.

Genmutation D:
Durch das Leseraster in Dreierschritten verändern sich infolge des Verlusts von Cytosin alle folgenden Basentripletts. Ab der mutierten Stelle werden andere Aminosäuren verwendet, sodass ein völlig anderes Protein entsteht.

Material B – Mondscheinkinder

B1 Beschreibe die Vorgänge der Reparatur von UV-bedingten DNA-Schäden!

Das Reparaturenzym erkennt die fehlerhafte DNA-Stelle, und schneidet den DNA-Strang ein kleines Stück vor und hinter den verknüpften Thyminbasen durch. Der mutierte DNA-Abschnitt wird entfernt. An der entstandenen Lücke lagern sich Basen komplementär an. Der entfernte DNA-Abschnitt ist somit wieder vollständig ergänzt und repariert.

B2 Beschreibe das Kurvendiagramm eines *Xeroderma pigmentosum*-Patienten und einer gesunden Person und werte es aus!

Auf der X-Achse kann man das Lebensalter der Menschen ablesen und auf der Y-Achse den Prozentsatz der an Hautkrebs erkrankten Personen.

Anhand des Kurvendiagramms kann daher abgelesen werden, wie viele *Xeroderma pigmentosum*-Patienten im Vergleich zu gesunden Personen mit zunehmendem Alter an Hautkrebs erkranken. Die Kurve beginnt bei *Xeroderma pigmentosum*-Patienten bereits nach der Geburt, bei Gesunden erst im Alter von 20 Jahren. Außerdem steigt sie bei *Xeroderma pigmentosum*-Patienten viel steiler an als bei gesunden Personen. Die 100 Prozent-Marke wird bereits im Lebensalter von circa 25 Jahren erreicht. Gesunde Personen erreichen sie erst bei über 80 Jahren.

B3 Stelle eine Hypothese auf, welche Genmutation bei einem *Xeroderma pigmentosum*-Patienten vorliegt!

UV-Strahlung kann bei allen Menschen zu einer Verknüpfung benachbarter Thyminbasen führen. Diese mutierten DNA-Bereiche werden jedoch bei gesunden Menschen durch ihr Reparaturenzym erkannt und beseitigt. Wie das Kurvendiagramm zeigt, ist die Wahrscheinlichkeit, an Hautkrebs zu erkranken, bei Xeroderma Pigmentosum-Patienten sehr hoch. Vermutlich können hier die UV-Schäden nicht repariert werden, weil das DNA-Reparaturenzym verändert ist und seine Funktion daher nicht mehr ausüben kann. Die durch die UV-Strahlung veränderte DNA kann daher nicht mehr korrekt abgelesen werden.

B4 Erkläre, weshalb die Betroffenen auch als Mondscheinkinder bezeichnet werden!

Da *Xeroderma pigmentosum*-Patienten sehr empfindlich gegenüber Sonnenlicht sind, müssen sie die UV-Strahlung meiden. Sie können sich nur durch entsprechende Schutzkleidung schützen, oder wenn sie nachts unterwegs sind. Daher werden sie häufig auch als Mondscheinkinder bezeichnet.

B5 Erläutere, weshalb *Xeroderma pigmentosum* häufig zu Krebs führt!

Bei der Hautkrankheit *Xeroderma pigmentosum* ist das DNA-Reparaturenzym defekt, das heißt durch UV-Strahlung verursachte Mutationen können nicht beseitigt werden. Der Anteil der Mutationen in den Zellen nimmt zu. Es können dabei auch Krebszellen entstehen, die Hautkrebs bewirken.

Genommutationen

Seite 198–201

1 Definiere den Begriff Genommutation!

Bei einer Genommutation ist die Gesamtzahl der Chromosomen eines Genoms verändert.

Seite 201 (Material)

Material A – Down-Syndrom

A1 Beschreibe das Kurvendiagramm und werte es aus!

In dem Kurvendiagramm ist die Anzahl der Kinder mit Down-Syndrom bei 1000 Geburten in Abhängigkeit zum Alter der Mütter dargestellt. Die Y-Achse gibt die Anzahl der Kinder bei 1000 Geburten in Promille an, während auf der X-Achse das Alter der Mütter in Abständen von fünf Jahren aufgetragen ist. Bis zum Alter von 35 Jahren steigt die Kurve nur flach an und erreicht den Wert von circa 4 Promille der Kinder mit Down-Syndrom. Im Alter zwischen 35 und 45 Jahren steigt die Kurve dagegen steil an. Die Wahrscheinlichkeit, Kinder mit Down-Syndrom zu bekommen, erhöht sich auf 19 Promille bei 45 Jahren alten Müttern.

A2 Erkläre, weshalb das Alter der Mutter für den Kurvenverlauf verantwortlich ist!

Die Bildung der Eizellen beginnt schon während der Embryonalentwicklung, daher steigt mit zunehmendem Alter der Mutter während der Meiose die Wahrscheinlichkeit der Fehlverteilung der Chromosomen.

Gestufte Hilfe:
Berücksichtige, dass alle Zellen aus denen Eizellen entstehen, schon bei einem neugeborenen Mädchen vorhanden sind!

A3 Erkläre, weshalb eine Fruchtwasseruntersuchung geeignet ist, um das Down-Syndrom festzustellen!

Bei der Fruchtwasseruntersuchung werden mit einer dünnen Nadel aus dem Fruchtwasser die Zellen des Kindes entnommen. und anschließend mikroskopisch nach Chromosomenstörungen untersucht. Da beim Down-Syndrom das Chromosom 21 dreifach vorliegt, ist diese überzählige Chromosomenzahl im Lichtmikroskop zu erkennen.

Gestufte Hilfe:
Im Fruchtwasser befinden sich Zellen des Kindes.

Material B – Genommutation

B1 Nenne die Bezeichnung dieses Genotyps und seine phänotypischen Auswirkungen!

Dieses Karyogramm zeigt den Genotyp eines Klinefelter-Mannes. Diese Männer haben verlängerte Extremitäten, sind steril, besitzen eine hohe Stimme und haben einen geringeren Bartwuchs.

B2 Begründe, ob bei der vorliegenden Genommutation die Ultraschalluntersuchung für die pränatale Diagnostik geeignet ist!

Im Ultraschallbild sind Chromosomen nicht zu erkennen, daher ist eine sichere Diagnose nicht möglich.

Zusatzinformation: Da die Ultraschalluntersuchung mehrfach während der Schwangerschaft durchgeführt wird, kann man das Wachstum des Embryos beobachten. Die im Verhältnis zum Rumpf längeren Arme und Beine müssten auffallen, ob das jedoch als sichere Diagnose ausreicht, ist eher fraglich. Denn auch bei gesunden Kindern könnten solche körperlichen Auffälligkeiten auftreten.

B3 Stelle die Entstehung dieser Genommutation mithilfe von Schemazeichnungen dar!

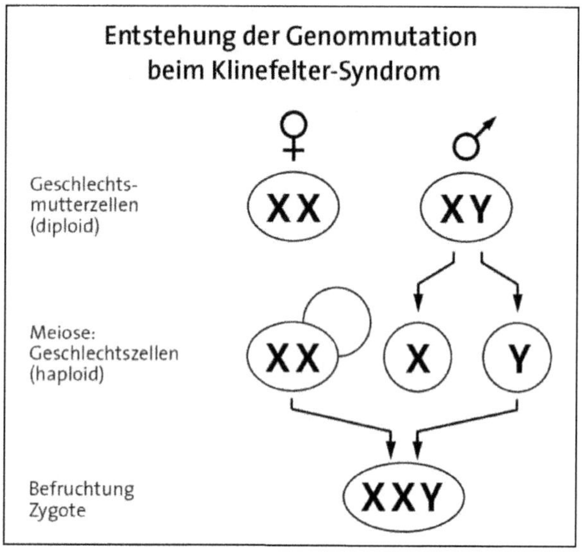

Zusatzinformation: Beim Klinefelter-Syndrom stammt das überzählige X-Chromosom bei der Hälfte der Betroffenen von der Mutter beziehungsweise vom Vater.
Weitere Möglichkeit der Darstellung: Nichttrennen des X-Chromosoms in der 2. Reifeteilung.

Material C – Katzenschreisyndrom

C1 Stelle eine Hypothese auf, weshalb es zu Fehlentwicklungen kommt!

Bei der vorliegenden Chromosomenmutation fehlen durch den Stückverlust auf einem der beiden homologen Chromosomen Nummer fünf einige Gene. Der Chromosomenstückverlust führt dazu, dass bestimmte Proteine nicht mehr oder nicht mehr in ausreichender Menge gebildet werden. Die Folge ist hier eine geistige und körperliche Behinderung.

C2 Nenne Unterschiede in der Entstehung dieser Chromosomenmutation mit einer Genommutation!

Genommutationen entstehen durch eine fehlerhafte Verteilung der Chromosomen in der Meiose. Dadurch verändert sich die Gesamtzahl der Chromosomen. Der Chromosomenstückverlust bei einer Chromosomenmutation kann auch unabhängig von der Meiose auftreten.

5 Biotechnologie

Tier- und Pflanzenzucht

Seite 202–204

1 Vergleiche Auslese- und Kombinationszüchtung miteinander!
Bei der Auslesezüchtung wählt der Züchter die Individuen aus und vermehrt die, deren Merkmale den Zuchtzielen am nächsten kommen. Durch wiederholte Auswahl können so über viele Generationen hinweg in kleinen Schritten die Zuchtziele erreicht werden.
Die Kombinationszüchtung dagegen beruht auf Kreuzungen, durch die Nachkommen möglich werden, die Merkmale zweier verschiedener Pflanzensorten oder Tierrassen in sich vereinen. Das Zuchtziel kann hier im Gegensatz zur Auslesezüchtung schon nach einer oder zwei Generationen erreicht werden.

2 Nenne Vor- und Nachteile der Hybridzüchtung!
Vorteil der Hybridzüchtung:
Erzeugung von besonders leistungsfähigen Pflanzen oder Tieren durch Ausnutzung des Heterosiseffekts.

Nachteile der Hybridzüchtung:
Hoher Aufwand, mit dem Nutzpflanzen oder -tiere erzeugt werden, weil:
Pflanzen oder Tiere, die für die Produktion von Nahrungsmitteln genutzt werden, immer wieder durch Kreuzungen hergestellt werden müssen.
Homozygote Pflanzen oder Tiere in gesonderten Zuchtbetrieben vermehrt werden müssen, um für die Erzeugung der Hybriden bereit zu stehen.
Homozygote Linien häufig ungünstige Merkmale haben.
Hybride sich nicht für die Erzeugung von Nachkommen nutzen lassen.

Seite 205 (Material)

Material A – Hühnerzucht

A1 Nenne die Bezeichnung der dargestellten Züchtungsart!
Hybridzüchtung

A2 Nenne die Genotypen der Tiere, die aus Inzuchtlinien stammen!
Zu Inzuchtlinien gehören die Tiere der P-Generation, das sind Tiere mit den Genotypen AAbb und aaBB.

A3 Erkläre, welche weiteren Kreuzungen die Geflügelzüchter durchführen müssen, um für die Zukunft zu gewährleisten, dass sie Legehennen mit dem Genotyp AaBb erzeugen können!
Die Geflügelzüchter müssen dafür sorgen, dass ständig Tiere mit den Genotypen AAbb und aaBB bereitstehen. Dazu müssen sie sowohl die Tiere mit dem Genotyp AAbb untereinander kreuzen wie auch die mit dem Genotyp aaBB.

A4 Erkläre, weshalb die Züchter die Tiere mit Genotyp AaBb nicht untereinander kreuzen, um sie zu vermehren!
Wenn die Züchter Tiere mit dem Genotyp AaBb, die Legehennen, untereinander kreuzen würden, hätten die Nachkommen nur mit einer Wahrscheinlichkeit von 25 % wieder den Genotyp AaBb, also den Genotyp der gewünschten Hybriden. Die übrigen Nachkommen wären bezüglich eines oder beider Merkmale homozygot. Der Heterosiseffekt, der in diesem Fall beide Gene einschließt, würde sich also nur bei einem Viertel der Nachkommen der Hybride zeigen.

Gestufte Hilfen:
Hilfe 1: Berücksichtige die Unabhängigkeitsregel MENDELS.
Hilfe 2: Erstelle ein Kombinationsquadrat wie bei einer Kreuzung von Heterozygoten im dihybriden Erbgang.

Zusatzinformation: Die Nachkommen aus der Kreuzung von Heterozygoten (AaBb) untereinander treten in folgendem Verhältnis auf:
AABB = 1
AAbb = 1
aaBB = 1
aabb = 1
AABb = 2
AaBB = 2
Aabb = 2
aaBb = 2
AaBb = 4

A5 Nenne die Tiere, unter denen die männlichen Küken als unerwünscht aussortiert werden. Begründe!
Unter den Tieren der F1 werden die männlichen Küken aussortiert und getötet. Das Zuchtziel, das durch diese Kreuzung erreicht werden soll, umfasst nur Merkmale, die die Legeleistung verbessern. Hähne legen aber keine Eier.

Gestufte Hilfe: Stelle zunächst Vermutungen dazu an, welche Art von Merkmalen durch die dargestellte Kreuzung verbessert werden sollen und weshalb sie auf männliche Küken nicht zutreffen.

Material B – Erdbeeren

B1 Vergleiche den Genotyp der Walderdbeere mit dem der Gartenerdbeere!
Die Walderdbeere hat einen zweifachen Chromosomensatz, 2n, die Gartenerdbeere dagegen einen achtfachen, 8n.

B2 Übernimm das Schema der Kreuzungen, durch die die Gartenerdbeere entstanden ist, und vervollständige es!
Kreuzung 1: Geschlechtszellen: 2n, 2n, F1: 4n

Kreuzung 2: P: 4n, 4n, Geschlechtszellen: 4n, 4n

B3 Beschreibe die Stellen des Schemas, an denen eine fehlerhafte Meiose abgelaufen ist!
Sowohl bei der ersten wie auch bei der zweiten Kreuzung sind alle homologen Chromosomen in der ersten Reifeteilung der Meiose nicht voneinander getrennt worden.

Gestufte Hilfe: Rufe dir zunächst ins Gedächtnis, durch welchen Vorgang die Anzahl der Chromosomen in der Meiose halbiert wird.

B4 Stelle Hypothesen auf, weshalb polyploide Pflanzen leistungsfähiger sind als diploide!
Polyploide Pflanzen haben mehr Chromosomen und daher auch mehr Gene mit der gleichen Information als diploide Pflanzen. In den Zellen polyploider Pflanzen können daher vermutlich zur gleichen Zeit mehr Gene abgelesen werden. Daher entstehen größere Mengen an Protein als in den Zellen diploider Pflanzen. Durch die höhere Produktion an Proteinen ließe sich die höhere Leistungsfähigkeit der polyploiden Pflanzen erklären.

Gestufte Hilfen:
Hilfe 1: Berücksichtige bei deinen Vermutungen, wie die Intensität der Proteinbiosynthese von der Zahl der Chromosomen abhängen könnte.
Hilfe 2: Berücksichtige bei deinen Überlegungen, dass die Information jedes Gens, also eines bestimmten DNA-Abschnitts, in der Zelle abgelesen werden kann, sodass entsprechend seiner Information ein Protein gebildet wird. Überlege dann, welche Folgen für die Zelle es haben könnte, wenn mehr als zwei Gene mit der selben genetischen Information vorhanden sind.

B5 Stelle Hypothesen auf, weshalb bei triploiden Pflanzen, das sind Pflanzen, die drei Chromosomensätze haben, Schwierigkeiten bei der Meiose auftreten!
Bei triploiden Pflanzen könnten Schwierigkeiten auftreten, die homologen Chromosomen in der ersten Reifeteilung der Meiose so voneinander zu trennen, dass beide Tochterzellen die gleiche Ausstattung mit Chromosomen erhalten. Drei Chromosomensätze lassen sich nicht so aufteilen, dass beide Zellen nach der ersten Reifeteilung dieselbe Anzahl von ganzen Chromosomensätzen haben.

Gestufte Hilfen:
Hilfe 1: Berücksichtige die Vorgänge bei der ersten Reifeteilung der Meiose.
Hilfe 2: Berücksichtige, dass die Zellen, die durch die erste Reifeteilung der Meiose entstehen, nur die Hälfte des Chromosomensatzes enthalten.
Hilfe 3: Überlege, welche Schwierigkeiten auftreten könnten, wenn in der ersten Reifeteilung ein dreifacher Chromosomensatz, 3n, so auf die beiden Tochterzellen verteilt werden soll, dass sie die gleiche Anzahl vollständiger Chromosomensätze erhalten.

Gentechnik

Seite 206–209

1 Beschreibe die Funktion von Enzymen bei der Herstellung transgener Bakterien!
Zur Herstellung transgener Bakterien werden Schneideenzyme und Bindeenzyme benötigt. Schneideenzyme schneiden zum Beispiel aus der menschlichen DNA den Abschnitt aus, der die genetische Information zur Insulinbildung enthält. Ebenfalls haben sie die Funktion, Bakterien-Plasmide zu öffnen. Bindeenzyme haben die Funktion, die Kontaktstellen zwischen menschlicher und bakterieller DNA wieder zusammenzufügen.

2 Nenne die Vorteile der CRISPR/Cas-Methode gegenüber herkömmlichen gentechnischen Verfahren!
- Mit der Wahl der Nukleotidsequenz kann man bestimmen, an welcher Stelle die DNA geschnitten werden soll;
- Genabschnitte können gezielt verändert werden;
- Gene können gezielt abgeschaltet werden;
- Die Anwendung ist bei Pflanzen, Tieren und beim Menschen möglich;
- Das Verfahren ist gegenüber herkömmlichen Verfahren insgesamt genauer, schneller, weniger aufwendig und kostengünstiger.

Seite 210–211 (Material)

Material A – Bt-Mais

A1 Ordne die Aussagen dem Pro und Kontra des Anbaus von gentechnisch verändertem Mais zu!
Argumente, die für den Anbau sprechen:
„Mit biologischen oder chemischen Mitteln ist der Maiszünsler nur schwer zu bekämpfen"

„Bt-Mais vermeidet Ernteausfälle in Millionenhöhe"; „Insekten spielen bei der Bestäubung von Mais kaum eine Rolle"

„Beim Anbau von Bt-Mais sind die normalerweise großflächig versprühten Insektengifte, die das Bt-Protein enthalten, nicht mehr erforderlich"

„Für den Anbau von gentechnisch veränderten Pflanzen gelten bestimmte Regeln, zum Beispiel das Einhalten eines Mindestabstands zu gentechnikfreien Nachbarfeldern."

Argumente, die gegen den Anbau sprechen:
„Wind kann Maispollen über große Entfernungen verbreiten“

„Bt-Mais Saatgut ist sehr teuer.“

„Honig kann Pollen von gentechnisch veränderten Pflanzen enthalten.“

„Bt-Protein ist für alle Insekten giftig.“

A2 Bewerte den Anbau von Bt-Mais in Deutschland!
Individuelle Schülerantwort.

Musterlösung zur Ablehnung des Anbaus von Bt-Mais:
Ich halte die Argumente, die für den Anbau sprechen, für nicht so bedeutsam wie die Kontra-Argumente.
Begründung:
Ich meine, dass es in Deutschland zu einem gesellschaftlichen Wandel kommen sollte, bei dem der Konsum und damit die Erzeugung von Fleisch reduziert und der individuelle Straßenverkehr und damit der Verbrauch an Treibstoff verringert werden. Zudem sollte die Landwirtschaft in Deutschland nicht so stark auf den Export von Fleisch ausgerichtet sein. Wenn sich die Gesellschaft und die Landwirtschaft in diesen Richtungen ändern, kann man auf den Anbau von Bt-Mais verzichten.
Außerdem halte ich die gesetzlichen Regelungen für den Bt-Anbau, zum Beispiel den Mindestabstand, für nicht geeignet, um das Risiko zu beseitigen, dass sich das Bt-Gen unkontrolliert verbreitet.
Die Folgen des Anbaus von Bt-Mais für den Naturhaushalt scheinen mir nicht vorhersehbar. Das Risiko, dass nicht nur der Maiszünsler, sondern auch andere Insekten sterben, scheint mir nicht beherrschbar.
Pollen des Bt-Mais gelangen in den Honig. Dadurch sterben Bienen. Das hat schwerwiegende, negative Folgen, zum Beispiel, weil Bestäuber im Obstbau fehlen.

Material B – Transgene Tiere

B1 Beschreibe die Herstellung von Antithrombin mithilfe von transgenen Ziegen!
Ein menschliches Gen für das Protein Antithrombin wird in eine befruchtete Eizelle der Ziege übertragen. Die gentechnisch veränderte Eizelle wird in die Gebärmutter eines Muttertieres übertragen. Die Tiere der nächsten Generation liefern mit ihrer Milch das gewünschte Protein, das über ein technisches Verfahren aus der Ziegenmilch isoliert wird. Nach Reinigung des Produkts erhält man schließlich das gewünschte Endprodukt, das Antithrombin.

B2 Begründe, welche anderen Tiere auch zur Herstellung von Antithrombin in Frage kommen können!
Neben Ziegen könnten grundsätzlich auch anderen Säugetiere zur Herstellung von Antithrombin in Frage kommen. Wesentlich dabei ist, dass die Menge an Milch, die die Tiere produzieren nicht zu gering ist und damit auch die Menge an Antithrombin, das daraus über ein technisches Verfahren isoliert werden kann. Ausgehend von diesem Argument könnten auch Rinder und Schafe als geeignete Säugetiere in Frage kommen.
Ein weiteres Argument könnte die leichte Haltung sowie die hohe Fortpflanzungsrate sein. Aus diesen Argumenten heraus könnten zum Beispiel auch Kaninchen als geeignete Säugetiere dienen.

B3 Nenne Chancen und Risiken der gentechnischen Herstellung von Antithrombin!
Chancen: Bereitstellung von menschlichen Stoffen mit technischen Verfahren: Unabhängigkeit von körpereigener Herstellung. Zu erwarten ist eine hohe Wirksamkeit und wenig oder keine Nebenwirkungen, kostengünstige Produktion großer Mengen möglich

Risiken: unerwartete, ungünstige Nebenwirkungen für Tiere

Material C – CRISPR/Cas – Gesetzgebung

C1 Begründe, welche der aufgeführten Aussagen relevante Argumente für die Entscheidung des Europäischen Gerichtshofs sind und welche Aussagen nicht ausschlaggebend wären!
Relevante Argumente:
1 „Das Cas-Protein schneidet hochgradig präzise an der gewünschten Stelle des DNA-Doppelstrangs.“
4 „Der an das Cas-Protein angeheftete RNA-Einzelstrang kann mutieren.“
5 „Die mit CRISPR/Cas herbeigeführten Mutationen treten auch in nachfolgenden Generationen auf.“
6 „Einige durch CRISPR/Cas hervorgerufene Veränderungen sind von natürlichen Mutationen nicht zu unterscheiden.“
7 „Wenn das Cas-Protein an einem falschen Ort schneidet, können ungewollte Mutationen auftreten.“
8 „Nach der Durchführung der CRISPR/Cas-Methode sind der RNA-Einzelstrang und das Cas-Protein nicht mehr nachweisbar.“
10 „CRISPR/Cas vermindert gegenüber den bisherigen gentechnischen Verfahren das Risiko des ungezielten Einbaus fremder DNA mit seinen möglichen, ungünstigen Folgen.“
12 „Bei bisher verwendeten herkömmlichen gentechnischen Verfahren ist nicht sicher, wo genau in der DNA fremde Gene eingebaut werden.“

Aussagen, die nicht ausschlaggebend wären:
2 „Cas-Proteine können natürlich vorkommende, veränderte oder komplett künstlich hergestellte Proteine sein.“
3 „Der an das Cas-Protein angeheftete RNA-Einzelstrang kann vergleichsweise schnell und kostengünstig hergestellt werden.“
9 „CRISPR/Cas lässt sich bei allen Zellen und allen Organismen anwenden.“

11 „CRISPR/Cas ist viel kostengünstiger als vergleichbare gentechnische Verfahren.“

Begründung:
Aussagen zu zeitlichen und finanziellen Aspekten des Herstellungsverfahrens sind für eine Entscheidung wirtschaftlicher Effektivität des Verfahrens entscheidend, nicht aber dafür, ob das Gentechnikgesetz für ein Lebewesen angewendet werden darf. Um zu entscheiden, ob ein Lebewesen unter das geltende Gentechnik-Gesetz fällt und damit zugelassen wird oder nicht, sind ethische Aspekte und Aspekte der Sicherheit des Verfahrens entscheidend.

C2 Ordne die als Argument für das Gericht verwendbare Aussagen in solche, die dafür beziehungsweise dagegen sprechen, dass durch CRISPR/Cas erzeugte Lebewesen zugelassen werden sollten oder nicht!
Aussagen, die als Argumente dafür zu verwenden sind, dass durch CRISPR/Cas veränderte Lebewesen als gentechnisch verändert zu betrachten sind:
4 „Der an das Cas-Protein angeheftete RNA-Einzelstrang kann mutieren.“
5 „Die mit CRISPR/Cas herbeigeführten Mutationen treten auch in nachfolgenden Generationen auf.“
7 „Wenn das Cas-Protein an einem falschen Ort schneidet, können ungewollte Mutationen auftreten.“

Aussagen, die als Argumente dagegen zu verwenden sind, dass durch CRISPR/Cas veränderte Lebewesen als gentechnisch verändert zu betrachten sind:
6 „Einige durch CRISPR/Cas hervorgerufene Veränderungen sind von natürlichen Mutationen nicht zu unterscheiden.“
8 „Nach der Durchführung der CRISPR/Cas-Methode sind der RNA-Einzelstrang und das Cas-Protein nicht mehr nachweisbar.“

C3 Formuliere eine begründete Stellungnahme an den Europäischen Gerichtshof zur Frage, ob durch CRISPR/Cas erzeugte Lebewesen zugelassen werden sollten oder nicht!
Individuelle Schülerantwort, die die Argumente des Pros und Kontras ausgewogen berücksichtigen.

C4 Begründe, ob eine Maispflanze, auf die mithilfe der CRISPR/Cas-Methode ein Bt-Gen übertragen wurde, als gentechnisch verändert betrachtet werden sollte! Nimm dazu auch Seite 208 zu Hilfe!
Wird auf eine Maispflanze ein Gen aus dem Bodenbakterium *Bacillus thuringensis* (BT-Gen) übertragen, so gilt diese als gentechnisch verändert. Ob die Übertragung eines Gens aus einem fremden Lebewesen durch ein herkömmliches Verfahren geschah oder mithilfe der CRSPR/Cas-Methode spielt keine Rolle.

Reproduktionsbiologie und Gendiagnostik

Seite 212–214

1 Vergleiche zwei Klonierungsmethoden!
Gemeinsamkeit:
In allen Klonierungsmethoden entstehen genetisch identische Lebewesen.
Unterschiede:
Bei der älteren Klonierungsmethode werden die Zellen, welche aus der befruchteten Eizelle entstehen, schon nach wenigen Zellteilungen getrennt. Aus jeder Zelle entwickeln sich genetisch identische Embryonen, die jeweils in weibliche Tiere eingepflanzt werden.
Das moderne Klonen nutzt den Zellkern von Körperzellen erwachsener Tiere, die in eine entkernte Eizelle übertragen werden. Auch hier entwickeln sich im Reagenzglas genetisch identische Embryonen. Allerdings ist die Vervielfältigungsrate genetisch identischer Klone viel höher, da die Embryonen aus Körperzellen nur desselben Tiers entstehen und nicht aus einer befruchteten Eizelle. Der zweite Vorteil liegt darin, dass die Tiere, die durch das moderne Klonierungsverfahren entstehen, genetisch identisch mit dem Muttertier sind.
Bei den herkömmlichen Klonierungsverfahren wird eine befruchtete Eizelle verwendet. Die geschlechtliche Fortpflanzung ist also Voraussetzung. Bei der Bildung der Geschlechtszellen und bei der Befruchtung kommt es zur Rekombination. Daher sind die Nachkommen bei herkömmlichen Verfahren nicht genetisch identisch mit der jeweiligen Mutter oder dem Vater.

2 Stelle den Vorgang der PID in einem Pfeildiagramm dar!

künstlich im Reagenzglas befruchtete Eizellen
↓
Bildung von Embryonen bis zum Achtzellstadium
↓
ein bis zwei Zellen werden genetisch untersucht
↓
Embryonen mit Mutationen werden diagnostiziert
↓
Aussortierung der Embryonen, die genetisch bedingte Krankheiten aufweisen
↓
übrige Embryonen, welche keine solchen Mutationen aufweisen, werden der Frau eingesetzt

3 Erkläre, weshalb Reproduktionsmethoden keine Methoden der Gentechnik sind!
Bei den verschiedenen Reproduktionsmethoden ist das Ziel, Nachkommen zu ermöglichen. Die Erbinformation wird dabei nicht verändert. Das wird durch Methoden der Gentechnik erreicht.

Seite 215 (Material)

Material A – Reproduktionsbiologische Verfahren in der Landwirtschaft

A1 Beschreibe das Verfahren!

Der entnommene Embryo einer Hochleistungskuh wird im Vierzellstadium getrennt. Die getrennten Zellen werden im Reagenzglas weiter kultiviert und entwickeln sich zu Embryonen. Im Vierzellstadium werden die Embryonen auf Leihmutterkühe übertragen. Die Leihmutterkühe bringen Kälber zur Welt, welche phänotypisch gleich sind.

A2 Vergleiche die Genotypen folgender Tiere miteinander: Kälber untereinander, Kälber mit ihren Leihmüttern, Kälber mit der Hochleistungskuh, von der der Embryo stammt!

Kälber untereinander: Die Kälber sind genetisch identisch, da sie sich aus demselben Embryo entwickelt haben.
Kälber mit ihren Leihmüttern: Die Kälber sind genetisch nicht identisch mit ihren Leihmüttern.
Kälber mit der Hochleistungskuh, von der der Embryo stammt: Die Körperzellen der Hochleistungskuh haben einen anderen Genotyp als ihre Eizellen. Das liegt daran, dass die Eizellen durch Meiose entstehen. Die Embryonen bilden sich aus befruchteten Eizellen. Sie haben also auch die Gene der männlichen Tiere. In der Meiose und durch die Befruchtung werden Gene neu kombiniert.

Gestufte Hilfen:
Berücksichtige den Unterschied von Nachkommen, welche über ungeschlechtliche Fortpflanzung (Zellteilung über Mitose) entstanden sind oder über geschlechtliche Fortpflanzung (Zellteilung über Meiose).

A3 Begründe, ob es sich bei diesem Verfahren um Klonierung handelt!

Es handelt sich um Klonierung, da alle Kälber aus Zellen desselben Embryos entstehen. Sie sind also untereinander genetisch identisch.

A4 Beschreibe einen Vorteil des Verfahrens für die Landwirtschaft!

Durch die Klonierung lassen sich in kurzer Zeit viele Nachkommen eines bestimmten Tieres erzeugen, zum Beispiel eines besonders leistungsfähigen. Aus einem Embryo entstehen mehrere Nachkommen. Außerdem ist ein schnelles Verfahren. Eine Kuh zum Beispiel kann in kurzen Zeitabständen befruchtete Eizellen liefern. Bei der natürlichen Fortpflanzung ist eine erneute Befruchtung einer Kuh erst nach der Geburt der Nachkommen möglich.
Zusatzinformation: Die geklonten Tiere besitzen die gleichen Ansprüche und Resistenzen gegen ihre Umwelt (oder Stoffwechsel), d.h. der Einsatz von Medikamenten oder Nahrungsergänzungsstoffen ist leichter dosierbar beziehungsweise abschätzbar.

A5 Vergleiche das Verfahren mit dem Verfahren in Abbildung 02 auf Seite 212!

Gemeinsamkeiten: In beiden Verfahren entstehen Nachkommen, die untereinander genetisch identisch sind. In beiden Verfahren werden Leihmütter eingesetzt.

Unterschiede:

Dolly-Verfahren (Schulbuch Seite 212)	Verfahren in der Landwirtschaft (Schulbuch Seite 215)
Es entsteht nur ein Nachkomme.	Es entstehen mehrere untereinander genetisch identische Nachkommen.
Es erfolgt keine Teilung des Embryos.	Es erfolgt eine Teilung des Embryos.
Der Nachkomme entsteht aus Zellen, die den Zellkern einer Körperzelle enthalten, also ohne vorangegangene Meiose und Befruchtung.	Die Nachkommen entstehen aus befruchteten Eizellen, also aus Zellen, die eine Meiose durchgemacht haben.
Der Nachkomme ist mit dem der beiden Muttertiere genetisch identisch, von dem der Zellkern stammt.	Die Nachkommen sind weder mit dem Muttertier noch dem väterlichen Tier genetisch identisch.
Zur Bildung eines Embryos werden zwei weibliche Tiere verwendet.	Zur Bildung des Embryos sind ein weibliches und ein männliches Tier erforderlich.

Material B – Gendiagnostik

B1 Begründe, mit welcher Wahrscheinlichkeit Carina das Allel für Chorea Huntington trägt!

Da es sich hier um einen autosomal-dominanten Erbgang handelt, haben Personen mit den beiden Genotypen AA und Aa das Gen, welches für die Krankheit verantwortlich ist, während Personen mit dem Genotyp aa nicht an Chorea Huntington erkranken werden. Carina trägt demnach mit 50 % Wahrscheinlichkeit das Allel für Chorea Huntington, da der Vater den Genotyp aa hat und die Mutter heterozgyot veranlagt ist, also den Genotyp Aa hat. Die Mutter kann nicht homozygot bezüglich des Allels sein, das der Krankheit zugrunde liegt, da der Großvater den Genotyp aa hat.

Gestufte Hilfen:
1. Überlege, welche Genotypen bei einem autosomal- dominanten Erbgang Merkmalsträger sind. Schlage zur Kontrolle auf der Seite 188 in deinem Schulbuch nach.
2. Erstelle ein Kreuzungsquadrat der Genotypen von Carinas Großeltern und Eltern.

B2 Bewerte Carinas Entscheidung gegen den Gentest! Stelle dazu zunächst Argumente zusammen, die für und gegen den Gentest sprechen!

Argumente für den Gentest:

– Carina erhält dadurch Gewissheit und kann ihre Lebensweise, Lebensziele und Lebensplanung darauf abstimmen.

- Wenn der Gentest ergibt, dass Carina das Chorea-Huntington-Gen nicht trägt, kann Carina ohne die psychische Belastung leben, die durch die Unsicherheit auftreten würde, ob sie erkranken wird oder nicht.
- Wenn Carina durch den Gentest erfährt, dass sie das Chorea-Huntington -Gen nicht hat, kann sie mit gutem Gewissen schwanger werden.

Argumente gegen den Gentest:
- Die Unsicherheit, ob die Krankheit auftreten wird oder nicht, kann zu einer hohen psychischen Belastung führen.

Bewertung:
Individuelle Schülerlösung. Muster der Formulierung einer möglichen Bewertung:
Ich halte die Entscheidung für oder gegen den Gentest für sehr schwierig, würde aber ebenfalls wie Carina einen Gentest ablehnen. Das Risiko, Gewissheit zu erhalten, dass ich an Chorea Huntington erkranken werde, scheint mir zu hoch. Wenn ich das wüsste, müsste ich mit einer langen Zeit rechnen, in der ich nicht so gut leben könnte, wie ich es mir vorstelle. Dieses Wissen würde mich sehr belasten.

B3 Nenne Argumente, die jeweils für und gegen die Präimplantationsdiagnose beziehungsweise die Fruchtwasseruntersuchung sprechen!
Argumente für Präimplantationsdiagnose:
- Paare, bei denen eine Wahrscheinlichkeit besteht, dass ihre Kinder genetisch bedingte Krankheiten haben, können mit Sicherheit gesunde Kinder haben.
- Das Leid kranker Kinder und ihrer Eltern kann vermieden werden.
- Die PID ermöglicht mehr Sicherheit in der Lebensplanung.
- Die Entscheidung für oder gegen einen Schwangerschaftsabbruch kann vermieden werden. Ein Schwangerschaftsabbruch, der nach der Feststellung der Krankheit beim ungeborenen Kind durch eine Fruchtwasseruntersuchung möglich wäre, ist psychisch sehr belastend.

Argumente gegen die Präimplantationsdiagnose:
- Wenn durch die PID festgestellt wird, dass ein Embryo das Gen für eine Erbkrankheit hat, wird dieser Embryo nicht übertragen. Aus ihm wird sich kein Kind entwickeln. Ethisch-moralische oder religiöse Orientierungen und Weltanschauungen können die Tötung auch sehr junger Embryonen verbieten.
- Die Chance, ein gesundes Kind zur Welt zu bringen, ist nicht gering, sie beträgt 50%.
- Die körperliche Belastung durch die Hormonbehandlung, die bei der In-vitro-Fertilisation erforderlich ist, ist hoch.
- Ob ein Embryo ein bestimmtes Gen trägt, lässt sich auch bei natürlicher Fortpflanzung feststellen, zum Beispiel durch eine Fruchtwasseruntersuchung. Dann kann man entscheiden, ob ein Schwangerschaftsabbruch durchgeführt werden soll.
- Der Wunsch nach Kindern kann auch durch Adoptionen erfüllt werden.
- Durch die PID besteht auch die Möglichkeit der gezielten Auswahl von Embryonen und bestimmten Genen, sodass Kinder mit von den Eltern erwünschten Merkmalen entstehen. Das kommt der Zucht von Menschen gleich.

Argument für die Fruchtwasseruntersuchung:
- Nach einer positiven Diagnose der Fruchtwasseruntersuchung lässt sich durch einen Schwangerschaftsabbruch vermeiden, dass Kinder mit bestimmten Erbkrankheiten geboren werden.

Argumente gegen die Fruchtwasseruntersuchung:
- Bei der Fruchtwasseruntersuchung besteht das Risiko einer Fehlgeburt.
- Die durch die Untersuchung mögliche Kenntnis davon, dass ein Kind entsteht, welches eine Erbkrankheit hat, kann zu Gewissenskonflikten führen. Wenn durch die Untersuchung festgestellt wird, dass der Embryo ein krankmachendes Gen hat, muss man entscheiden, ob ein Schwangerschaftsabbruch durchgeführt werden soll oder nicht. Die Entscheidung kann psychisch sehr belastend sein.

Gestufte Hilfe: Die Beschreibung des Verfahrens der Fruchtwasseruntersuchung und der damit verbundenen Risiken findest Du auf der Seite 200 des Schulbuchs.

Immunbiologie

1 Unspezifische Immunabwehr

Schutzbarrieren und Entzündungsreaktion

Seite 220–222

1 Beschreibe die Funktion der Lymphknoten bei der unspezifischen Immunabwehr!
Die Lymphknoten sind entlang der größten Lymphgefäße angeordnet und werden von der Lymphe durchströmt. In den Lymphknoten gibt es sehr viele Immunzellen. Sie filtern aus der Lymphe Giftstoffe, Reste abgestorbener Zellen und Krankheitserreger, und bauen sie ab.
Im oberen Brustbereich sind Blut- und Lymphgefäßsystem miteinander verbunden, sodass die gefilterte Lymphe dem Blut dort wieder zugeführt wird.

Seite 223 (Material)

Material A Unspezifische Immunabwehr

A1 Benenne die mit Zahlen gekennzeichneten Strukturen in der Abbildung!
1 = Fresszelle
2 = Ausstülpungen der Fresszelle = Scheinfüßchen
3 = Fremdkörper oder Krankheitserreger

A2 Erkläre den Begriff unspezifische Immunabwehr!
Der Körper hat zum Beispiel Fresszellen, die nicht auf bestimmte Krankheitserreger spezialisiert sind. Da Schutzbarrieren wie der Säureschutzmantel der Haut und die Fresszellen unspezialisiert als Schutz gegen eindringende Fremdkörper oder Krankheitserreger wirken, bezeichnet man diese Abwehr als unspezifische Immunabwehr.

A3 Nenne vier Abwehrmechanismen und beschreibe ihre Funktion!
Haut: Die Zellen der Haut liegen dicht beieinander und erschweren so Krankheitserregern das Eindringen. Zudem scheiden Drüsen in der Haut ständig Stoffe aus, die einen für viele Krankheitserreger lebensfeindlichen Säureschutzmantel auf der Haut bilden.
Schleimhäute: Offene Körperbereiche wie Mund und Nase sind durch die Schleimhäute ausgekleidet. Sie produzieren einen feuchten Schleim, der Abwehrstoffe enthält.
Magensäure: Manchmal gelangen Krankheitserreger über Mund und Speiseröhre in den Magen. Dort werden sie dann von der sehr sauren Magensäure abgetötet.
Fresszellen: Fresszellen können sich kriechend fortbewegen. Mit Ausstülpungen ihres Zellkörpers, die wie kleine Füßchen dieser Zelle aussehen, können sie Fremdkörper oder Krankheitserreger in ihr Zellinneres aufnehmen. Dort verdauen sie den Fremdkörper oder den Krankheitserreger durch Enzyme. Durch Fresszellen werden bereits in den Körper eingedrungene Krankheitserreger unschädlich gemacht.

A4 Stelle eine Hypothese auf, weshalb sich die Lymphknoten besonders in Bereichen um die Körperöffnungen befinden!
Unsere Körperöffnungen bieten einen leichteren Zugang für Eindringlinge. In den Lymphknoten befinden sich viele Immunzellen, die Krankheitserreger und Giftstoffe aus der Lymphe herausfiltern. Somit fließen die über die Körperöffnungen in den Körper eingedrungenen Krankheitserreger und Giftstoffe mit der Lymphe bereits kurz nach ihrem Eindringen durch die Lymphknoten. So können sie vom Körper bereits kurz nach dem Eindringen wieder herausgefiltert und unschädlich gemacht werden.

Material B Ablauf einer Entzündungsreaktion

B1 Beschreibe die in den Abbildungen dargestellten Vorgänge A–C!
A: Mit einem Fremdkörper gelangen Krankheitserreger unter die Haut. Das löst die Bildung von Signalstoffen aus.
B: Weiße Blutzellen verlassen ein Blutgefäß. Die betroffene Hautstelle schwillt an. Das Blutgefäß hat sich erweitert. Es sind mehr Blutzellen im Blutgefäß.
C: Die weißen Blutzellen nehmen Krankheitserreger auf, sie phagozytieren sie. Die verletzte, geöffnete Hautstelle ist weitgehend geschlossen. Das Blutgefäß hat wieder seine ursprüngliche Weite eingenommen. Die Zahl der Blutzellen entspricht der von Abbildung A. Es treten keine Blutzellen mehr aus dem Blutgefäß aus.

B2 Ordne die Symptome einer Entzündungsreaktion den Abbildungen A–C zu und begründe deine Zuordnung!
Abbildung A: Schmerz; *Begründung*: Das Eindringen eines Fremdkörpers wird als Schmerz wahrgenommen.

Abbildung B: Die verletzte Stelle rötet sich, erwärmt sich, schwillt an und schmerzt. *Begründung*: Durch die sich erweiternden Gefäße erhält die verletzte Stelle mehr Blut und erscheint dadurch röter. Außerdem erwärmt sie sich dadurch. Die Schwellung tritt auf, weil Blutplasma aus den Blutgefäßen austritt. Die Stelle schmerzt, weil die Schwellung Nervenendigungen reizt.

Abbildung C: Die bei B beschriebenen Symptome klingen ab. *Begründung*: Die Fresszellen haben die Krankheitserreger beseitigt. Dadurch wird der Körper nicht weiter dazu angeregt, Signalstoffe zu bilden. Das Verschwinden der Signalstoffe führt dazu, dass die Blutgefäße wieder ihre normale Größe und Eigenschaften erhalten, sodass die Rötung, Erweiterung, und die Schwellung zurückgehen. Auch der Schmerz lässt dadurch nach.

B3 Erläutere am Beispiel der Entzündungsreaktion das biologische Prinzip Kommunikation und Information!
Entsprechend des biologischen Prinzips Information und Kommunikation werden auch innerhalb eines Organismus Informationen aufgenommen und verarbeitet. Die Informationsverarbeitung einen Einfluss auf Stoffwechselvorgänge hat. Die Entzündungsreaktion wird dadurch ausgelöst, dass die verletzten Körperzellen Informationen in Form von Signalstoffen abgeben. Durch die Signalstoffe werden verschiedene Abwehr-mechanismen ausgelöst.

2 Spezifische Immunabwehr

Bakterien und Antikörperbildung

Seite 224–226

1 Nenne die an der humoralen Immunantwort beteiligten Zellen und Zellbestandteile und ihre jeweilige Funktion!
Antigene: Unterscheidung körpereigener von körperfremden Zellen; Erkennung körperfremder Zellen durch die Immunzellen
Fresszellen: Erkennung und Phagozytose körperfremder Zellen; Ausschüttung von Botenstoffen, die weitere Fresszellen anlocken und Helferzellen aktivieren
Helferzellen: Aktivierung von spezifischen B-Lymphozyten
B-Lymphozyten: Umwandlung in spezifische Plasmazellen
Plasmazellen: Teilung; Bildung von spezifischen Antikörpern in großer Menge
Spezifische Antikörper: Bindung und Verklumpung der Krankheitserreger; dadurch Bildung von Antigen-Antikörper-Komplexen
Fresszellen: Phagozytose der Antigen-Antikörper-Komplexe

2 Erkläre die Bedeutung des Schlüssel-Schloss-Prinzips für die humorale Immunantwort!
Die spezifischen Antikörper passen bei jeder Infektion nur zu den Antigenen des aktuellen Krankheitserregers wie ein „Schlüssel zu seinem Schloss“. Für die Antigene des aktuellen Krankheitserregers hat der spezifische Antikörper mindestens zwei Bindungsstellen. So kann ein Antikörper zwei Krankheitserreger miteinander verbinden. Mithilfe mehrerer identischer Antikörper werden die Krankheitserreger zu größeren Klumpen verbunden, zu den Antigen-Antikörper-Komplexen, die dann von den Fresszellen phagozytiert werden. Das Schlüssel-Schloss-Prinzip hat für die spezifische Bekämpfung von Krankheitserregern eine große Bedeutung für die humorale Immunantwort.

Seite 227 (Material)

Material A – Vermehrung von Bakterien

A1 Beschreibe das abgebildete Liniendiagramm und den Kurvenverlauf!
Im abgebildeten Liniendiagramm kann auf der Hochachse die Anzahl der Bakterien abgelesen werden. Auf der Rechtsachse ist die Zeit in Minuten dargestellt.
Die Anzahl der Bakterien steigt bis nach ungefähr 80 Minuten langsam an. Danach nimmt die Anzahl der Bakterien immer schneller zu. Nach ungefähr 280 Minuten fällt die Kurve ebenso steil ab, wie sie vorher anstieg, erreicht aber das Ausgangsniveau nicht, sondern bleibt auf einem etwas höheren Wert.

A2 Ermittle, wie viele Bakterien nach drei Stunden aus einer Bakterienzelle entstanden sind, wenn alle 20 Minuten eine Teilung stattfindet! Stelle die errechneten Werte als Liniendiagramm dar!

Wertetabelle:

Zeit (Minuten)	0	20	40	60	80	100
Anzahl der Bakterien	1	2	4	8	16	32

Zeit (Minuten)	120	140	160	180
Anzahl der Bakterien	64	128	256	512

Nach drei Stunden sind aus einer Bakterienzelle 512 Bakterienzellen entstanden.

Liniendiagramm:

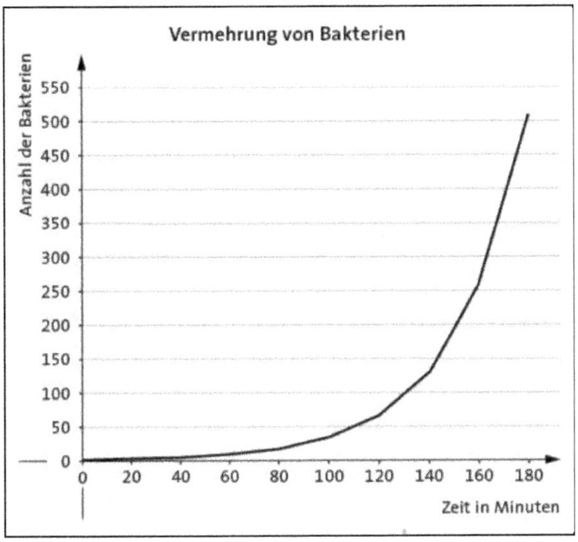

Gestufte Hilfen:
Hilfe 1: Lege zunächst eine Wertetabelle an.
Hilfe 2: Vorgabe der Achsenbeschriftung.
Hilfe 3: Vorgabe der Achsenskalierung (x-Achse: 1 cm = 20 min; y-Achse: 1 cm = 100 Bakterien).

Zusatzinformation: Die Vermehrung von Bakterien wird durch ein exponentielles Wachstum beschrieben. Es kann als Funktion in einer allgemeinen Form $f(t)= a_0 e^{\lambda \cdot t}$ *dargestellt werden.* a_0 *ist dabei die Anzahl der Bakterien zum Ausgangszeitpunkt t=0, e ist die Eulersche Zahl,* λ *ist die Wachstumsrate.*
Wir wissen, dass zum Zeitpunkt $t = 0$ *ein Bakterium vorhanden ist. Daraus folgt* $f(0) = 1$*, wir setzen ein:*

$$1 = a_0 \cdot e^{\lambda \cdot 0}$$

$$a_0 = 1$$

Zum Zeitpunkt $t = 20$ *sind 2 Bakterien vorhanden. Daraus folgt:* $f(20) = 2$*, wir setzen ein:*

$$2 = 1 \cdot e^{\lambda \cdot 20}$$

$$ln2 = \lambda \cdot 20$$

$$\frac{ln2}{20} = \lambda$$

$$\lambda \approx 0{,}03466$$

$$\rightarrow f(t) = e^{\lambda \cdot t}$$

Durch Einsetzen des Wachstumsfaktors λ in die Formel $f(t) \cdot e^{\lambda \cdot t}$ kann die Anzahl der Bakterien in unserem Beispiel zu beliebigen Zeitpunkten näherungsweise berechnet werden. Beispiel 60 Minuten:

$$f(60) = e^{0{,}03466 \cdot 60}$$

$$f(60) \approx 8$$

A3 Vergleiche die von dir erstellte Kurve mit der abgebildeten Kurve!
Die im Buch abgebildete Kurve steigt zu Beginn ähnlich an wie die erstellte Kurve. Im weiteren Verlauf flacht die abgebildete Kurve ab, verläuft dann waagerecht und fällt schließlich bis fast auf das Ausgangsniveau ab. Die erstellte Kurve stellt einen Ausschnitt aus der abgebildeten Kurve dar, die beiden Kurven unterscheiden sich im Maßstab der Zeitachse.

Gestufte Hilfe:
Vorgabe eines korrekten Liniendiagramms.

A4 Stelle eine Hypothese auf, wie sich die Unterschiede zwischen den beiden Kurven erklären lassen!
Die Bakterien können sich in einer bestimmten Umgebung nicht grenzenlos vermehren. Platz und Nährstoffe sind begrenzt, deshalb flacht die abgebildete Kurve nach einiger Zeit ab. Nachdem die Nährstoffe aufgebraucht sind, sterben die Bakterien.

Gestufte Hilfe: Bedenke, dass Bakterien für ihre Lebensvorgänge Nährstoffe benötigen.

Zusatzinformation: Beide Kurven sind zeichnerisch unterschiedlich. Die von den Schülern erstellte Kurve stellt einen Ausschnitt aus der im Buch abgebildeten Kurve dar. Ursächlich für die Abnahme der Vermehrungsrate und den Rückgang der Bakterienanzahl sind: Nährstoffmangel, hohe Populationsdichte, sinkender Sauerstoff-Partialdruck sowie die zunehmende Konzentration an Stoffwechselprodukten (z. B. Säuren) im Nährmedium. Die Bakterienzellen können auch durch zelleigene Enzyme aufgelöst werden (Autolyse).

Material B – Infektionen und Vorbeugung

B1 Vergleiche die Übertragungswege der genannten, durch Bakterien verursachten Krankheiten!
Die Pest wird durch den Stich eines Flohs durch die Haut übertragen. Der Tripper wird durch Geschlechtsverkehr über Schleimhäute übertragen. Der Scharlach wird durch Tröpfcheninfektion über Mund und Nase übertragen.

B2 Beschreibe Maßnahmen, mit denen man sich vor der Infektion mit den beschriebenen Krankheiten schützen kann!
Pest: Durch eine Bekämpfung von Ratten und Flöhen sowie einen Schutz der Menschen vor Flohstichen kann einer Infektion mit der Beulenpest vorgebeugt werden.
Tripper: Die Übertragung von Tripper kann durch den Gebrauch von Kondomen beim Geschlechtsverkehr verhindert werden.
Scharlach: Um eine Infektion mit Scharlach zu vermeiden, sollte man keinen zu engen Kontakt zu infizierten Personen haben.

B3 Stelle eine Hypothese auf, weshalb im Mittelalter so viele Menschen an der Pest erkrankten!

Die schlechten hygienischen Bedingungen im Mittelalter konnten zu einer starken Vermehrung der Ratten und Flöhe führen. Da man weder über den Übertragungsweg noch über den Erreger Bescheid wusste, konnte man die Krankheit nicht eindämmen. Antibiotika waren nicht bekannt.

Zusatzinformation: Die Pest tritt hauptsächlich in drei Erscheinungsformen auf, der Lungenpest, der Beulenpest sowie der Pestsepsis. Die Beulenpest endet unbehandelt in ca. 50 % der Fälle tödlich, die anderen Formen in nahezu allen Fällen. Die primäre Lungenpest wird durch Tröpfcheninfektion übertragen. Bei der Pestsepsis gelangen gleichzeitig große Mengen an Pesterregern (z. B. aus den nach innen platzenden Beulen) in die Blutbahn oder dann in die Lunge (sekundäre Lungenpest). Nach neueren Daten (Schuenemann et al. 2011 sowie Bos et al. 2011) scheint geklärt, dass Yersinia pestis für die verheerende Pandemie in der Mitte des 14. Jahrhunderts („Schwarzer Tod", ca. 75-200 Mio. Opfer in Eurasien) verantwortlich gemacht werden kann.

Welchen Anteil die Lungenpest an den Pandemien hatte, ist nicht bekannt, die Lungenpest ist auch heute noch nicht endgültig verstanden. Warum die Epidemien gegen Ende des 17. Jh. nur noch vereinzelt auftraten, ist ebenfalls nicht geklärt. Eine Beteiligung des Menschenflohs an der schnellen Ausbreitung der Pest wird diskutiert.

Die letzte große Pestepidemie grassierte im Winter 1910/11 in der chinesischen Mandschurei und forderte mindestens 60 000 Menschenleben. Als Reservoir für Yersinia fungierte das damals noch häufige Tarbagan Murmeltier (Marmota sibirica), ein beliebtes Jagdtier.

Auch heute treten weltweit noch 1000 bis 2000 Pestfälle pro Jahr auf, z.B. in China, der DR Kongo und Madagaskar (WHO 2014).

B4 Nach Naturkatastrophen, zum Beispiel nach einem Erdbeben, treten häufig in großen Gebieten Choleraepidemien auf. Scharlachepidemien dagegen bleiben meistens örtlich begrenzt. Stelle eine Hypothese auf, wie dieser Unterschied erklärt werden könnte!

Nach Naturkatastrophen kann das Trinkwasser auch durch menschliche Ausscheidungen verschmutzt werden, weil die Abwasserreinigung und/oder die Trinkwasserversorgung ausfallen. Wenn die Ausscheidungen eines cholerakranken Menschen ins Trinkwasser gelangen, können sich gleichzeitig viele Menschen, die dieses Wasser trinken, mit Cholera infizieren.

Die Übertragung von Scharlach geschieht dagegen durch Tröpfcheninfektion. Für die Übertragung ist relativ enger Kontakt notwendig.

Gestufte Hilfe: Berücksichtige dabei vor allem die Art der Infektionswege.

Viren und zelluläre Immunantwort

Seite 228–230

1 Beschreibe den Bau und die Vermehrung eines Virus!

Bau: Ein Virus ist sehr klein. Er besteht aus einer Proteinhülle mit zahlreichen Fortsätzen. Im Innern befindet sich Erbsubstanz.

Vermehrung: Ein Virus kann sich nicht selbst vermehren. Es benötigt zur Vermehrung eine lebende Wirtszelle. Trifft ein Virus auf eine Schleimhautzelle, bleibt es mit seinen Proteinfortsätzen an der Oberfläche der Zelle haften. Das Virus wird von der Zellmembran umschlossen und in einem Membranbläschen in die Zelle aufgenommen. Dann bricht die Proteinhülle auf und die Erbsubstanz des Virus gelangt in die Wirtszelle. Die Erbsubstanz des Virus stellt nun den Stoffwechsel der Wirtszelle so um, dass Virusbausteine hergestellt werden. Die Bausteine fügen sich zu neuen Viren zusammen. Die Wirtszelle platzt und setzt eine große Anzahl von Viren frei, die weitere Zellen befallen können.

2 Nenne die an der zellulären Immunantwort beteiligten Strukturen und ordne ihnen ihre jeweilige Funktion zu!

Fresszellen: Erkennung und Phagozytose eingedrungener Viren; Ausschüttung von Botenstoffen, die weitere Fresszellen anlocken und Helferzellen aktivieren, Phagozytose und Abbau von Bruchstücken zerstörter Körperzellen.

Helferzellen: Ausschüttung von Botenstoffen zur Aktivierung von T-Lymphozyten

Infizierte Körperzellen: Produktion von Virenbausteinen; Präsentation von Proteinen der Virushülle auf der eigenen Zelloberfläche

T-Lymphozyten: Aktivierung durch Botenstoffe der Helferzellen, Vermehrung und Umwandlung in Killerzellen

Killerzellen: Abgabe von Stoffen, die die Zellmembran infizierter Zellen durchlöchert; dadurch sterben die infizierten Zellen und Viren können nicht weiter vermehrt werden

Seite 231 (Material)

Material A – Übertragungswege von Krankheitserregern

A1 Beschreibe die in den Abbildungen dargestellten Übertragungswege von Krankheitserregern!

A: Der Hund schleckt das Gesicht des Kindes im Nasen- und Mundbereich ab. Durch den Speichel des Hundes und durch den engen Kontakt mit dem Körperfell des Hundes können dort lebende Krankheitserreger auf das Kind übertragen werden.

B: Bei einem Insektenstich kann der Speichel des Insektes mit Krankheitserregern direkt in die Haut oder in die Blutbahn von Menschen übertragen werden.

C: An der Oberfläche von ungewaschenem Obst können sich Krankheitserreger befinden. Beim Essen gelangen diese dann in unseren Körper.
D: Die überall in der Luft vorkommenden Krankheitserreger können sich vorübergehend auch auf unserer Haut aufhalten. Im Kontakt mit anderen Gegenständen geben wir diese wieder weiter wie zum Beispiel an Haltegriffen in Bussen. Diese Gegenstände werden häufiger berührt. Die Krankheitserreger gelangen direkt über die Haut in unseren Körper, oder wenn man sich anschließenden mit der Hand über das Gesicht im Nasen- und Mundbereich fährt.

A2 Nenne weitere Möglichkeiten der Übertragung von Krankheitserregern aus deinem Schulalltag!
- bei der Berührung der Türklinken, Bälle im Sport, Computertastatur, Toilette;
- durch das Niesen oder Husten eines Mitschülers;
- durch das gemeinsame Trinken aus einer Flasche;
- durch herumliegende, verunreinigter Papiertaschentücher;
- bei Verletzung der Haut, zum Beispiel im Sportunterricht;
- …

A3 Beschreibe, wie man sich in den dargestellten Situationen vor Infektionen mit Krankheitserregern schützen kann!
A: Das Kind sollte zum Beispiel durch Abwenden seines Gesichtes vermeiden, dass der Hund mit seiner Zunge über die Lippen oder über die Nasenöffnung des Kindes lecken kann.
B: Durch Einreiben der Haut mit einem Insektenschutzmittel kann man sich vor einem Insektenstich schützen.
C: Obst vor dem Verzehr gut waschen, um die Krankheitserreger zu entfernen.
D: Die Hände sorgfältig mit Seife waschen oder mit einem Desinfektionsmittel einreiben, damit die Bakterien und andere Krankheitserreger entfernt oder getötet werden.

A4 Nenne die Abbildungen, in denen der erste Abwehrmechanismus des Körpers greift! Beschreibe die jeweils möglichen Schutzeinrichtungen!
In den Situationen A, C und D greift der erste Abwehrmechanismus des Körpers.
Mögliche Schutzeinrichtungen:
A: Die feuchte Schutzschicht der Mund- und Nasenschleimhäute schützt vor dem Eindringen von Krankheitserregern.
C: Bakterien werden durch die Magensäure abgetötet.
D: Der Säureschutzmantel auf der Haut ist für viele Krankheitserreger lebensfeindlich.

Material B – Antikörper

B1 Zeichne zu den drei abgebildeten Erregern die spezifischen Antikörper!

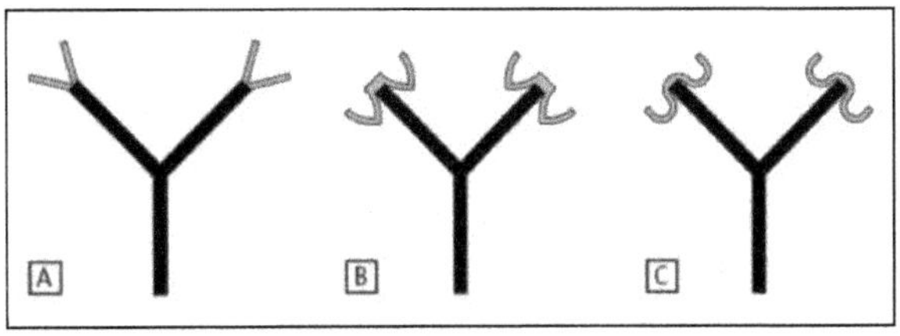

A = Antikörper gegen Antigen des Krankheitserregers A
B = Antikörper gegen Antigen des Krankheitserregers B
C = Antikörper gegen Antigen des Krankheitserregers C

Gestufte Hilfe: Beachte, dass ein Antikörper jeweils 2 Krankheitserreger des gleichen Typs binden kann.

B2 Erkläre anhand dieser Beispiele das Schlüssel-Schloss-Prinzip!
Wie beispielsweise am Bau der Antikörper gegen die Antigene des Krankheitserregers B zu sehen ist, passen diese weder auf die Antigene des Krankheitserregers A noch auf die Antigene des Krankheitserregers C. Daher kann hier keine Bindung zwischen Antikörper und Antigen stattfinden. Der „Schlüssel" der Antikörper B passt nur zum „Schloss" der Antigene B. Es liegt also ein Schlüssel-Schloss-Prinzip vor.

B3 Erläutere die Vorteile der Bekämpfung von Krankheitserregern durch Antikörper!
Antikörper können spezifisch an Antigene binden und so gezielt einen bestimmten Erreger an seiner Vermehrung hindern.
Antikörper verfügen über zwei spezifische Bindungsstellen für ein bestimmtes Antigen. Dadurch können viele Antikörper mit den Antigenen zahlreicher Erreger zu einem Klumpen reagieren. In kürzerer Zeit können auf diese Weise mehr Erreger aus dem Blut „abgefangen" werden, weil die Fresszellen mit einem Vorgang nicht einzelne Erreger, sondern viele zu einem Klumpen zusammengeballte Erreger aufnehmen können. Die Beseitigung über die Fresszellen kann auf diese Weise schneller ablaufen.
Zusatzinformation: Es gibt weitere Vorteile. Viren werden daran gehindert in die Zellen einzudringen, weil sie in verklumpter Form die Zellen nicht infizieren können. Zudem werden Antikörper nur dann spezifisch gebildet, wenn der Krankheitserreger in den Körper eingedrungen ist. Dadurch wird Material und Energie eingespart.

B4 Nenne ein weiteres Beispiel für das Schlüssel-Schloss-Prinzip!
Verdauungsenzyme und Nährstoffe, zum Beispiel Amylase und Stärke

Material C – Fieber

C1 Beschreibe das Diagramm und den Kurvenverlauf!
Die Hochachse, die y-Achse, des Diagramms repräsentiert die Körpertemperatur in Grad Celsius. Auf der Rechtsachse, der x-Achse, des Diagramms sind die Tage im Verlauf der Grippeerkrankung eines infizierten Kindes eingetragen. In den ersten zwei Tagen schwankt die Körpertemperatur geringfügig um 37 Grad Celsius. Nach zwei Tagen beginnt die Kurve anzusteigen. Am vierten Tag hat das Fieber seinen höchsten Wert von 40 Grad Celsius erreicht. Der Kurvenabfall ist etwas flacher. Es dauert sechs Tage bis die normale Körpertemperatur von 37 Grad wieder erreicht wird.

C2 Erkläre, weshalb das Fieber ab dem vierten Tag zurückgeht!
Die Killerzellen erkennen die mit Grippeviren befallenen Körperzellen und zerstören diese. Die Grippeviren werden daher an ihrer Vermehrung gehindert. Die im Blut vorkommenden Grippeviren werden durch die gebildeten Antikörper verklumpt und durch die anschließende Tätigkeit der Fresszellen beseitigt. Dadurch nimmt die Anzahl der Grippeviren ab, und das Fieber beginnt zu sinken. Die Zerstörung der befallenen Körperzellen und die Bildung von Antikörpern braucht Zeit. Dadurch nimmt die Anzahl der Grippeviren ab, und das Fieber geht ab dem vierten Tag zurück.

Immunisierung

Seite 232–234

1 Erkläre, weshalb die aktive Immunisierung als Schutzimpfung bezeichnet wird!
Bei der aktiven Immunisierung werden abgeschwächte oder abgetötete Krankheitserreger geimpft. Die spezifische Immunabwehr wird in Gang gesetzt, und zudem werden viele Gedächtniszellen gebildet. Bei einer späteren Infektion durch den gleichen Erreger sorgen diese Gedächtniszellen dafür, dass in sehr kurzer Zeit große Mengen von spezifischen Antikörpern gegen die Antigene des Erregers gebildet werden. Der Ausbruch der Krankheit wird dadurch verhindert. Da der Körper bei dieser Impfung selbst einen Schutz aufbaut, bezeichnet man die aktive Immunisierung als Schutzimpfung.

2 Nenne die Unterschiede zwischen aktiver und passiver Immunisierung! Fertige dazu eine Tabelle an!

	Aktive Immunisierung	Passive Immunisierung
Art des Impfstoffs	Abgeschwächte oder abgetötete Erreger werden geimpft.	Spezifische Antikörper werden geimpft.
Immunantwort	Eigene spezifische Immunabwehr wird durch den Impfstoff in Gang gesetzt.	Eigene spezifische Immunabwehr wird durch den Impfstoff nicht in Gang gesetzt.
Impfmethode	Vorbeugende Maßnahme: Schutzimpfung.	Unterstützende Maßnahme zur Heilung: Heilimpfung.
Immunität	Der Körper wird immun.	Der Körper wird nicht immun.

Zusatzinformation: Bei einer aktiven Immunisierung mit abgeschwächten Krankheitserregern kann es sich wie im Falle der Windpocken um einen Lebendimpfstoff handeln, d.h. die Viren können sich noch vermehren. Aus Gründen der didaktischen Reduktion und der abnehmenden Tendenz, Lebendimpfstoffe zu verwenden, wird im Schulbuchtext die eventuelle Vermehrungsfähigkeit nicht berück.
Bei Schwangeren ohne Impfschutz und bei abwehrgeschwächten Patienten (auch bei gefährdeten Neugeborenen), die in Kontakt mit Windpocken kommen, muss innerhalb von wenigen Tagen eine passive Immunisierung erfolgen.

3 Erstelle ein Pfeildiagramm, das die einzelnen Verfahrensschritte zur Herstellung eines Heilserums beschreibt!

Impfung von Tieren, zum Beispiel Pferden, mit abgeschwächten Krankheitserregern

↓

Bildung von spezifischen Antikörpern im Pferdeblut gegen die jeweiligen Erreger

↓

Entnahme von Pferdeblut mit den spezifischen Antikörpern

↓

Reinigung und Herstellung des Heilserums im Labor

↓

fertiger Impfstoff: Heilserum mit den spezifischen Antikörpern

Gestufte Hilfe: Vorgabe der Elemente des Flussdiagramms in ungeordneter Reihenfolge.

Seite 235 (Material)

Material A – Experimente mit Blut

A1 Beschreibe die Durchführung des Experiments!
Das Experiment besteht aus drei Ansätzen. In jedem Ansatz steht die gleiche Menge Lösung mit Typhuserregern zur Verfügung.
In Versuchsansatz A wurde 10 Milliliter Blut einer an Typhus erkrankten Person in die Typhuslösung getropft.
In Versuchsansatz B wurde 10 Milliliter Blut einer gesunden Person in die Typhuslösung getropft.
In Versuchsansatz C wurde 10 Milliliter Blut einer Person, die zuvor gegen Typhus aktiv geimpft wurde, in die Typhuslösung getropft.

A2 Formuliere eine Fragestellung, die mit dem Experiment beantwortet werden kann!
Mögliche Fragestellungen:
- Werden bei einer Erkrankung an Typhus Antikörper gegen diese Erreger gebildet?
- Haben Personen, die nicht an Typhus erkrankt sind, Antikörper gegen die Typhuserreger in ihrem Blut?
- Werden durch eine aktive Immunisierung Antikörper gegen die Typhuserreger gebildet?

A3 Werte die Ergebnisse aus!
Versuchsansatz A: Das Blut einer an Typhus erkrankten Person enthält spezifische Antikörper gegen die Typhuserreger. Die Antikörper verklumpen die Typhuserreger in der Flüssigkeit.
Versuchsansatz B: Das Blut einer gesunden Person enthält keine spezifischen Antikörper gegen die Typhuserreger. Es kommt daher zu keiner Verklumpung.
Versuchsansatz C: Das Blut einer Person, die zwei Wochen zuvor gegen Typhus aktiv immunisiert wurde, hat Antikörper gegen die Typhuserreger gebildet. Die Typhusflüssigkeit ist ebenfalls wie in Versuchsansatz A verklumpt.

Gestufte Hilfen:
Hilfe 1: Berücksichtige die Bedeutung von Antikörpern.
Hilfe 2: Überlege, wie man überprüfen kann, ob eine aktive Immunisierung erfolgreich war.

A4 Wenn man in Ansatz C Blut einer Person verwendet, die mehrere Jahre zuvor gegen Typhus aktiv immunisiert wurde, erhält man das gleiche Ergebnis wie in Ansatz B. Erkläre!
Mehrere Jahre nach der aktiven Immunisierung sind alle bei dieser Immunabwehr gebildeten Antikörper abgebaut. Nur noch die Gedächtniszellen sind vorhanden. Diese können aber die Typhuserreger nicht verklumpen. Außerhalb des Körpers können sie auch nicht die Bildung von Antikörpern auslösen. Daher ist das Ergebnis gleich wie in Ansatz B.

Gestufte Hilfen:
Hilfe 1: In Ansatz B werden die Erreger nicht verklumpt.
Hilfe 2: Beachte die Wirkung der Gedächtniszellen.

Material B Impfen – pro und kontra

B1 Beschreibe und erkläre den Verlauf der Maserninfektionen in der Region Passau anhand des Diagramms!
Beschreibung: Das Diagramm zeigt die Anzahl der Masernerkrankten im Jahr 2007 in der Region Passau über einen Zeitraum von 15 Wochen. In den ersten 8 Wochen schwankt die Anzahl zwischen 0 und 3 Erkrankten. Von der 8. bis 10. Woche erfolgt ein Anstieg auf 13 Erkrankte. Bis zur 14. Woche schwankt die Anzahl der Erkrankten zwischen 4 und 13. Von der 15. bis 20. Woche sinkt die Anzahl der Erkrankten auf Nullniveau ohne erneuten Anstieg bis zur 25. Woche.
Erklärung: Die konstant geringe Anzahl Erkrankter über den Zeitraum der ersten 8 Wochen zeigt, dass bei einer geringen Anzahl Erkrankter auch eine Übertragung auf andere Personen nur selten erfolgt. Kommt es dennoch zu einem Anstieg der Erkrankten wie in der 8. bis 10. Woche, so bleibt die Anzahl der Erkrankten über mehrere Wochen auf einem höheren Niveau, da viele Erkrankte auch mit einer höheren Wahrscheinlichkeit weitere Menschen anstecken können. Das Absinken der Erkrankten nach 14 Wochen ist wahrscheinlich auf entsprechende Maßnahmen zur Vermeidung von Ansteckungen zurückzuführen.

B2 Erkläre, weshalb eine hohe Impfrate von mindestens 95 Prozent notwendig ist, um in einem bestimmten Gebiet eine Infektionskrankheit wie Masern auszurotten!
Nur wenn eine hohe Anzahl von Menschen geimpft ist, sinkt die Wahrscheinlichkeit einer Ansteckung in einem bestimmten Gebiet so stark, dass eine Ausbreitung der Erkrankung ausbleibt.

B3 Bewerte, ob der Hinweis auf den Herdenschutz ein begründbares Argument darstellt! Beachte hierbei, dass Argumente sowohl durch Tatsachen als auch durch Normen oder Interessen begründet sein sollten!
Die Ausbreitung der Erkrankung im Raum Passau zeigt, dass die Krankheit sich tatsächlich ausbreiten kann, wenn in der Bevölkerung die Impfrate unter 95 Prozent liegt. Diese Tatsache bestätigt, dass durch geringe Impfraten auch Mitmenschen stärker gefährdet sind. Zudem stellt der Gesundheitsschutz insgesamt eine breit anerkannte Norm in unserer Gesellschaft dar und bestärkt somit das Herdenschutz-Argument.

HI-Virus – Angriff auf das Immunsystem

Seite 236–238

1 Erkläre die Gefährlichkeit von HI-Viren!
HI-Viren befallen Helferzellen und zerstören diese. Dadurch sinkt die Anzahl an Helferzellen. Da Helferzellen für die Aktivierung der Immunabwehr verantwortlich sind, führt dies zu einer starken Schwächung der Immunabwehr. Sonst harmlose Krankheitserreger können dadurch nicht mehr ausreichend bekämpft werden.

2 Erstelle ein Pfeildiagramm zu den Vorgängen 1 bis 10 in Abbildung 03!
Ein HI-Virus bleibt mit seinen Proteinfortsätzen an der Oberfläche einer Helferzelle haften. (1)

↓

Die Proteinhülle des HI-Virus verschmilzt mit der Membran der Wirtszelle und öffnet sich in die Wirtszelle. (2)

↓

Der Innenkörper des HI-Virus gelangt in die Wirtszelle, und die Erbsubstanz des HI-Virus wird ins Zellplasma der Wirtszelle freigesetzt. (3)

↓

Die HIV-Erbsubstanz wandert in den Zellkern der Wirtszelle. (4)

↓

Die HIV-Erbsubstanz wird in die Erbsubstanz der Wirtszelle eingebaut. (5)

↓

Im Zellkern wird die HIV-Erbsubstanz kopiert und vervielfältigt. Die Kopien werden ins Zellplasma abgeben. (6)

↓

Anhand der Kopien werden HIV-Bausteine hergestellt. (7)

↓

In der Nähe der Zellmembran der Wirtszelle werden die Bausteine zu neuen HI-Viren zusammengesetzt. (8)

↓

Ein neuer HI-Virus schnürt sich von der Wirtszelle ab. (9)

↓

Neue HI-Viren haben die Wirtszelle verlassen. (10)

Seite 239 (Material)

Material A – HIV-Übertragung

A1 Nenne die Abbildungen, die Situationen zeigen, bei denen ein hohes Risiko besteht, sich mit HIV zu infizieren!
Das Risiko einer HIV-Infektion ist hoch bei: **B** = Blutkontakt bei Erste-Hilfe-Maßnahmen, z. B. ohne Handschuhe, **C** = Benutzung gemeinsamer Spritzen, z. B. bei Drogenabhängigen und **E** = ungeschütztem Geschlechtsverkehr, z. B. ohne Kondom.

A2 Erkläre für die Abbildung E das Infektionsrisiko!
Bei infizierten Personen ist die Anzahl an HI-Viren im Blut und in der Spermien- und Scheidenflüssigkeit besonders hoch. Da am Penis und in der Scheidenschleimhaut oft kleinste, nicht bemerkbare Risse vorhanden sind, können beim ungeschützten Geschlechtsverkehr HI-Viren aus der Spermien- oder Scheidenflüssigkeit ins Blut des nicht infizierten Partners gelangen.

A3 Beschreibe ein weiteres Beispiel für eine mögliche HIV-Infektion!
- Eine infizierte Mutter kann bei der Geburt ihr Kind durch Blutkontakt infizieren. Das Kind kann auch beim Stillen durch HI-Viren in der Muttermilch infiziert werden.
- Blutkonserven, die nicht streng auf HIV untersucht wurden, können ein Infektionsrisiko darstellen.

Material B – Krankheitsverlauf einer HIV-Infektion

B1 Beschreibe die beiden Diagramme und den jeweiligen Kurvenverlauf!
Im linken Diagramm ist die Anzahl an HI-Viren im Blut einer infizierten Person während der ersten zwölf Wochen nach der Infektion und im Laufe der folgenden Jahre dargestellt. Das rechte Diagramm zeigt die Anzahl an Helferzellen im Blut für den gleichen Zeitraum. In beiden Diagrammen sind die Phasen des Krankheitsverlaufs eingezeichnet.
Die Anzahl an HI-Viren steigt in der akuten Phase steil an, auf fast eine Million Viren in einem tausendstel Liter Blut. Gleichzeitig sinkt die Anzahl an Helferzellen deutlich von etwa Tausend Zellen in einem millionstel Liter Blut auf etwa 500 Zellen. Beim Übergang von der akuten in die verborgene Phase sinkt die Anzahl an HI-Viren wieder und die Anzahl an Helferzellen steigt etwas an. Während der verborgenen Phase ist ein langsamer aber stetiger Anstieg der Anzahl an HI-Viren und eine allmähliche Abnahme der Anzahl an Helferzellen zu beobachten. In der Aids-Phase steigt dann die Anzahl an Viren wieder steil an und überschreitet den höchsten Wert in der akuten Phase. Die Anzahl an Helferzellen sinkt gleichzeitig auf einen sehr niedrigen Wert, deutlich unter 200 Zellen in einem millionstel Liter Blut. Insgesamt verlaufen die beiden Kurven also gegenläufig.

B2 Erkläre den Zusammenhang zwischen den beiden Kurven!
Der gegenläufige Verlauf der beiden Kurven kommt dadurch zustande, dass HI-Viren Helferzellen befallen und zerstören. Je mehr HI-Viren im Blut sind, desto mehr Helferzellen können befallen und zerstört werden.

B3 Vergleiche Aids-Phase und akute Phase! Begründe, in welcher Phase die Krankheitserscheinungen schwerwiegender sind!
In der Aids-Phase nimmt die Anzahl an HI-Viren im Blut stärker zu als in der akuten Phase, und im Gegensatz zur

akuten Phase nimmt sie nicht mehr ab. Die Anzahl an Helferzellen ist in der Aids-Phase sehr viel geringer als in der akuten Phase. Die Krankheitserscheinungen in der Aids-Phase sind deshalb schwerwiegender als in der akuten Phase, weil die Anzahl an Helferzellen in der Aids-Phase so niedrig ist, dass die Immunabwehr kaum noch aktiviert werden kann und sich damit Krankheitserreger ungehindert vermehren und den Körper schädigen.

Gestufte Hilfe: Berücksichtige die Aufgabe der Helferzellen bei der Abwehr von Krankheitserregern zum Beispiel Bakterien.

Material C – Schutz vor Aids

C1 Beschreibe die abgebildeten Werbeplakate!
Plakat A
Der Cartoon des Werbeplakats zeigt zwei Augenpaare auf dunkelblauem Hintergrund, die sich ansehen. Darüber steht „ZUFALLSBEKANNTSCHAFT?“, und im unteren linken Eck des Plakats der unterstrichene Schriftzug „BENUTZT KONDOME“.

Plakat B
Der Cartoon des Werbeplakats zeigt ein Liebespärchen im Freien unter einem Sternenhimmel. Der Junge liegt auf dem Rücken, hat bereits seine Hose heruntergezogen und streckt in freudiger Erwartung seine Arme aus. Das Mädchen kniet vor dem Jungen, strahlt ihn an und ist gerade dabei sich hastig auszuziehen. Über den beiden, im Sternenhimmel steht: „WENN EUCH DIE STERNE SCHNUPPE SIND…“, darunter im linken Eck des Plakats der unterstrichene Schriftzug „BENUTZT KONDOME“.

C2 Erläutere die Aussagen eines der beiden Plakate!
Plakat A
Die beiden Personen, die sich wahrscheinlich zum ersten Mal begegnen, sind sehr stark reduziert dargestellt. Man sieht nur ihre Augenpaare, die sich ansehen. Damit soll verdeutlicht werden, dass in diesem Augenblick alles um sie herum ausgeblendet ist. Der Schriftzug „BENUTZT KONDOME“ fordert dazu auf, dass man selbst in einem solchen Ausnahmezustand an seine Gesundheit denken soll, und beim Geschlechtsverkehr Kondome benutzen soll.

Plakat B
Das Liebespärchen nimmt in der dargestellten rauschartigen Situation den funkelnden Sternenhimmel nicht mehr wahr. Die Beschriftung des Plakats fordert dazu auf, dass man selbst in einem solchen Ausnahmezustand an seine Gesundheit denken soll, und beim Geschlechtsverkehr Kondome benutzen soll.

C3 Entwirf selbst eine Postkarte zum Thema Aids!
Individuelle Schülerantwort.

Seite 240 (Im Blickpunkt Medizin: Blutgruppen)

1 Erkläre, wie man mithilfe zweier Testseren die Blutgruppe 0 bestimmen kann!
Zur Bestimmung der Blutgruppe 0 vermischt man zunächst einen Tropfen der Blutprobe mit dem Testserum Anti-A und einen weiteren Tropfen mit dem Testserum Anti-B. Da bei der Blutgruppe 0 die roten Blutzellen keine Antigene auf ihrer Oberfläche tragen, können sie weder die Anti-A-Antikörper des Testserums Anti-A, noch die Anti-B-Antikörper des Testserums Anti-B an der Oberfläche der roten Blutzellen binden. In beiden Ansätzen ist also keine Verklumpung zu beobachten.
Zusatzinformation: Die Ergebnisse der Blutgruppen-bestimmungen sehen bei den Blutgruppen A, B und AB jeweils anders aus, da diese Antigene auf der Oberfläche ihrer roten Blutzellen besitzen. Zum Beispiel sind bei der Blutgruppe AB Verklumpungen in beiden Ansätzen sichtbar, da sich die Anti-A-Antikörper aus dem Testserum Anti-A mit dem Antigen A verbinden und die Anti-B-Antikörper aus dem Testserum Anti-B mit dem Antigen B. Bei der Blutgruppe A oder B verklumpt jeweils nur eine Probe.

Informationssysteme

1 Sinnesorgane des Menschen

Der Mensch nimmt viele Reize wahr

Seite 246–248

1 Beschreibe den Unterschied zwischen einem Sinn und einer Sinneszelle!
Ein Sinn stellt die Fähigkeit unseres Körpers dar, einen Reiz aufzunehmen. Hierfür benötigt der Körper je nach Reiz das entsprechende Sinnesorgan.
Eine Sinneszelle hingegen ist ein spezialisierter Rezeptor innerhalb eines Sinnesorgans, der Reize aufnehmen und in Erregung umwandeln kann.

2 Erkläre, was man unter einem adäquaten Reiz versteht!
Wenn ein Reiz zu einer Sinneszelle passt, von dieser aufgenommen und in Erregung umgewandelt werden kann, dann ist dies ein adäquater Reiz.

3 Stelle in einem Pfeildiagramm den Weg von einem Reiz bis zur Wahrnehmung dar!
Reiz → Sinnesorgan → Sinneszelle → Nerv → Gehirn → Wahrnehmung

Seite 249 (Material)

Material A – Reize und Sinnesorgane

A1 Beschreibe die Situation der Personen!
Die Personen sitzen in einer Achterbahn, Arme und Beine sind frei beweglich. Sie werden um ihre Längsachse gedreht. Dabei sind einmal die Füße und einmal der Kopf oben. Ihr Gesichtsausdruck ist freudig, aber auch angstvoll.

A2 Nenne die Reize, die auf die Personen einwirken!
Druck des Fahrtwinds, Temperatur, Bewegung des Körpers, Druck der Sitze, Geräusche, Licht.

A3 Begründe, welche Sinnesorgane besonders aktiv sind!
Fahrtwind, Temperatur, Bewegung des Körpers, Druck, Geräusche und Licht sind Einflüsse aus der Umwelt, die in diesem Moment auf den Körper einwirken. Diese Reize werden von den entsprechenden Sinnesorganen aufgenommen. Fahrtwind, Temperatur und Druck werden über die Haut aufgenommen, die Bewegung des Körpers über den Gleichgewichtssinn im Innenohr, die Geräusche über die Ohren und das Licht über die Augen. Es sind somit alle Sinnesorgane bis auf die Nase und die Zunge besonders aktiv. Während einer Fahrt mit der Achterbahn wirken kaum Geschmacks- oder Geruchsstoffe aus der Umwelt auf den Körper ein.

A4 Beschreibe eine andere Situation in einem Freizeitpark und erkläre, welche Sinnesorgane dabei besonders aktiv sind!
Individuelle Schülerlösung. Ein mögliches Beispiel ist:
Ein Ball muss mithilfe eines Wasserstrahls aus einer Wasserpistole in ein Ziel transportiert werden. Der Wasserstrahl muss so positioniert werden, dass der Ball ständig in einer Vorwärtsbewegung ist und durch ein Labyrinth ins Ziel gelangt.
Hierbei sind die Augen als Sinnesorgane besonders aktiv, da ständig die Position des Balles mit der des Wasserstrahls abgeglichen werden muss. Gleichzeitig wird über das Sinnesorgan Haut der Rückstoßdruck der Wasserpistole gespürt, welche durch die Arme immer wieder korrigiert werden muss, um den Ball ins Ziel zu transportieren.

Material B – Wahrnehmung

B1 Erstelle mithilfe der vorgegebenen Begriffe ein Pfeildiagramm! Es soll verdeutlichen, wie Reize aus der Umwelt wahrgenommen werden!

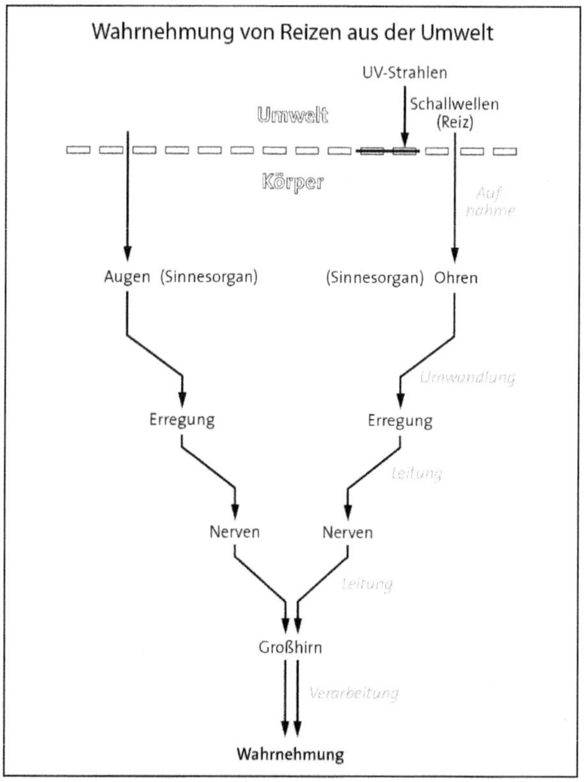

B2 Ergänze das erstellte Pfeildiagramm durch mindestens vier zusätzliche Fachbegriffe!

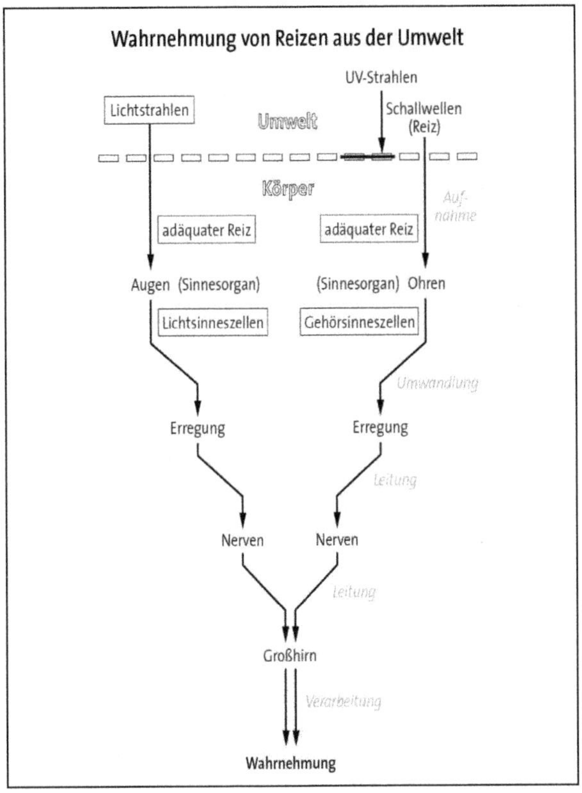

Gestufte Hilfe: Vorgabe der Fachbegriffe: Lichtsinneszellen, Gehörsinneszellen, adäquater Reiz, Lichtstrahlen, Haut, Temperatursinneszellen, Gehirnzentren

B3 Recherchiere im Internet, welche Tiere Magnetfelder wahrnehmen können! Erstelle einen Steckbrief für ein selbstgewähltes Tier!
Vögel (z.B. Tauben, Zugvögel), Bienen, Forellen, Flusskrebse, Langusten...

Steckbrief: individuelle Schülerleistung

Gestufte Hilfe:
Vorgabe der Begriffe für die Struktur des Steckbriefs: Name, Klasse, Größe, Alter, Aussehen, Ernährung, Nutzung des Magnetfeldes, Besonderheiten

B4 Recherchiere im Internet, welche Tiere UV-Strahlen wahrnehmen können! Erstelle eine Präsentation für ein selbstgewähltes Tier!
Beispiele: Fledermäuse, Delfine, Insekten (z.B. Honigbienen), Hunde, Katzen, Igel, Okapi, Wanderratte, Frettchen, Hausratte, Rentiere...

Präsentation: individuelle Schülerleistung

Das Auge

Seite 250–252

1 Ordne den von außen sichtbaren Teilen des Auges jeweils eine Funktion zu!
Lederhaut – Ansatzstelle der Augenmuskeln (*weitere mögliche Antwort: Schutzfunktion und Festigkeit des Auges)*
Hornhaut – Lichtbrechung *(weitere mögliche Antwort: Schutzfunktion)*
Iris – Regulation des Lichteinfalls
Pupille – Durchtrittsstelle für das Licht

2 Erkläre, weshalb Rennradfahrer eine Schutzbrille tragen!
Rennradfahrer tragen häufig eine Schutzbrille, damit keine Fremdkörper ins Auge gelangen. Bei hohen Geschwindigkeiten können sich die Augenlider meistens nicht rechtzeitig schließen, sodass bereits eine kleine Fliege unangenehme Folgen im Auge verursachen kann. Gleichzeitig schützt die Brille das Auge vor zu viel Sonnenlicht, wodurch ein Blenden des Rennradfahrers verhindert wird.
Zusatzinformation: Auch zu starke Verdunstung der Tränenflüssigkeit durch den Fahrtwind kann eine Brille verhindern.

Seite 253 (Material)

Material A – Pupille

A1 Erkläre, weshalb es sinnvoll ist, nach der Untersuchung eine Sonnenbrille zu tragen!
Durch die weit geöffnete Pupille kann sehr viel Licht in das Auge gelangen und auf die Netzhaut treffen. Ist der Lichteinfall zu stark, kann die Netzhaut geschädigt werden. Mit einer Sonnenbrille wird der Lichteinfall reduziert und eine Blendung verhindert.

Gestufte Hilfe: Die Pupille passt das Auge an die Lichtverhältnisse an.

A2 Erkläre, weshalb sich die Pupillen normalerweise verändern, wenn man aus einem hell beleuchteten in einen dunklen Raum kommt!
Auf dem Bild ist zu erkennen, dass das eine Auge eine weite und das andere Auge eine enge Pupille hat. In einem hell beleuchteten Raum sind die Pupillen normalerweise klein, damit nicht zu viel Licht durchgelassen wird und auf die Netzhaut trifft. Bei dem Betreten eines dunklen Raumes würden sich die Pupillen beider Augen weiten. Das ist deshalb notwendig, damit ausreichend Licht auf die Netzhaut trifft und man auch im dunklen Raum sehen kann. Die Iris reguliert so den Lichteinfall, wenn man aus einem hell beleuchteten Raum in einen dunklen Raum kommt, damit die Netzhaut immer genau die richtige Lichtintensität erhält.

A3 Stelle eine Hypothese auf, weshalb das Medikament für einige Augenuntersuchungen erforderlich ist!
Da bei einer Augenuntersuchung auch das Innere des Auges untersucht wird, muss gewährleistet sein, dass der Arzt ins Innere schauen kann. Dies ist leichter möglich, wenn die Pupille dauerhaft weit geöffnet ist. Das kann durch ein Medikament erreicht werden. Sobald der Arzt ins Innere leuchtet, würde sich die Pupille ohne medikamentöse Behandlung sofort stark verkleinern.

Material B – Bildentstehung

B1 Begründe, welche Aussagen falsch sind!
Aussage 1 *"Beim Nahsehen wird der Ringmuskel angespannt, wodurch sich die Linsenbänder entspannen, sodass sich die Linse abflacht."* ist falsch. Wenn die Linsenbänder entspannt sind, können sie keinen Zug auf die Linse ausüben und diese nicht abflachen. Im Gegenteil, die Linse krümmt sich dann stärker.

Aussage 2 *"Das Sehen in die Ferne strengt mehr an als das Lesen eines Buches."* ist falsch. Bei der Nahakkommodation muss der Ringmuskel angespannt werden, damit die Linse sich wölben kann. Dies strengt mehr an als das Abflachen der Linse bei der Fernakkommodation. Hierbei ist der Ringmuskel entspannt.

Aussage 4 *"Gelber Fleck" und "blinder Fleck" sind Begriffe für den gleichen Sachverhalt.* ist falsch.
Der blinde Fleck ist die Austrittstelle von Nervenfasern, an denen es keine Lichtsinneszellen gibt. Der gelbe Fleck hingegen besitzt eine hohe Konzentration an Zapfen und ist die Stelle des schärfsten Sehens.

B2 Formuliere die falschen Aussagen in einem Satz fachlich korrekt um!
Aussage 1: Bei der Nahakkommodation wird der Ringmuskel angespannt, wodurch sich die Linsenbänder entspannen, sodass sich die Linse wegen ihrer Eigenelastizität stärker wölbt.

Aussage 2: Das Lesen eines Buches strengt auf Dauer mehr an als das Sehen in die Ferne.

Aussage 4: "Gelber Fleck" und "blinder Fleck" sind keine Begriffe für den gleichen Sachverhalt.

B3 Beschreibe am Beispiel der Netzhaut den Zusammenhang zwischen Struktur und Funktion!
Die Netzhaut ist aus mehreren Zellschichten aufgebaut. Neben den Lichtsinneszellen sind auch viele Nervenzellen miteinander verschaltet. Diese Struktur der Netzhaut ermöglicht die Funktion der Aufnahme und Verarbeitung von Licht durch die Stäbchen und Zapfen, sowie die Weiterleitung der Information durch die Nervenzellen.

B4 Nenne jeweils die Muskeln, die für die Adaptation und die Akkommodation erforderlich sind!
Adaptation – Muskeln der Iris
Akkommodation – Ringmuskel

Material C – Schutzmaßnahmen

C1 Beschreibe jeweils die Gefahren, die bei den beiden Sportarten für die Augen bestehen!
Beim *Schwimmen* besteht die Gefahr, dass zu viel Wasser in die Augen gelangt. Durch die Chemikalien im Schwimmbadwasser, vor allem das Chlor, kann es zu Reizungen der Augenschleimhäute kommen.
Beim *Skifahren* können zum Beispiel Steine als Fremdkörper aus dem Schnee hochgeschleudert werden. Diese können das Auge verletzten. Die Reflexion der Sonnenstrahlung durch den Schnee kann den Lichteinfall ins Auge erhöhen und die Lichtsinneszellen schädigen.

C2 Erkläre jeweils mögliche Schutzmaßnahmen für die Augen!
Für das *Schwimmen* wäre eine Schwimmbrille eine geeignete Schutzmöglichkeit. Sie verhindert, dass die Augen direkten Kontakt mit dem Wasser bekommen.
Beim *Skifahren* kann eine Skibrille verhindern, dass Fremdkörpern ins Auge eindringen. Gleichzeitig kann sie die Sonneneinstrahlung deutlich verringern und dadurch die Augen vor Netzhautschäden schützen.

C3 Nenne zwei weitere Tätigkeiten, bei denen Gefahren für die Augen bestehen!
- Arbeiten mit Chemikalien im Schulunterricht
- Arbeiten mit Laserstrahlen in einem Forschungslabor

Sehen – mit Augen und Gehirn

Seite 258–260

1 Beschreibe die Vorgänge bei einer additiven Farbmischung!
Farbiges Licht hat unterschiedliche Wellenlängen. Es reizt die drei Zapfentypen in der Netzhaut des Auges in der Regel unterschiedlich stark. Die Erregungen werden über den Sehnerv zum Gehirn weitergeleitet. Das Gehirn verarbeitet diese Informationen. Bei der additiven Farbmischung werden die Erregungen, die durch Licht unterschiedlicher Wellenlängen zustande kommen, miteinander verrechnet.

2 Beschreibe, was man unter dem räumlichen Sehen versteht!
Ein Gegenstand kann dreidimensional wahrgenommen werden, wenn die hinten liegenden Bereiche von den vorderen Bereichen unterschieden werden können. Wenn zusätzlich eine dreidimensionale Wahrnehmung des Raumes dadurch möglich ist, dass der Betrachter die Entfernung von ihm aus zum Gegenstand abschätzen kann, dann spricht man vom räumlichen Sehen.

3 Nenne die Aufgaben des Assoziationsfelds!
Aufgabe des Assoziationsfelds des Sehens ist die Speicherung von Eindrücken, Bildern und Informationen. Außerdem vergleicht es Informationen, die aus dem Projektionsfeld des Sehens kommen, mit seinen gespeicherten Bildern. Das ist erforderlich, um Bilder erkennen zu können.

Seite 261–263 (Material)

Material A – Farbwahrnehmung

A1 Beschreibe die subtraktive Farbmischung am Beispiel der Farben Gelb und Blau!
Gelb und Blau absorbieren und reflektieren jeweils einen anderen Teil des Lichtspektrums. Die gelbe Farbe reflektiert hauptsächlich gelbes Licht, die blaue Farbe hauptsächlich blaues Licht. Der Rest des Lichtspektrums wird jeweils absorbiert. Mischt man beide Farben, so werden Wellenlängen des Lichts, sowohl die Teile des Farbspektrum des gelben wie auch des blauen Lichts, absorbiert. Die Mischfarbe reflektiert daher weniger Licht, wodurch sie dunkler wahrgenommen wird. Man spricht von subtraktiver Farbmischung. Der reflektierte Teil des Lichtspektrums ergibt den Eindruck grün.

Gestufte Hilfe: Überlege, welchen Teil des Lichtspektrums die Farben Gelb und Blau jeweils absorbieren und welchen sie reflektieren.

A2 Beschreibe mithilfe der Vorgänge bei der additiven Farbmischung, wie es zur Wahrnehmung der Farbe Gelb auf einem Display kommt!
Licht setzt sich aus unterschiedlichen Wellenlängen zusammen. Trifft beispielsweise ausschließlich rotes und grünes Licht der Lichtpunkte des Displays auf die Netzhaut, werden nur die grün- und rotempfindlichen Zapfen gereizt. Auf den von ihnen abgehenden Nervenfasern laufen Erregungen zum Gehirn. Das Gehirn verrechnet diese Informationen, und die Farbe Gelb wird wahrgenommen.

A3 Beschreibe Unterschiede zwischen der subtraktiven und der additiven Farbmischung!
Im Gegensatz zur additiven Farbmischung erfolgt bei der subtraktiven Farbmischung die Mischung der Farben, bevor die Lichtreize auf die Netzhaut eines Auges auftreffen. Bei der additiven Farbmischung findet die Verrechnung der Informationen aus den Lichtreizen erst im Gehirn statt.

Material B – Farbsehvermögen

B1 Beschreibe die Gemeinsamkeiten der vier Testbilder!
Die vier Testbilder sind jeweils rund und setzen sich aus vielen unterschiedlich großen Farbpunkten zusammen. Diese Farbpunkte bestehen vor allem aus den Farben rot, gelb und grün in unterschiedlicher Farbintensität. Auf allen Abbildungen sind Zahlen zu erkennen.

Zusatzinformation: Personen mit einer Rot-Grün-Schwäche können die Zahlen unter Umständen nicht erkennen.

B2 Stelle eine Hypothese auf, weshalb mithilfe dieser Testbilder eine Rot-Grün-Schwäche erkannt werden kann!
Fehlen einer Person die Sehfarbstoffe Rot und/oder Grün, so können die Zahlen der Farbabbildungen nicht erkannt werden, da die roten beziehungsweise grünen Lichtreize von den Sehsinneszellen nicht aufgenommen und deshalb nicht verarbeitet und weitergeleitet werden können.

Zusatzinformation: Eine Aussage über die Stärke einer Rot-Grün-Schwäche könnte durch die unterschiedliche Farbintensität der Farbpunkte und damit der Zahlen erreicht werden. Eine Grünschwäche tritt häufiger auf als eine Rotschwäche.

B3 Stelle eine Hypothese auf, welche Bedeutung die unterschiedliche Farbintensität der Farbabbildungen haben könnte!
Unterschiedliche Farbintensitäten könnten im Test notwendig sein, um eine Aussage über die Stärke einer Rot-Grün-Schwäche zu machen.

B4 Beschreibe das biologische Prinzip *Stoff- und Energieumwandlung* bei der Wahrnehmung von Licht!
Die Umwandlung von einer Energieform in eine andere wird allgemein als Energieumwandlung bezeichnet. Bei der Wahrnehmung von Licht wird die Lichtenergie mithilfe der Sehsinneszellen in elektrische Energie umgewandelt, die als Erregung über die Nervenfasern zum Gehirn läuft.

Versuch C – Augen und Gehirn

C1 Beschreibe die Erfahrungen bei der Durchführung des Versuchs!
Individuelle Schülerantwort.

Zusatzinformation: In der Regel kommt es zu Schwierigkeiten bei der Nennung der Farben. Es werden pro Reihe mehrere Fehler gemacht, und ein zügiges Aufsagen der Farben ist nur schwer möglich. Auch der „Beobachter" muss sich in der Regel sehr gut konzentrieren, um die Fehler zu erkennen.

C2 Vergleiche die beiden Ergebnisse miteinander!
Individuelle Schülerantwort.

C3 Interpretiere die Ergebnisse!
Individuelle Schülerantwort entsprechend der Ergebnisse von C1 und C2.

Zusatzinformation: In der Regel kommt es zu mehreren Fehlern bei der Benennung der Farben. Es werden nicht nur die Farben, sondern auch die Wörter im Gehirn wahrgenommen und erkannt. Hierzu sind zwei Verrechnungsprozesse notwendig. Die Projektionsfelder des Gehirns nehmen sowohl die Farben als auch die Wörter wahr und leiten die Informationen an das Assoziationsfeld des Sehens weiter. Dieses vergleicht sowohl die Wörter als auch die Farben mit bekannten und gespeicherten Bildern. Hierbei werden einmal die Farbe des geschriebenen Wortes und einmal das Wort selbst erkannt. Dabei kommt es zu unterschiedlichen Ergebnissen. Das Gehirn hat Schwierigkeiten sich bei der Benennung der Farben zu entscheiden.

C4 Stelle eine Hypothese auf, weshalb es einfacher ist, die Wörter zu lesen, anstatt die Farben der Wörter zu nennen!
Eine Beschreibung der Farben von Gegenständen findet im Alltag viel seltener statt als das Lesen von Wörtern. Deshalb können die Wörter unabhängig von ihrer Farbe schneller gelesen werden, anstatt die Farben der Wörter zu nennen.

Versuch D – Sehen mit zwei Augen

D1 Beschreibe deine Beobachtungen!
Individuelle Schülerantwort.

Zusatzinformation: Bei richtiger Versuchsdurchführung erscheint ein Loch in der linken Hand. Innerhalb des Loches ist ein Ausschnitt der betrachteten Person zu sehen.

D2 Stelle eine Hypothese auf, wie das Versuchsergebnis zustande kommt!
Normalerweise nehmen beide Augen aufgrund ihres Blickfeldes nur leicht gegeneinander verschobene, gleiche Bilder aus der Umwelt auf. Durch die Papierröhre nehmen das linke und das rechte Auge jeweils ganz unterschiedliche Bilder der Umwelt auf. Das linke Auge nimmt die Hand und das rechte Auge den eingeschränkten Blick durch die Röhre, die Person, auf. Das Gehirn setzt wie im Normalfall beide Informationen zu einem Gesamtbild zusammen.

Versuch E – Sehen mit einem Auge

E1 Beschreibe deine Beobachtungen bei der Wahrnehmung des Sterns!
Ab einer Entfernung von etwa 10–15 cm wird der Stern nicht mehr wahrgenommen.

E2 Erkläre deine Beobachtungen!
Beim Fixieren des Kreises werden die Lichtstrahlen auf die Stelle des schärfsten Sehens gelenkt, den gelben Fleck. Die Informationen aus dem Umfeld des schwarzen Kreises, wie zum Beispiel der Stern, werden von den anderen Bereichen der Netzhaut aufgenommen. Bei der Veränderung der Entfernung werden durch das Fixieren des schwarzen Punktes die Informationen weiterhin vom gelben Fleck aufgenommen. Lichtstrahlen aus dem Umfeld des schwarzen Kreises fallen jedoch je nach Entfernung auf andere Netzhautbereiche. Ab einer bestimmten Entfernung projiziert das Linsensystem des Auges den Stern auf die Stelle des blinden Flecks. Da an dieser Stelle durch den Austritt von ableitenden Nervenfasern keine Sehsinneszellen vorhanden sind, können dort keine Lichtreize mehr aufgenommen werden, und der Stern verschwindet.

Gestufte Hilfen:
Hilfe 1: Mache Dir den Aufbau der Netzhaut bewusst.
Hilfe 2: Überlege, welche Bedeutung der gelbe und der blinde Fleck beim Sehvorgang haben.

Material F – Wahrnehmung und Erkennung

F1 Beschreibe jeweils die Wahrnehmungen bei der Betrachtung der Bilder!
Individuelle Schülerantwort.

Zusatzinformation: Abbildung A: In der Regel wird innerhalb weniger Sekunden bei Betrachtung der Abbildung einmal ein Eichhörnchen und einmal ein Schwan wahrgenommen und erkannt.

Abbildung B: In der Regel wird innerhalb weniger Sekunden bei der Betrachtung der Abbildung einmal das Gesicht frontal und einmal im Profil wahrgenommen und erkannt.

Abbildung C: In der Regel werden innerhalb weniger Sekunden bei der Betrachtung der Abbildung einmal ein Kelch und einmal zwei einander zugewandte Gesichter im Profil wahrgenommen und erkannt.

F2 Erläutere die Vorgänge im Gehirn bei der Erkennung der Bilder!
Bei der Betrachtung der Bilder A, B und C werden jeweils die vom Auge aufgenommenen Informationen über den Sehnerv zum Projektionsfeld des Sehens im Gehirn weitergeleitet. Dort werden die Bilder wahrgenommen. Die im Projektionsfeld des Sehens erstellten Bilder werden dann mit den im Assoziationsfeld des Sehens gespeicherten Bildern verglichen. Da im Assoziationsfeld bei den Bildern A-C jeweils zwei Bilder abgespeichert sind, kommt es im Verarbeitungsprozess zwischen dem Projektionsfeld und dem Assoziationsfeld des Sehens zu Schwierigkeiten. Das Gehirn kann sich nicht entscheiden, welches Bild erkannt werden soll.

F3 Erkläre mithilfe einer Abbildung den Unterschied zwischen Wahrnehmung und Erkennung!
Ein Bild, wie beispielsweise das Eichhörnchen, wird durch das Projektionsfeld des Sehens nur wahrgenommen. Dieses Bild wird mit den gespeicherten Bildern im Assoziationsfeld verglichen. Ist ein Eichhörnchen dort als Bild gespeichert, dann wird es als Eichhörnchen erkannt.

Material G – Optische Phänomene

G1 Beschreibe die Wahrnehmung bei der Betrachtung der Abbildung A!
Die Linien werden als nicht parallel verlaufende Linien wahrgenommen.
Zusatzinformation: Zuweilen werden auch Bewegungen im Bild wahrgenommen, die in diesem Zusammenhang nicht näher erklärt werden können.

G2 Überprüfe deine Wahrnehmung mithilfe eines Lineals!
Die Wahrnehmung kann nicht bestätigt werden, da die Linien parallel verlaufen.

G3 Beschreibe die Wahrnehmung bei der Betrachtung der Abbildung B!
In der linken Spalte werden die Kreise in der Regel als Kugeln wahrgenommen, in der rechten Spalte in der Regel als Eindellung.

G4 Drehe das Buch um 180 Grad und beschreibe die Wahrnehmung der Abbildung B erneut!
Die Wahrnehmung ist in der Regel umgekehrt zu der bei Aufgabe G3.

G5 Beschreibe die Abbildung C!
Die Abbildung C setzt sich aus schwarzen Linien, die drei Winkel bilden, und aus drei nicht vollständigen, schwarzen, kreisförmigen Flächen zusammen. Die Linien und der Ausschnitte der Kreise sind jeweils so angeordnet, dass sie die Ecken eines Dreiecks begrenzen können.

G6 Beschreibe die Wahrnehmung bei der Betrachtung der Abbildung C!
Wahrgenommen werden nicht nur schwarze Linien und kreisförmige Flächen, sondern ein Dreieck aus schwarzen Linien und ein weiteres weißes Dreieck, deren Ecken die Ausschnitte der Kreise bilden.

G7 Stelle eine Hypothese auf, welche Rolle das Gehirn bei der Wahrnehmungen aller drei Phänomene spielt!
Das Gehirn versucht, mithilfe seiner im Assoziationsfeld gespeicherten Bilder und Erfahrungen ein wahrgenommenes Bild zu erkennen. Da falsche, irreführende, nicht eindeutige oder ergänzende Sehwahrnehmungen durch Verrechnungsprozesse im Gehirn entstehen, spielt das Gehirn eine entscheidende Rolle bei der Wahrnehmung solcher Phänomene.

Zusatzinformation: Falsche, irreführende, nicht eindeutige oder ergänzende Sehwahrnehmungen kann das Gehirn in den vorliegenden Fällen nicht so verarbeiten, dass eine eindeutige, fehlerfreie Erkennung möglich ist. Die Darstellung in den Abbildungen ist eindeutig, zum Beispiel verlaufen die Linien in Abbildung A parallel. Der Fehler in der Wahrnehmung und Erkennung entsteht im Gehirn bei der Verrechnung der einlaufenden Information.

Das Ohr

Seite 264–266

1 Erkläre, wie Schwerhörigkeit entsteht!
Zu Schwerhörigkeit kommt es zum Beispiel durch lang andauernde, laute Geräusche, aber auch durch ein einmaliges sehr lautes Geräusch, zum Beispiel den Knall eines platzenden Luftballons.
Die Hörzellen werden dadurch stark gegen die Deckmembran der Hörschnecke gedrückt. Das führt dazu, dass die Sinneshärchen und auch die Sinneszellen selbst zerstört werden. Der Körper kann diese Schäden nicht reparieren.

Seite 267 (Im Blickpunkt Physik: Schall)

1 Definiere die Begriffe Amplitude und Frequenz!
Die Amplitude gibt die Stärke einer Schwingung an. Im Schwingungsbild ist das die Strecke vom Mittelpunkt der Schwingung bis zu einem Umkehrpunkt.
Die Frequenz ist die Häufigkeit der Schwingungen in einer bestimmten Zeit. Sie wird in Hertz als Anzahl der Schwingungen in einer Sekunde gemessen.

2 Vergleiche das Schwingungsbild eines leisen, hohen Tons mit dem eines lauten, tiefen!
Im Schwingungsbild hat ein leiser, hoher Ton eine geringere Amplitude aber eine höhere Frequenz als ein lauter, tiefer.

Seite 269 (Material)

Material A – Lärm

A1 Nenne die Geräusche mit einer hohen Gefahr von Hörschäden!
Eine hohe Gefahr von Hörschäden besteht, wenn man dem Lärm von Düsenflugzeugen ausgesetzt ist und wenn man laute Musik hört, entweder über Kopfhörer oder in der Disko und bei Pop- oder Rockkonzerten.

A2 Ermittle die Unterschiede der Lautstärke zwischen:
1. Musik in Zimmerlautstärke und Musik über Kopfhörer!
2. einer lauten Unterhaltung und Musik in einer Diskothek!
Musik in Zimmerlautstärke hat einen Dezibel Wert von 50 dB, Musik über Kopfhörer einen von 90 bis 110 dB.

Der Unterschied zwischen den beiden Werten beträgt 40 dB bis 60 dB.
Eine Steigerung um 20 dB bedeutet eine Verzehnfachung der Lautstärke.
Daher: Bei einem Unterschied von 40 dB wird die Lautstärke um den Faktor 10 x 10 verstärkt, also um das 100fache.
Bei einem Dezibel Wert von 110 dB im Kopfhörer muss man von einem Unterschied von 60 dB ausgehen. Daher kommt es hier zu einer Erhöhung der Lautstärke von 10 x 10 x 10. Die Lautstärke erhöht sich also in diesem Fall um das 1 000fache.
Berechnung der Unterschiede in der Lautstärke eines Gesprächs verglichen mit der in einer Disko:
Berechnung in ähnlicher Weise. Die Geräusche in der Disko sind 1 000mal lauter als bei einer lauten Unterhaltung.

Gestufte Hilfen:
Hilfe 1: Berechne zunächst jeweils den Unterschied der Lautstärken in Dezibel! Teile dann diesen Wert durch 20 dB, um festzustellen, wie häufig eine Steigerung von 20 dB erfolgt.
Hilfe 2: Bei einem Unterschied von 20 dB ist die Lautstärke zehn Mal so hoch. Wenn man um weitere 20 dB verstärkt, muss man die Erhöhung der Lautstärke noch einmal mit 10 multiplizieren

Material B – Richtungshören

B1 Beschreibe, wie das Gehirn die Lage der Klopfstelle feststellt!
Das Gehirn stellt fest, an welchem der beiden Ohren das Klopfgeräusch früher eintrifft. Wenn zum Beispiel die Meldung vom linken Ohr über den Hörnerv früher ins Gehirn einläuft als vom rechten, dann stellt das Gehirn fest, dass die Klopfstelle links von der Schlauchmitte liegt.

Gestufte Hilfe: Rufe dir in Erinnerung, wie das Gehirn die Richtung feststellt, aus der ein Schall kommt.

B2 Ermittle mithilfe des Versuchsergebnisses den kleinsten Wert, aus dem das Gehirn die Richtung des Schalls noch feststellen kann!
Das Gehirn kann die Lage der Klopfstelle gerade noch feststellen, wenn der Weg zu einem Ohr 49 cm beträgt und der zum anderen 51 cm. Der Unterschied in der Entfernung beträgt also 2 cm.
Der Schall legt 340 m in einer Sekunde zurück. Das sind 340 x 100 = 34 000 cm.
Die Zeit, die der Schall für den Weg von 1 cm benötigt, beträgt: 1 : 34 000 = 0,0000294, aufgerundet etwa 0,00003 Sekunden. Das entspricht 0,03 Millisekunden.
Für 2 cm benötigt der Schall 0,06 Millisekunden
Aus den Werten, die mithilfe dieses Versuchs ermittelt wurden, lässt sich also berechnen, dass das Gehirn die Richtung einer Schallquelle noch berechnen kann, wenn der Zeitunterschied, mit dem die Meldungen aus beiden Ohren in das Gehirn einlaufen, mindestens 0,06 Millisekunden beträgt.

Zusatzinformation: Die tatsächliche Laufzeitdifferenz liegt bei 0,03 Millisekunden. Die Werte, die mithilfe des dargestellten Versuchs ermittelt werden, sind nicht genau genug, um die tatsächliche Laufzeitdifferenz errechnen zu können.

Gestufte Hilfen:
Hilfe 1: Stelle zunächst fest, wie lang der Weg ist, den das Geräusch im Schlauch bis zu jedem Ohr nimmt, wenn die Klopfstelle 1 cm von der Mitte entfernt liegt! Berechne dann den Betrag, um den sich die beiden Wege unterscheiden!
Hilfe 2: Wenn die Klopfstelle 1 cm von der Schlauchmitte entfernt liegt, muss der Schall zu einem Ohr einen Weg von 49 cm zurücklegen, zum anderen Ohr einen von 51 cm. Der Unterschied beträgt also 2 cm. Berechne, wie viel Zeit der Schall für einen Weg von 2 cm benötigt.

B2 Erkläre, weshalb man die Schallrichtung unter Wasser nicht feststellen kann!
Die Schallgeschwindigkeit ist im Wasser viel höher als in der Luft. Unter Wasser ist daher der Zeitunterschied, mit dem die Meldungen aus den beiden Ohren im Gehirn eintreffen, viel geringer. Dem Gehirn reicht dieser geringe zeitliche Unterschied nicht aus, um die Richtung einer Schallquelle feststellen zu können.

Zusatzinformation: Zur genaueren Begründung lassen sich die Werte heranziehen, mit der der Schall die Strecke von 1 cm in der Luft, beziehungsweise im Wasser zurücklegt.
Schallgeschwindigkeit in der Luft: 1 : 34 000 = etwa 0,03 Millisekunden pro Zentimeter
Schallgeschwindigkeit im Wasser: 1 : 148 000 = 0,0000067 = etwa 0,007 Millisekunden pro Zentimeter.

Material C – Dreh- und Lagesinn

C1 Nenne die mit 1 und 2 gekennzeichneten Bereiche des Bogengangs!
Der Bereich 1 ist die Ampulle.
Der Bereich 2 ist die Gallertzunge.

C2 Ordne die Schemata des Bogengangs folgenden Situationen zu, und begründe deine Zuordnung!
Bewegung 1 (zu Beginn von fünf schnellen Drehungen im Uhrzeigersinn): zugeordnet zu Schema A.
Begründung: Mit der Drehung des Körpers wird auch der Bogengang gedreht. Zu Beginn der Drehung bewegt sich

nur die Wand des Bogengangs. Die Flüssigkeit im Bogengang dreht sich wegen ihrer Trägheit zunächst nicht. Daher bewegt sich die Wand des Bogengangs im Bereich der

Bewegung 2 (zu Beginn von fünf schnellen Drehungen gegen den Uhrzeigersinn): zugeordnet zu Schema C.
Begründung entsprechend der Darstellung für die Bewegung 1.

Bewegung 3 (während fünf sehr langsamer Drehungen im Uhrzeigersinn): zugeordnet zu Schema B.
Begründung: Wenn sich der Körper und damit die Wand des Bogengangs sehr langsam drehen, macht die Flüssigkeit die Bewegung der Bogengangwand mit. Die Flüssigkeit und die Bogengangwand bewegen sich gleich schnell und in die gleiche Richtung. Die Gallertzunge biegt sich daher nicht ab.

Bewegung 4 (bei plötzlichem Stopp nach 15 schnellen Drehungen im Uhrzeigersinn): zugeordnet zu Schema C.
Begründung: Wenn 15 schnelle Drehungen vorangegangen sind, hat die Wand des Bogengangs die Flüssigkeit mitgerissen. Sie bewegt sich dann ebenfalls im Uhrzeigersinn. Bei einem plötzlichen Stopp bewegt sich die Flüssigkeit wegen ihrer Trägheit zunächst noch weiter. Im Schema strömt die Flüssigkeit im Bereich der Ampulle nach dem Stopp weiter nach links. Dadurch biegt sich die Gallertzunge nach links.

Ampulle nach links. Die Flüssigkeit bleibt aber bewegungslos, so dass sich die Gallertzunge nach rechts biegt.

Gestufte Hilfen:
Hilfe 1: Berücksichtige bei deinen Überlegungen, in welche Richtung sich die Wand des Bogengangs im Bereich der Ampulle bewegt und ob die Flüssigkeit des Bogengangs sich ebenfalls bewegt.
Hilfe 2: Nach 15 Umdrehungen macht die Flüssigkeit die Bewegung des Bogengangs mit.
Hilfe 3: Bei einem plötzlichen Stopp nach 15 Umdrehungen bewegt sich Flüssigkeit wegen ihrer Trägheit zunächst noch weiter.

C3 Stelle eine Hypothese auf, weshalb der Versuchsperson die Augen verbunden werden!
Die verbundenen Augen verhindern, dass die Versuchsperson durch die Augen Informationen erhält, ob und in welche Richtung sich ihr Körper dreht. Solche Informationen könnten im Gehirn die Auswertung der Meldungen aus dem Gleichgewichtsorgan stören und daher die Versuchsergebnisse verfälschen.

2 Informationsverarbeitung

Zentrales und peripheres Nervensystem

Seite 270–272

1 Nenne die Aufgaben des Zentralnervensystems und die des peripheren Nervensystems!
Das Zentralnervensystem verarbeitet Erregungen, die von den Sinneszellen her einlaufen. Außerdem gehen vom Zentralnervensystem Signale in Form von Erregung aus, die in den Körper laufen und zur Steuerung sowie Regelung dienen, zum Beispiel, um Bewegung auszulösen.
Die Aufgabe des peripheren Nervensystems ist es, alle Körperregionen mit dem Zentralnervensystem zu verbinden. Dies geschieht über Nervenzellen, die vom Zentralnervensystem ausgehen sowie zu ihm hinführen.

2 Beschreibe die Vorgänge, durch die sich Steuerung und Regelung voneinander unterscheiden!
Unter Steuerung versteht man Vorgänge im Nervensystem und in den Muskeln, die bewirken, dass sich der Körper zum Beispiel beim Volleyballspielen bewegen kann. Dies kann dadurch geschehen, dass das Gehirn über gespeicherte Bewegungsmuster verfügt, die in Form von elektrischen Signalen, über motorische Nervenfasern, an die Muskulatur gesendet werden, die daraufhin in geordneter Art und Weise kontrahieren.
Unter Regelung versteht man Vorgänge, die Rückmeldungen über die bereits erfolgte Bewegung verwenden. So kann zum Beispiel eine Volleyballspielerin die als nächstes erforderlichen Bewegungen in der Weise ablaufen lassen, dass eine Gesamtbewegung des Körpers erreicht wird, mit der sie den Ball zielgerichtet zurück schlägt.

3 Nenne die Bestandteile eines Nervs von innen nach außen!
Nervenfaser, Nervenfaserbündel, Bindegewebshülle, Blutgefäße, Bindegewebshülle.

Seite 273 (Material)

Material A – Reaktionszeit

A1 Führe den Versuch fünfmal mit der linken und fünfmal mit der rechten Hand durch und notiere deine Messwerte in einer geeigneten Tabelle!
Individuelle Schülerantwort.

A2 Stelle eine Hypothese auf, wie sich Unterschiede in den Messwerten erklären lassen könnten!
Die Unterschiede könnten durch einen Trainingseffekt zustande kommen. Dadurch würde die Reaktionszeit im Laufe des Versuchs immer kürzer. Immer länger werdende Reaktionszeiten könnten durch die Ermüdung der

am Versuch beteiligten Teile des Nervensystems oder Sinnesorgane erklärt werden.

Zusatzinformation: Unterschiedliche Ergebnisse können durch die Verwendung der linken oder rechten Hand zustande kommen. Rechtshänder erzielen kürzere Zeiten, wenn sie mit der rechten Hand zugreifen, als wenn sie die linke Hand dazu verwenden. Bei Linkshändern ist es umgekehrt.

A3 Ermittle deine durchschnittliche Fallstrecke!
Individuelle Schülerantwort.

A4 Vergleiche deine durchschnittliche Reaktionszeit mit der deiner Mitschüler!
Individuelle Schülerantwort.

A5 Erläutere, wie es zu unterschiedlichen Werten kommen kann!
Der Augenkontakt zwischen den am Versuch beteiligten Personen könnte dazu führen, dass man erahnen kann, wann das Lineal losgelassen wird. Entscheidend ist auch, wo genau Daumen und Zeigefinger der Versuchsperson am Lineal liegen. Je dichter die Finger am Lineal liegen, desto schneller kann es beim Fallen aufgefangen werden. Sind die Finger der Versuchsperson warm, kann das Lineal ebenfalls schneller umfasst werden, als wenn die Finger kalt sind. Auch wirkt sich das Maß der Fingerfertigkeit auf die Reaktionszeit aus, genauso wie die Aufmerksamkeit. Je höher sie ist, desto schneller kann Reaktionszeit sein. Auch die unterschiedlich schnell einsetzende Ermüdung kann eine Rolle spielen.

Material B – Reiz und Reaktion

B1 Stelle die Vorgänge, die im Körper des abgebildeten Torwarts ablaufen, in Form eines Pfeildiagramms dar!

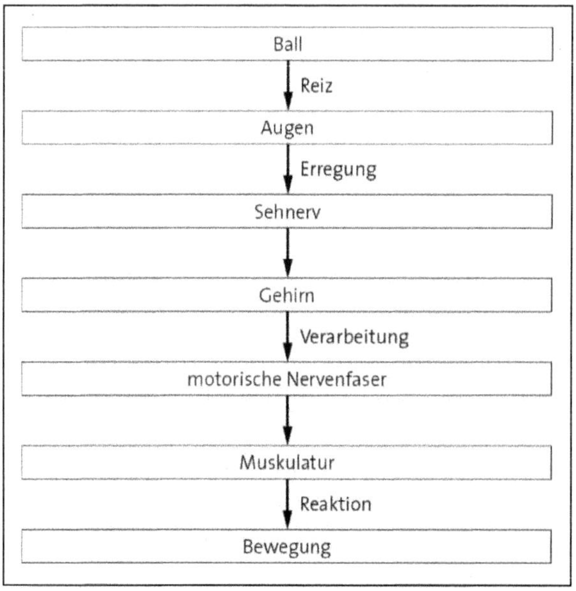

B2 Begründe, weshalb ein Elfmeter schwerer zu halten ist als ein Fernschuss auf das Tor!
Aufgrund der kurzen Distanz zwischen Ball und Torwart sowie der daraus sich ergebenden kurzen Zeitspanne, innerhalb derer ein Elfmeter sich abspielt, ist dem Torwart noch Steuerung möglich, jedoch nicht mehr Regelung. Die Wahrscheinlichkeit, den Ball zu halten, ist dadurch geringer als bei einem Fernschuss.

Zusatzinformation: Bei größerer Entfernung hat der Torwart eventuell noch Zeit, beabsichtigte oder begonnene Bewegung zu ändern. Zum Beispiel kann er einen Schritt nach links durch einen nach rechts ausgleichen oder er kann einen Hechtsprung früher beginnen, wenn er erkennt, dass der Ball schneller ist als er erwartet hat.

B3 Erkläre das Reiz-Reaktions-Schema an einem Beispiel aus dem Straßenverkehr!
Eintreffen eines Reizes kann zum Beispiel das rote Licht einer Ampel sein. Das Gehirn eines Auto- oder Fahrradfahrers verarbeitet den eintreffenden Reiz. Das Ergebnis ist die Erkennung des Signals für einen Stopp. Das Gehirn ruft danach das Erregungsmuster ab, durch das Muskelgruppen, die für die Betätigung der Bremse erforderlich sind, dazu gebracht werden können, sich zu kontrahieren. Diese Erregung wird durch das Rückenmark und davon abgehenden Nervenfasern zu den entsprechenden Muskeln geleitet, die sich daraufhin kontrahieren. Dadurch kommt es zur Reaktion, der Fahrer betätigt die Bremse.

Die Nervenzelle

Seite 274–276

1 Beschreibe die Erregungsleitung an einer Nervenzelle!
Unter Erregung versteht man die Änderung der elektrischen Spannung an der Membran einer Nervenzelle. Die Erregung auf den Dendriten beziehungsweise den Zellkörper kann so stark sein, dass am Beginn eines Axons ein Aktionspotenzial aufgebaut wird. Die Weiterleitung der Erregung bis zum Endknöpfchen geschieht dadurch, dass immer wieder neue Aktionspotenziale an den Schnürringen gebildet werden.

2 Erstelle ein Pfeildiagramm, das die Erregungsübertragung an der Synapse darstellt!

Erregungsübertragung an einer Synapse

Axon
↓ Erregung trifft ein
Endknöpfchen einer Nervenzelle
↓
Bläschen verschmelzen mit Membran
↓
Entleerung des Transmitters in synaptischen Spalt
↓
Transmitter durchquert synaptischen Spalt
↓
Transmitter bindet an Rezeptoren der Membran
↓
Elektrische Erregung der Membran
↓
Zerlegung des Transmitters mittels Enzyme
↓
Aufnahme der Teilstücke in Endknöpfchen
↓
Zusammensetzung zu Transmittermolekülen
↓
Transmittermoleküle werden in Bläschen gespeichert

Seite 277 (Material)

Material A – Nervenzellen im Gehirn

A1 Beschreibe die Entwicklung des dargestellten Gehirnbereiches im Laufe der zwei Jahre!
Die Nervenzellen eines Neugeborenen sind noch sehr wenig miteinander vernetzt. Im Alter von zwei Monaten haben sich die Dendriten und Axone deutlich vermehrt und eine höhere Anzahl von Synapsen ist entstanden. Im Alter von zwei Jahren ist der dargestellte Gehirnbereich gekennzeichnet von sehr vielen Verknüpfungen zwischen den Nervenzellen, sodass sich ein komplexes Netz aus Nervenzellen entwickelt hat.

A2 Fertige je eine beschriftete Schemazeichnung von drei Nervenzellen der Stadien A und B an, die die Veränderungen deutlich machen!

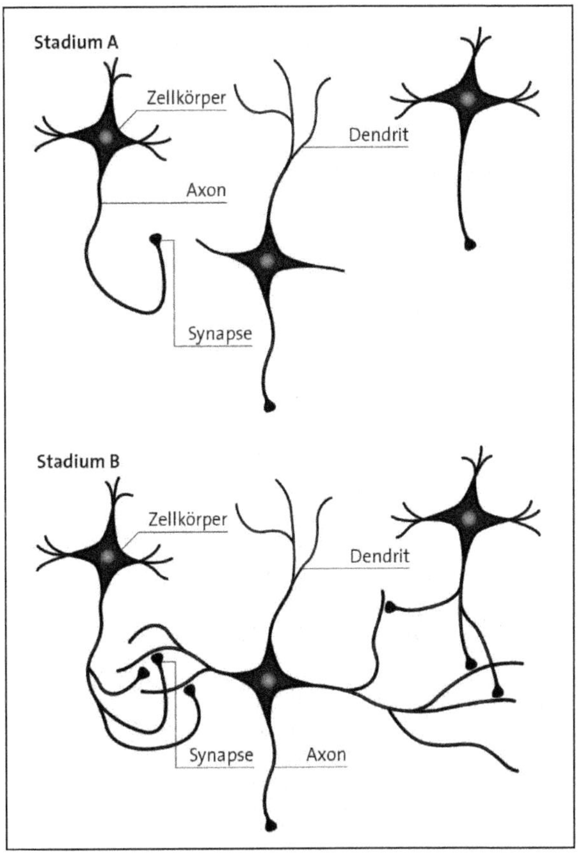

A3 Stelle eine Hypothese auf über die Veränderung der Leistungsfähigkeit des dargestellten Gehirnbereichs!
Durch die höhere Anzahl an Synapsen, die sich im Laufe der zwei Jahre im dargestellten Gehirnbereich ausbilden, nimmt auch die Leistungsfähigkeit dieses Gehirnbereiches zu. Die höhere Leistungsfähigkeit wird ersichtlich an der stärker ausgeprägten Fähigkeit zu lernen und zu planen. Auch die Bewegungsfähigkeit ist verbessert.

Material B – Synapsenfunktion

B1 Beschreibe, wie die Erregung den synaptischen Spalt überwindet!
Die im Endknöpfchen einer Nervenzelle eintreffende Erregung bewirkt, dass einige der sich dort befindenden Bläschen mit der Zellmembran des Endknöpfchens verschmelzen. Dadurch entleeren die Bläschen ihren Inhalt, einen chemischen Transmitter, in den synaptischen Spalt. Der chemische Transmitter durchquert den synaptischen Spalt und bindet an Rezeptoren der nachgeschalteten Nervenzelle. Infolge dieser Bindung wird die Zellmembran der nachgeschalteten Nervenzelle erregt. Die Erregungsleitung über den synaptischen Spalt hinweg verläuft also auf chemischem Weg.

B2 Beschreibe die Wirkungsweise von Curare anhand der Abbildungen!
Curare konkurriert mit dem Transmitter um die Besetzung der Rezeptoren der nachgeschalteten Muskelfaser, kann aber keine Erregung auslösen. Bei hoher Konzentration werden alle Rezeptoren von Curare besetzt. Dies führt dazu, dass die Erregung nicht mehr weitergeleitet wird und der Muskel nicht kontrahiert.

B3 Erkläre, weshalb die Verwendung bei Operationen erst möglich war, nachdem Patienten künstlich beatmet werden konnten!
Curare bewirkt eine Lähmung der Muskulatur. Damit fällt auch die Atemmuskulatur aus, was zum Atemstillstand und zum Tod führen würde. Durch die künstliche Beatmung des Patienten während einer Operation wird das vermieden.

Gestufte Hilfe: Überlege zuerst, welche Wirkung Curare auf die Atemmuskulatur hat.

B4 Nikotin, ein pflanzlicher Giftstoff in den Blättern der Tabakpflanze, bewirkt an der Synapse eine Dauererregung.
Stelle eine Hypothese auf, wie Nikotin an der Synapse wirken könnte!
Folgende Hypothesen sind denkbar:
Nikotin könnte in kurzen Abständen nacheinander Transmitter freisetzen.
Nikotin könnte den Abbau des Transmitters verhindern.
Nikotin könnte die Rezeptoren besetzen und die gleiche Wirkung haben wie ein Transmitter.

Zusatzinformation: Nikotin wirkt wie Acetylcholin.

Gehirn und Rückenmark

Seite 278–280

1 Nenne die Aufgaben der verschiedenen Teile des Gehirns!
Großhirn: Wahrnehmung und Erkennung der Reize, die als Erregung von den Sinnesorganen eintreffen.
Kleinhirn: Steuerung von Bewegungen, Speicherung von Bewegungsprogrammen, Feinkoordination von Bewegungen.
Stammhirn:
a) Zwischenhirn: Bewertung von Meldungen, die aus den Sinnesorganen eintreffen; Bildung von Gefühlen; Beteiligung an der Steuerung der Bedingungen, die für die Lebensprozesse erforderlich sind, zum Beispiel Temperatur oder Mineralstoffgehalt, Steuerung des Hormonsystems.
b) Mittelhirn: Umschaltstellen zwischen Sinnesorganen einerseits und dem Zwischen- und Großhirn andererseits.
c) Nachhirn: Steuerung von Vorgängen, die lebenswichtig, aber nicht dem Willen unterworfen sind, zum Beispiel die Atembewegung.

2 Stelle die Vorgänge, die bei Reflexen ablaufen, als Pfeildiagramm dar!
Reiz →Sinneszellen → Erregung → Leitung auf sensorischen Nervenfasern → Synapse → Erregung von motorischen Nervenzellen → Leitung auf motorischen Nervenfasern → Erregung von Muskelzellen.

Zusatzinformation: Der Lösungsvorschlag beschränkt sich auf die Darstellung reflektorisch gesteuerter Bewegungen. Die im Text nur kurz erwähnte Steuerung der Drüsentätigkeit, zum Beispiel der Speichelsekretion, ist im Lösungsvorschlag nicht berücksichtigt.

Seite 281 (Material)

Material A – Felder der Großhirnrinde

A1 Ordne den Zahlen die entsprechenden Fachbegriffe zu!
1 = Großhirn, 2 = Kleinhirn, 3 = Stammhirn

A2 Ordne den Abbildungen B bis E folgende Leistungen zu: 1) Worte sehen, 2) Worte sprechen, 3) Worte hören, 4) an Worte denken!
B = Worte hören, C = Worte sehen, D = Worte sprechen, E = an Worte denken

A3 Stelle eine Hypothese auf, weshalb in der Abbildung C zwei Bereiche der Großhirnrinde aktiv sind!
Vermutlich findet in einem der beiden Bereiche die Wahrnehmung der Worte statt, die die Person sieht. Im anderen Bereich werden Worte erkannt.

Gestufte Hilfe: Überlege, welche Leistungen das Gehirn erbringen muss, um die Bedeutung eines Wortes zu erfassen.

A4 Stelle eine Hypothese auf, weshalb in der Abbildung E viele Felder aktiv sind!
Denken geschieht vermutlich durch komplizierte Vorgänge, an denen mehrere Großhirnfelder beteiligt sind. Diese Großhirnfelder tauschen vermutlich Informationen untereinander aus.

Zusatzinformation: Diese Hypothese trifft zu.

Material B – Reflex

B1 Ordne folgende Begriffe den mit Zahlen gekennzeichneten Bereichen der Abbildung zu: motorische Nervenfaser, weiße Substanz, Rückenmarksnerv, sensorische Nervenfaser, graue Substanz, motorische Nervenzelle.
1 = graue Substanz, 2 = weiße Substanz, 3 = Rückenmarksnerv, 4 = motorische Nervenfaser, 5 sensorische Nervenfaser

B2 Erkläre, weshalb man die Bewegungssteuerung, die in der Abbildung dargestellt ist, als Reflex bezeichnen darf!
Alle Merkmale, die einen Reflex ausmachen, sind vorhanden. Solche Merkmale sind:
Der Vorgang endet immer in der gleichen, festgelegten Bewegung, hier dem ruckartigen Heben des Unterschenkels; Die Nervenzellen bilden die Leitungswege. Sie sind kurz und die Reaktion ist schnell.
Am Reflexbogen sind beteiligt: Sinneszellen, sensorische Nervenzellen, sensorische Nervenfasern, motorische Nervenfasern, motorische Nervenzellen und ein Erfolgsorgan, zum Beispiel ein Muskel.

Gestufte Hilfe: Vergleiche den dargestellten Reflex mit dem im Text erläuterten Schmerzreflex.

B3 Stelle eine Hypothese auf, weshalb ein Arzt bei einer Untersuchung diesen Reflex prüft!
Vermutlich prüft der Arzt, ob die motorischen Nervenzellen im Rückenmark richtig arbeiten. Ebenso kann er mit dem Reflex prüfen, ob die Rückenmarksnerven und die darin liegenden sensorischen und motorischen Nervenfasern funktionstüchtig sind.

B4 Stelle eine Hypothese auf, durch welche im Schema nicht eingetragenen Strukturen es möglich ist, auch mit geschlossenen Augen festzustellen, dass der Reflex ablief!
Vermutlich gibt es Nervenfasern, die die Erregung der Dehnungssinneszellen in das Gehirn leiten. Das könnte, wie beim Schmerzreflex, eine Abzweigung von der sensorischen Nervenfaser sein, die innerhalb der weißen Substanz des Rückenmarks zum Gehirn läuft.

Gestufte Hilfe: Berücksichtige, wodurch das Gehirn in der Lage ist, Schmerz zu empfinden, wenn ein Schmerzreflex abläuft.

Vegetatives Nervensystem

Seite 284–285

1 Beschreibe den Bau des vegetativen Nervensystems!
Das vegetative Nervensystem besteht aus zwei Teilen: dem Sympathikus und dem Parasympathikus. Sympathikusnerven treten aus dem Rückenmark aus und münden in Ganglien, die sympathische Grenzstränge bilden und beiderseits der Wirbelsäule verlaufen. Von dort aus ziehen vegetative Nerven zu allen inneren Organen des Körpers. Der Parasympathikus versorgt fast alle inneren Organe und besteht aus einem Nerv, der auf beiden Seiten aus dem Gehirn kommt. Weiterhin gehören paarige Nerven zum Parasympathikus, die im Bereich des Beckens auf beiden Seiten vom Rückenmark ausgehen.

2 Der Sympathikus wird auch als „Leistungsnerv" bezeichnet, der Parasympathikus als „Ruhenerv". Erläutere diese Bezeichnungen!
Der Sympathikus kann als „Leistungsnerv" bezeichnet werden, da er alle Organe steuert, wenn körperliche Leistung gesteigert werden muss. Dabei mobilisiert er Energiereserven. Der Parasympathikus als „Ruhenerv" hingegen fördert die Entspannung des Körpers, regenerative Prozesse sowie den Aufbau von Energiereserven.

Seite 287 (Material)

Material A – Vegetatives Nervensystem

A1 Beschreibe die jeweils in der Abbildung dargestellte Situation!
Situation A: Jugendliche tanzen mit kräftigen Bewegungen. Sie sind sehr aktiv.
Situation B: Eine Jugendliche hört in ihrer ruhigen Umgebung vermutlich Musik. Ihr Körper ist nur wenig aktiv. Die Jugendliche wirkt entspannt.

A2 Beschreibe die Vorgänge, die dabei im vegetativen Nervensystem ablaufen!
Situation A: Der Sympathikus arbeitet stärker als der Parasympathikus.
Situation B: Der Parasympathikus arbeitet stärker als der Sympathikus.

A3 Erläutere die Einflüsse des vegetativen Nervensystems auf die Bereitstellung von Glukose in Situation A und B!
Situation A: Der Sympathikus bewirkt, dass Glukose aus der Leber ins Blut abgegeben wird. Der Blutzucker wird den Muskeln zur Verfügung gestellt. Durch die Bewegung beim Tanzen wird Glukose verbraucht, sodass der Blutzuckerspiegel sinkt.
Situation B: Der Parasympathikus bewirkt, dass es zu keinem Glukoseabbau in der Leber kommt. Weiterhin wird der Zucker, der sich im Blut befindet zur Leber transportiert, wo er gespeichert wird. Die in der Leber gespeicherte Glukose dient als Energievorrat für Situationen, in denen der Körper seine Leistung steigern soll.

Gestufte Hilfen:
Hilfe 1: Berücksichtige, dass der Transport von Zucker über das Blut erfolgt.
Hilfe 2: Berücksichtige, dass der Aufbau von Energiereserven in der Leber durch den Abzug von Zucker aus dem Blut erfolgt.

A4 Stelle eine Hypothese dazu auf, welcher Vorteil der Antagonismus im vegetativen Nervensystem hat!
Sympathikus und Parasympathikus wirken auf viele Organe in entgegengesetzter Richtung. Weil daher ein Organ sowohl durch Hemmung als auch durch Förderung gesteuert werden kann, ist eine sehr genaue Dosierung der Wirkung möglich.

Weitere Hypothese:
Ein weiterer Vorteil könnte sein, dass die Steuerung über zwei Wege sicherer ist. Wenn einer der Wege ausfällt oder fehlerhaft arbeitet, dann kann der zweite Weg den Ausfall oder Fehler kompensieren.

A5 Begründe, ob man die in A2 beschriebenen Vorgänge willentlich beeinflussen kann!
Der Sympathikus und der Parasympathikus arbeiten weitgehend selbstständig. Sie sind durch den Willen nicht zu beeinflussen. Beide sind aber mit dem Gehirn verbunden. Wegen dieser Verbindungen ist es möglich, durch bestimmte psychische Techniken Einfluss auf das vegetative Nervensystem zu nehmen, zum Beispiel durch Yoga oder autogenes Training.

Material B – Parkinson

B1 Beschreibe die Abbildung A!
Im Diagramm ist die Schriftprobe gegen die Zeit in Sekunden aufgetragen. Für den Aufstrich der Schreibübung benötigt die Person 0,184 Sekunden, für deren Abstrich 0,216 Sekunden. Die Schriftprobe zeigt einen flüssigen, gleichmäßigen und zügigen Schreibstil.

B2 Vergleiche die Abbildungen A und B!
In Abbildung B ist ebenfalls im Diagramm die Schriftprobe gegen die Zeit in Sekunden aufgetragen. Für den Aufstrich der Schreibübung benötigt die Person 1,18 Sekunden, für deren Abstrich 0,92 Sekunden.
Während die Schriftprobe A einen flüssigen, gleichmäßigen und zügigen Schreibstil zeigt, ist die Schriftprobe B hingegen mit ungleichmäßiger und zittriger Schrift geschrieben. Außerdem benötigt die Person längere Zeit um zu schreiben.

B3 Beschreibe die Bedeutung von Transmittern in den Synapsen!
Transmitter sorgen dafür, dass die Erregung von einer Nervenzelle zu einer anderen Nervenzelle oder Muskelfaser über den synaptischen Spalt hinweg transportiert wird. Eine nachgeschaltete Muskelfaser kann dann zum Beispiel kontrahieren, sodass eine Bewegung ausgeführt werden kann. Ohne Transmitter wäre eine Erregungsübertragung über den synaptischen Spalt nicht möglich.

B4 Stelle Hypothesen auf, in welchem Zusammenhang die Schriftproben mit dem Transmitter Dopamin stehen!
Wenn die Menge an Dopamin im Gehirn hoch ist, ist die Schriftprobe zügig und gleichmäßig in ihrem Schreibstil. Ist die Menge an Dopamin geringer, zeigt sich die Schriftprobe verlangsamt und ungleichmäßig.
Dopamin ist vermutlich dafür verantwortlich, dass Bewegungen, hier das Schreiben, gleichmäßig und zügig ablaufen können.

2 Hormonsystem

Hormone – Blutzuckerspiegel

Seite 288–290

1 Beschreibe die Abbildung 02!
In der Abbildung ist schematisch dargestellt, wie Informationen durch Hormone übertragen werden können. Die zwei Hormondrüsen auf der linken Seite der Abbildung geben jeweils andere Hormone an das rot gezeichnete Blutgefäß ab. Die Hormonteilchen der beiden berücksichtigten Hormone unterscheiden sich in ihrer Form und Farbe. Das Blutgefäß steht stellvertretend für das gesamte Blutgefäßsystem.
Im rechten Teil der Abbildung sieht man, dass die Hormone das Blutgefäß verlassen. Im umgebenden Gewebe heften sich die Hormonteilchen an Stellen der Zellmembran. Zu erkennen ist, dass das nur geschieht, wenn die Empfängerstellen der Membran, die Rezeptoren, zur Form der Hormone passen. Ob ein Hormon wirken kann, hängt also davon ab, dass die entsprechende Zelle passende Rezeptoren hat.

2 Beschreibe die Merkmale von Hormonen!
Hormone sind Wirkstoffe, die viele Prozesse im Körper steuern und regeln.
Sie werden von besonderen Drüsen gebildet und ins Blut abgegeben.
Sie sind schon in sehr geringen Mengen wirksam.
Ein bestimmtes Hormon kann nur auf die Zellen wirken, die auf der Oberfläche ihrer Membran Rezeptoren haben, die zu ihm passen.
Die Leitung der Information, die durch Hormone vermittelt wird, ist langsam. Sie erfolgt nur mit der Geschwindigkeit des Blutstroms.
Die Wirkung von Hormonen kann lange andauern.

Seite 291 (Material)

Material A – Blutzuckerspiegel

A1 Erkläre den Kurvenverlauf!
Der wellenförmige Verlauf der Kurve schwankt zwischen den Werten von etwa 60 und 140 Milligramm pro 100 Milliliter Blut. Die Anstiege der Kurve sind die Folge von Mahlzeiten, durch die Glukose aus dem Dünndarm ins Blut gelangt. Die fallenden Bereiche der Kurve kommen

zustande, wenn Insulin ausgeschüttet wurde und dadurch vermehrt Glukose aus dem Blut in die Zellen aufgenommen werden konnte.

A2 Begründe mithilfe der Grafik, ob Fachleute drei große Mahlzeiten pro Tag oder mehrere kleine empfehlen!

Drei große Mahlzeiten können jeweils einen starken Anstieg des Blutzuckerspiegels zur Folge haben. Um ihn senken zu können, muss jeweils mehr Insulin ausgeschüttet werden als nach kleineren Mahlzeiten. Der Blutzuckerspiegel schwankt bei mehreren kleineren Mahlzeiten während eines Tages zwischen geringeren Werten. Die Belastung der Bauchspeicheldrüse ist daher geringer. Ebenso ist die Intensität bestimmter Stoffwechselvorgänge geringer. Zum Beispiel muss weniger Glukose zu Fett oder Glykogen umgewandelt werden.

Gestufte Hilfe: Berücksichtige die Intensität, mit der Hormondrüsen arbeiten und mit der der Glykogen- und Fettstoffwechsel abläuft, nachdem der Blutzuckerspiegel stark oder weniger stark angestiegen ist.

A3 Erkläre, weshalb eine Kurve des Insulingehalts in der Grafik ähnlich wie die Glukosekurve, aber zeitlich versetzt verlaufen würde!

Ein Anstieg des Blutzuckerspiegels regt die Bauchspeicheldrüse an, Insulin ins Blut abzugeben. Die Insulinausschüttung beginnt also erst, nachdem der Blutzuckerspiegel angestiegen ist. Daher steigt die Insulinkurve im Diagramm etwas später an als die Glukosekurve. Der maximale Insulingehalt wird ebenfalls etwas später erreicht als der maximale Glukosegehalt.

Gestufte Hilfe: Überlege, wodurch die Ausschüttung von Insulin ins Blut angeregt wird.

Material B – Zuckerbelastungstest

B1 Stelle die Testergebnisse in einem geeigneten Diagramm dar!

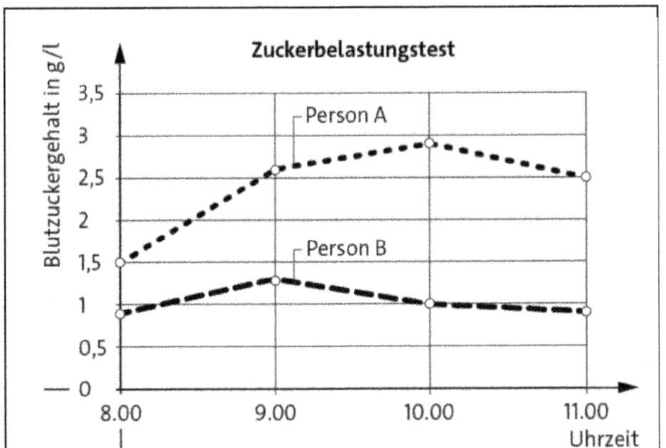

Gestufte Hilfen:
Hilfe 1: Verwende ein Liniendiagramm, weil man mit seiner Hilfe besonders deutlich den zeitlichen Verlauf der sich ändernden Zustände darstellen kann.
Hilfe 2: Vorgabe der Achsenbeschriftung
Hilfe 3: Vorgabe der Achsenskalierung
(x-Achse: 2 cm = 1h; y-Achse: 1 cm = 1 g / l;)

B2 Vergleiche die Testergebnisse der beiden Testpersonen!

Bei beiden Testpersonen steigt der Blutzuckergehalt zunächst an und fällt dann wieder.
Die Werte des Zuckerbelastungstests liegen um 08.00 Uhr bei Person A 1,5 g/1, bei Person B bei 0,9 g/l. Der Blutzuckerspiegel der Person A steigt schneller und auf einen viel höheren Wert an als der der Person B. Ebenso senkt sich der Blutzuckerspiegel der Person A viel langsamer als der der Person B. Er liegt um 11.00 Uhr bei Person A bei 2,5 g / l), bei Person B bei 0,9 g /l).

B3 Erkläre, weshalb eine der beiden Personen unter Diabetes leidet!

Die Person A leidet unter Diabetes. Der rasche Anstieg und die hohen Werte des Blutzuckerspiegels der Person A sind darauf zurückzuführen, dass Glukose in zu geringem Maße aus dem Blut in die Zellen aufgenommen wird und der Blutzuckerspiegel daher nicht mehr ausreichend gesenkt werden kann. Meistens ist die Ursache eine zu geringe Ausschüttung von Insulin ins Blut. Insulin fördert die Aufnahme von Glukose in die Zellen.

B4 Stelle eine Hypothese auf, wie sich der Blutzuckerspiegel der Person B ändern würde, wenn ihr um 11 Uhr Glukagon gespritzt wird! Begründe!

Vermutlich wird das eingespritzte Glukagon den Blutzuckerspiegel wieder steigen lassen. Das ist möglich, weil Glukagon den Abbau von gespeichertem Glykogen zu Glukose fördert. Dadurch gelangt mehr Glukose ins Blut.

Material C – Diabetes und Übergewicht

C1 Gib den Inhalt des Textes in eigenen Worten wieder!

Die Inhaltsangabe sollte enthalten:
- Fettleibigkeit erhöht das Risiko, an Diabetes zu erkranken.
- Die Anzahl der fettleibigen Menschen hat sich in den Entwicklungsländern erhöht, die eine westliche Lebensweise angenommen haben.
- Es ist damit zu rechnen, dass sich weltweit die Anzahl der Diabetiker sehr stark erhöhen wird.

Gestufte Hilfe: Schreibe zunächst die Begriffe des Textes auf, die in der Inhaltsangabe enthalten sein sollten. Verzichte eventuell auf die genaue Angabe der Zahlen.

Übersetzung des Textes:
Fettleibigkeit ist ein ernstes, weltweites Problem. Damit verbunden ist das Risiko, an Diabetes zu erkranken. Weltweit sind heute mehr als 1,1 Milliarden Erwachsene übergewichtig. Davon sind 312 Millionen fettleibig. In den vergangenen 20 Jahren hat sich die Zahl der fettleibigen Menschen in den Entwicklungsländern verdreifacht, die zu einer westlichen Lebensweise übergegangen sind. Die stärksten Anstiege sind zu verzeichnen im mittleren Osten, auf den pazifischen Inseln, in Süd-Ost-Asien, Indien und China. Infolgedessen ist zu erwarten, dass die Zahl der Diabetiker in diesen Ländern von 84 Millionen im Jahr 2000 steigen wird auf 228 Millionen im Jahr 2030.

C2 Beschreibe auf der Basis des Textes Maßnahmen zur Verminderung der Anzahl der Diabetiker!
Menschen mit Übergewicht erkranken häufiger an Diabetes vom Typ 2, der Altersdiabetes, als normalgewichtige Menschen. Die wichtigsten Maßnahmen zur Verminderung der Anzahl der Diabetiker umfassen zwei Bereiche der Lebensführung:
1. Die Verringerung der Zufuhr von Glukose. Zu empfehlen ist, weniger zu essen, vor allem weniger Zucker und stärkehaltige Nahrung zu sich zu nehmen.
2. Der Abbau von gespeichertem Fett durch stärkere Aktivität des Körpers. Am leichtesten ist das durch Bewegungssport zu erreichen.

Zusatzinformation: Die Maßnahmen gelten vor allem für ältere Menschen, da das Risiko, an Diabetes vom Typ 2 zu erkranken, mit dem Lebensalter steigt.

Gestufte Hilfe: Überlege, welche Bedingungen dazu führen können, dass das Körpergewicht eines Menschen zu stark steigt.

C3 Stelle eine Hypothese auf, wie sich Zeiten von Nahrungsknappheit auf die Anzahl der Diabetiker auswirken!
Bei Nahrungsknappheit werden weniger Nährstoffe aufgenommen und daher auch weniger Fett im Körper aufgebaut und gespeichert. Daher werden weniger Menschen übergewichtig. Übergewicht ist mit dem Risiko verbunden, an Diabetes vom Typ 2 zu erkranken. Bei geringerer Anzahl von Übergewichtigen wird daher vermutlich auch die Anzahl der Diabetiker sinken. Es ist damit zu rechnen, dass die Anzahl der Diabetiker in Zeiten des Nahrungsmangels stark sinkt, weil der Typ 2 des Diabetes, der Altersdiabetes, viel häufiger ist als der Typ 1, der Jugenddiabetes.

C4 Recherchiere Vorsorgemaßnahmen, um Altersdiabetes entgegenzuwirken, und erstelle eine digitale Präsentation!
Beispiel für Empfehlungen:
- Übergewicht verringern;
- täglich mindestens 30 Minuten Bewegungen einplanen (z. B. Spaziergänge, Sport usw.);
- konsequent darauf achten, dass man sich ausgewogen ernährt;
- darauf achten, dass man nicht zu viele Fette zu sich nimmt; berücksichtigen, dass häufig Fette in Lebensmitteln enthalten sind, in denen man sie nicht vermutet (versteckte Fette);
- auf Softdrinks verzichten wegen des hohen Zuckergehalts (Limonaden, Cola usw.);
- alkoholische Getränke nur in Maßen zu sich nehmen;
- nicht rauchen;
- darauf achten, dass der Blutdruck im Rahmen der normalen Werte bleibt;
- ausreichend lange schlafen;
- Stress vermeiden, für genügend Zeit der Ruhe und Gelassenheit und Entspannung sorgen.

(verändert nach: Empfehlungen der Deutschen Diabetes Stiftung)

Zusatzinformation: Empfehlungen für Vorsorgemaßnahmen findet man zum Beispiel auf den Internetseiten von: Deutsche Diabetes Stiftun, Internisten im Netz, DKV – Deutsche Krankenversicherung

Hormone – Fortpflanzung

Seite 294–296

1 Nenne die bei der Regulation des Menstruationszyklus beteiligten Hormone und ordne ihnen ihre Funktion zu!
FSH: regt das Wachstum des Follikels an.
LH: regt das Wachstum des Follikels an; löst die Umwandlung des Follikels zum Gelbkörper aus.
FSH und LH in bestimmtem Konzentrationsverhältnis zueinander: lösen den Eisprung aus.
Östrogen: fördert das Wachstum der Uterusschleimhaut; wirkt hemmend auf die Bildung von FSH; fördert die Bildung von LH.
Progesteron: wirkt hemmend auf die Bildung von FSH und LH; fördert das Wachstum und die Durchblutung der Uterusschleimhaut.

2 Beschreibe die Veränderungen eines Follikels während eines Menstruationszyklus!
Der Follikel entsteht aus der Hülle, die eine Eizelle umgibt. In den ersten 14 Tagen des Menstruationszyklus vergrößert sich diese Hülle und füllt sich mit Flüssigkeit. Etwa am 14. Tag des Menstruationszyklus öffnet sich der Follikel und setzt die Eizelle frei. Die nun leere Follikelhülle bildet sich zum Gelbkörper um. Wenn keine Befruchtung erfolgt, bildet sich der Gelbkörper in der zweiten Hälfte des Menstruationszyklus zurück.

3 Vergleiche die Wirkungen von FSH und LH beim Mann mit der Wirkung bei der Frau!
Wirkung von FSH und LH bei der Frau: regen das Wachstum des Follikels an; LH löst die Umwandlung des

Follikels zum Gelbkörper aus. Bei einem bestimmten Konzentrationsverhältnis von FSH und LH kommt es zum Eisprung.
Wirkung von FSH und LH beim Mann: FSH regt die Bildung von Spermien an. LH wirkt fördernd auf die Bildung von Testosteron.

4 Erkläre, weshalb von allen Sexualhormonen HCG sich am besten für den Nachweis einer Schwangerschaft eignet!
HCG wird von der Plazenta gebildet. Die entsteht nur, nachdem sich eine Eizelle in die Uterusschleimhaut eingenistet hat. Nur eine befruchtete Eizelle kann sich in die Uterusschleimhaut einnisten. Daher ist der Nachweis von HCG ein sicheres Zeichen für eine Schwangerschaft.

Seite 297 (Material)

Material A – Menstruationszyklus

A1 Beschreibe die Veränderungen der Hormonkonzentrationen!
LH steigt zunächst langsam und vom zehnten Tag des Zyklus sehr stark an. Die höchste Konzentration ist etwa am 14. Tag erreicht. Danach sinkt die Konzentration sehr schnell und bleibt bis zum Ende des Zyklus gering.
Ebenso wie LH verändert sich die Konzentration von Östrogen. Allerdings ist der Anstieg gegenüber der Kurve des LH leicht zeitlich nach hinten versetzt und die maximale Konzentration ist geringer. Die Östrogenkonzentration sinkt nach dem 14. Tag zunächst ab, steigt dann aber zwischen dem 20. und 24. Tag wieder an. Am 28. Tag hat sie das ursprüngliche Niveau wieder erreicht.
Die Steigerung der Konzentration von Progesteron beginnt um den 14. Tag herum und erreicht etwa zwischen dem 20. und 22. Tag seinen Höhepunkt. Danach sinkt die Konzentration für einige Tage leicht und steigt dann wieder so weit an, dass das Niveau des 22. Tages erreicht wird.
Das Hormon, das in der Kurve 1 dargestellt ist, ist erst am 31. Tag nachweisbar. Seine Konzentration steigt in den folgenden Tagen sehr schnell und stark an.

A2 Nenne ein an der Regelung des Menstruationszyklus beteiligtes Hormon, das im Diagramm nicht berücksichtigt ist!
Im Diagramm nicht dargestellt ist die Veränderung der Konzentration des Hormons FSH.

A3 Begründe mithilfe der Abbildungen, ob im dargestellten Fall eine Befruchtung stattgefunden hat!
Es hat eine Befruchtung stattgefunden. Das kann man vor allem daran erkennen, dass die Konzentration von Progesteron nicht sinkt. Progesteron wird vom Gelbkörper gebildet. Nach der Einnistung wird er nicht zurückgebildet, sodass er weiterhin Progesteron abgibt.
Zu erschließen ist die Schwangerschaft aber auch aus dem Auftreten eines Hormons, das zu Beginn des hier berücksichtigten Zyklus nicht vorhanden war. Es ist im Diagramm mit 1 gekennzeichnet.
Zusatzinformation: Die Erhöhung der Konzentration von Östrogen setzt erst etwas später ein und ist daher im Diagramm nur ansatzweise erkennbar.

Gestufte Hilfen: Hilfe 1: Berücksichtige bei der Lösung vor allem die Kurve, die die Konzentration von Progesteron zeigt.
Hilfe 2: Verwende zur Lösung die gegen Ende des dargestellten Zeitraums eingetragene Kurve des Hormons

A4 Nenne die Bezeichnung des Hormons der Kurve 1 in Abbildung A!
Es handelt sich um das Schwangerschaftshormon HCG.

A5 Beschreibe die Veränderungen eines Follikels, die bei 2 und 3 ablaufen!
2: Der Follikel öffnet sich und setzt die Eizelle frei. Dieser Vorgang wird als Eisprung bezeichnet.
3: Der Follikel bildet sich zum Gelbkörper um. Er erhält eine etwas dickere Wand und wächst ein wenig.

A6 Ordne die Vorgänge 2 und 3 dem Zeitraum des Diagramms zu, an dem sie ablaufen! Begründe die Zuordnung!
Der Vorgang 2 ist der Eisprung. Er findet etwa am 14. Tag des Zyklus statt.
Der Vorgang 3 ist der Zeit nach dem 14. Tag zuzuordnen.
Begründung: Der Gelbkörper bildet sich nach dem Eisprung. In diesem Fall wird er nicht zurückgebildet. Daher ist die Abbildung der Zeit nach dem 14. Tag zuzuordnen. Ein Gelbkörper ist aber auch in der ersten Hälfte des Zyklus vorhanden, also vom ersten bis zum 14. Tag. Er stammt aus dem vorangegangenen Zyklus. Dort hat keine Schwangerschaft stattgefunden. Daher wurde der Gelbkörper in der Zeit zwischen dem ersten und dem 14. Tag reduziert. Bei 3 ist jedoch ein Gelbkörper abgebildet, der erhalten bleibt. Daher kann die Abbildung nicht der ersten Zyklushälfte zugeordnet werden.

Gestufte Hilfen: Hilfe 1: Stelle zunächst fest, ob und wann eine Befruchtung stattgefunden hat. Dazu kannst Du auch die Antwort zur Aufgabe A3 verwenden.
Hilfe 2: Berücksichtige, dass der Gelbkörper je nachdem, ob eine Befruchtung stattgefunden hat, entweder zurückgebildet wird oder erhalten bleibt.

A7 Erkläre, weshalb man in der Gerichtsmedizin aus der Anzahl der Gelbkörper im Eierstock erschließen kann, wie häufig eine Frau schwanger war!
Wenn die Eizelle nicht befruchtet wird, bildet sich der Gelbkörper zurück. Er ist dann später nicht mehr nachweisbar. Bei einer Schwangerschaft jedoch bleibt der Gelbkörper erhalten. Daher kann man aus der Anzahl der

Gelbkörper in den Eierstöcken erkennen, wie häufig eine Schwangerschaft aufgetreten ist.

Gestufte Hilfe: Berücksichtige die unterschiedliche Veränderung des Gelbkörpers je nachdem, ob eine Befruchtung stattgefunden hat oder nicht.

Material B – Hormonhaushalt

B1 Vergleiche die Hormonbildung der Geschlechtsdrüsen beim Mann mit der bei der Frau!

Die Geschlechtsdrüsen sind die Hoden und die Eierstöcke. Beide werden über Hypothalamus und Hypophyse gesteuert. Die Hoden bilden Testosteron. In den Eierstöcken bilden die wachsenden Follikel Östrogen und die Gelbkörper Progesteron.

Gestufte Hilfe: Als Geschlechtsdrüsen bezeichnet man die Eierstöcke und die Hoden.

B2 Beschreibe negative Rückkopplungen im Hormonhaushalt von Mann und Frau!

Testosteron wirkt hemmend auf den Hypothalamus. Dadurch schüttet er weniger stimulierende Hormone aus, sodass die Hypophyse weniger stark angeregt wird, LH zu bilden. Das wiederum wirkt auf die Hoden so, dass die Produktion von Testosteron gesenkt wird.

Die negative Rückkopplung, die von Östrogen und Progesteron ausgelöst wird, ist sehr ähnlich. Beide Hormone hemmen die Ausschüttung von stimulierenden Hormonen des Hypothalamus. Das bremst die FSH- und LH-Bildung der Hypophyse. Bei verringertem FSH-Gehalt des Blutes wird weniger Östrogen gebildet. Ein geringerer LH-Gehalt des Blutes hat eine verringerte Produktion von Progesteron und Östrogen zur Folge.

Gestufte Hilfen:
Hilfe 1: In Wirkungsschemata des Hormonsystems wird eine negative Rückkopplung mit einem Minuszeichen angegeben.
Hilfe 2: Als negative Rückkopplung im Hormonsystem bezeichnet man einen Vorgang, bei dem die hohe Konzentration eines Hormons zur Folge hat, das seine Bildung gesenkt wird.

B3 Nenne je eine Wirkung in den Zielgeweben von Jungen und Mädchen in der Zeit vor und nach der Pubertät!

Jungen:
Wirkungen auf die Zielgewebe in der Pubertät: Wachstum der Hoden; Beginn des Bartwachstums; Beginn der Spermienproduktion; Beginn des Wachstums der Scham- und Achselbehaarung; Beginn des Kehlkopfwachstums mit Verlängerung der Stimmbänder, sodass die Stimme tiefer klingt; Beginn des verstärkten Muskelwachstums; Verbreiterung der Schultern.
Wirkungen auf Zielgewebe nach der Pubertät: Zielgewebe sind vor allem die Hoden. Dort wird die Bildung von Spermien und von Testosteron gefördert.

Mädchen:
Wirkungen auf die Zielgewebe bei Mädchen in der Pubertät: Beginn des Wachstums der Scham- und Achselbehaarung; Wachstum der Brüste; Verbreiterung der Hüften.
Wirkungen auf Zielgewebe nach der Pubertät: Wachstum der Uterusschleimhaut; Förderung der Durchblutung der Uterusschleimhaut; Vorbereitung der Uterusschleimhaut auf die eventuelle Einnistung einer befruchteten Eizelle.

B4 Stelle eine Hypothese auf, wieso psychische Einflüsse die Regelung der Testosteronkonzentration verändern können!

Testosteron wird von den Hoden an das Blut abgegeben. Wieviel Testosteron die Hoden bilden und ausschütten, hängt von der Konzentration von LH im Blut ab. Die LH-Ausschüttung wird vom Hypothalamus gesteuert. Der Hypothalamus steht in Verbindung mit dem Großhirn und anderen Hirnbereichen. Vor allem dort entstehen Vorgänge, die zu psychischen Einstellungen, zum Beispiel Gefühlen führen. Psychische Einflüsse wirken also vom Hypothalamus ausgehend über die Hypophyse auf die Testosteron-Produktion der Hoden.

Gestufte Hilfe: Nimm zur Lösung vor allem den Teil der Abbildung zu Hilfe, in dem dargestellt wird, welche Einflüsse auf den Hypothalamus wirken.

B5 Erkläre am Beispiel des Testosterons, weshalb Hormone nur eine begrenzte Zeit funktionsfähig sein dürfen!

Wenn einmal ins Blut abgegebenes Testosteron dauerhaft funktionsfähig bliebe, würde die Hemmung des Hypothalamus durch die negative Rückkoppelung nie aufgehoben. Einmal abgegebenes Testosteron hätte zur Folge, dass kein oder nur noch wenig Testosteron gebildet würde.
Wenn Testosteron aber seine Wirksamkeit mit der Zeit verliert, wird die Hemmung des Hypothalamus geringer. Er kann dann über die Hypophyse die Hoden erneut dazu anregen, Testosteron auszuschütten.
Wenn die negative Rückkopplung auf den Hypothalamus die Anregung der Hypophyse nicht ganz unterbindet, sondern nur vermindert, würde die Konzentration an Testosteron ständig ansteigen. Zu dem bereits vorhandenen Testosteron würde ständig neues, zusätzliches ausgeschüttet.

Gestufte Hilfen:
Hilfe 1: Berücksichtige bei der Lösung vor allem die negative Rückkopplung, die vom Testosteron ausgeht.
Hilfe 2: Gehe bei der Lösung davon aus, dass dauerhaft wirksames Testosteron auch dauerhafte negative Rückkopplung zur Folge hätte.

Stress

Seite 300–302

1 Nenne die Wirkungen von Adrenalin und Noradrenalin sowie von Cortisol!
Adrenalin und Noradrenalin: Steigerung der Herzschlagfrequenz, Erweiterung der Bronchien, Erhöhung des Blutzuckerspiegels, Erweiterung der Blutgefäße des Herzens, des Gehirns und der Skelettmuskulatur, Verengung der Blutgefäße der Verdauungsorgane.
Cortisol begünstigt Ablagerungen in den Arterien und erhöht so den Blutdruck, regt die Bildung von Magensaft an, schwächt das Immunsystem, fördert die Umwandlung von Proteinen in Glukose, stört die Bildung von Sexualhormonen.

Zusatzinformation: auf die Darstellung der unterschiedlichen Wirkung von Adrenalin und Noradrenalin wurde auf den Inhaltsseiten und im Lösungsvorschlag verzichtet.

Seite 303 (Material)

Material A – Stresssituationen

A1 Ordne die in den Abbildungen und der Liste dargestellten Situationen folgenden Stressformen zu: Eu- oder Disstress, Kurz- oder Langzeitstress!
A = Kurzzeitstress / Disstress
B = Kurzzeitstress / Eustress
C1 = Kurzzeitstress / Eustress
C2 = Langzeitstress / Disstress
C3 = Langzeitstress / Disstress
C4 = Langzeitstress / Eustress
C5 = Langzeitstress / Disstress
C6 = Kurzzeitstress / Eustress
C7 = Langzeitstress / Disstress
C8 = Langzeitstress / Disstress
C9 = Langzeitstress / Disstress
C10 = Kurzzeitstress / Eustress
C11 = Kurzzeitstress / Disstress
C12 = Kurzzeitstress / Eustress

Zusatzinformation: Einige Situationen können abweichend bewertet werden. Zum Beispiel kann die Teilnahme an Bundesjugendspielen (C10) bei nicht sportbegeisterten Schülerinnen und Schülern auch als Disstress wirken.

A2 Vergleiche die Vorgänge im Körper bei einem der in der Liste aufgeführten Beispiele für Kurzzeitstress mit einem Beispiel für Langzeitstress!
Individuelle Schülerantwort.
Zusatzinformation: Im Vergleich sollte berücksichtigt werden:
Kurzzeitstress: auslösende Reize führen zu erhöhter Aktivität des Sympathikus; dadurch Anregung des Nebennierenmarks, Adrenalin und Noradrenalin auszuschütten; durch Beteiligung des Nervensystems schnelle Reaktion auf die auslösenden Reize hin; Adrenalin und Noradrenalin erhöhen die Leistungsbereitschaft des Körpers, fördern Vorgänge, die den Körper auf Flucht oder Kampf vorbereiten; Wirkung der Stresshormone nur kurzzeitig.
Langzeitstress: Hypothalamus regt Hypophyse an, ACTH auszuschütten; ACTH regt Nebennierenrinde an, Cortison an das Blut abzugeben; Nervensystem nicht beteiligt; Information wird mit Geschwindigkeit des Blutflusses geleitet; daher Reaktion auf die auslösenden Reize hin langsamer als beim Kurzzeitstress; Cortison führt vor allem zu Vorgängen im Körper, die nachteilige Wirkungen haben.

Gestufte Hilfe: Berücksichtige bei der Lösung: die unterschiedliche Art, in der die Anregung der Hormondrüsenerfolgt, die Stresshormone bilden; die Wirkungen der Stresshormone der beiden Stresstypen; die Zeitdauer, in der die Stresshormone wirken; nachteilige oder vorteilhafte Wirkungen der Stressreaktionen.

A3 Beschreibe Veränderungen deines Schulalltags, durch die Stress vermieden werden könnte!
Individuelle Schülerantwort.

Zusatzinformation: zu erwarten sind unter anderem Aussagen zu: Anzahl der Prüfungen, Anzahl der Unterrichtsstunden pro Woche, Anteil des Nachmittagsunterrichts, Länge der Pausen, Verlässlichkeit der Organisation, Umfang und Art der Kontrolle der Hausaufgaben, Schulbeginn am Morgen.

Material B – Tupaias

B1 Stelle in einem Pfeildiagramm die hormonelle und nervöse Regelung dar, die bei beiden Tieren in B abläuft!
Anblick des Rivalen → Großhirn → Hypothalamus → Sympathikus → Rückenmark → Nebennierenmark → Ausschüttung von Adrenalin und Noradrenalin → Herz → Erhöhung der Schlagfrequenz → Bronchien → Erweiterung → Leber → Abbau von Glykogen zu Glukose → Haut → Verengung der Blutgefäße → Verdauungsorgane → Verengung der Blutgefäße → Gehirn → Erweiterung der Blutgefäße → Skelettmuskeln → Erweiterung der Blutgefäße

Zusatzinformation: Im Pfeildiagramm nicht berücksichtigt ist, dass der Sympathikus auch direkt die Aktivität des Herzens erhöht.

Gestufte Hilfe: Entscheide zunächst, ob es sich bei der in der Abbildung dargestellten Situation um Kurz- oder Langzeitstress handelt.

B2 Vergleiche die beiden Diagramme D und E!
Vor der Konfrontation ist die Herzschlagfrequenz bei beiden Tieren etwa gleich. Es wechseln Phasen mit einer Frequenz von etwa 200 Schlägen pro Minute ab mit

Phasen, in denen das Herz 300 bis 400mal pro Minute schlägt.
Am Tag der Konfrontation ist die Herzschlagfrequenz des Tieres, die im Diagramm D dargestellt ist, stark erhöht. Kurzfristig wird ein Wert von 500 Schlägen pro Minute erreicht. In den Tagen danach ist die Herzschlagfrequenz etwa gleich wie vor der Konfrontation.
Die Herzschlagfrequenz des Tieres, die im Diagramm E angegeben ist, ist am Tag der Konfrontation ähnlich wie die seines Rivalen in Diagramm D. In den Tagen nach der Konfrontation dagegen ist der Verlauf der Kurve unterschiedlich. Die Herzschlagfrequenz sinkt nicht ab, sondern bleibt auf einem hohen Niveau zwischen 300 und 400 Schlägen pro Minute. Am sechsten Tag steigt die Frequenz sogar für kurze Zeit bis auf etwa 600 Schläge pro Minute an.

B3 Erkläre den Kurvenverlauf nach dem Kampf im Diagramm E!
Durch die Versuchsanordnung ist damit zu rechnen, dass die ehemaligen Rivalen nach dem Kampf immer wieder aufeinander treffen. Der Verlierer des Kampfes gerät jedes Mal, wenn er den Gewinner sieht oder riecht, in eine fight-or-flight-Situation. In jeder dieser Kurzzeit-stress-Situationen regt der Sympathikus das Herz an, schneller zu schlagen. Außerdem wird durch die erhöhte Aktivität des Sympathikus das Nebennierenmark angeregt, Adrenalin und Noradrenalin auszuschütten. Dadurch erhöht sich ebenfalls die Schlagfrequenz des Herzens. Für das überlegene Tier sind Anblick und Geruch des unterlegenen Rivalen nach dem Kampf keine Stressoren mehr.

Gestufte Hilfen:
Hilfe 1: Denke bei der Lösung daran, dass durch die Versuchsanordnung damit zu rechnen ist, dass die beiden ehemaligen Rivalen immer wieder miteinander Kontakt bekommen, indem sie sich sehen und riechen.
Hilfe 2: Berücksichtige bei der Lösung die Vorgänge, die in einer fight-or flight-Situation ablaufen.

B4 Erkläre, weshalb zu erwarten ist, dass im Versuch das Körpergewicht des unterlegenen Tiers in den Tagen nach dem Kampf sinkt!
Das unterlegene Tier steht jedes Mal unter Kurzzeitstress, wenn es das überlegene Tier sieht oder riecht. Ständig in kurzen Abständen auftretender Kurzzeitstress löst neben der Abgabe von Adrenalin und Noradrenalin auch die Ausschüttung von Cortison aus. Es ist also zu erwarten, dass Symptome des Langzeitstresses auftreten. Eines dieser Symptome ist die Umwandlung von Proteinen zu Glukose. Durch den Abbau von Protein, der vor allem in den Muskeln stattfindet, sinkt das Körpergewicht des Tieres.

Gestufte Hilfen:
Hilfe 1: Berücksichtige die Folgen, die häufiger in kurzen Zeitabständen auftretender Kurzzeitstress haben kann.
Hilfe 2: Gehe bei der Lösung davon aus, dass bei häufigem, in kurzen Zeitabständen aufeinander folgendem Kurzzeitstress neben Adrenalin und Noradrenalin auch Cortison ausgeschüttet wird. Beachte die Wirkung von Cortison auf die Muskulatur.

B5 Erkläre an diesem Beispiel, weshalb Kämpfe mit klaren Gewinnern und Verlierern für beide vorteilhaft sein können!
In diesem Fall hat der Kampf dazu geführt, dass das überlegene Tier nicht mehr unter Stress gerät, wenn es seinen ehemaligen Rivalen trifft.
Unter natürlichen Bedingungen ist damit zu rechnen, dass das unterlegene Tier den Kontakt mit dem überlegenen vermeidet. Daher können Auseinandersetzungen mit klarem Ergebnis sowohl für den Gewinner wie auch für den Verlierer die Reduktion von Stress zur Folge haben. Auch Kurzzeitstress ist immer eine Belastung des Körpers, die unter anderem einen Verbrauch von Energiereserven zur Folge hat.

Gestufte Hilfe: Bedenke bei der Lösung der Aufgabe, dass auch Kurzzeitstress immer eine Belastung des Körpers darstellt.

Bildquellenverzeichnis

Cornelsen/Karin Mall: S. 53/C6, S. 91/o.
Cornelsen/Tom Menzel: S. 93/o.
Cornelsen/Werner Wildermuth: S. 30/u., S. 34/l., S. 36/o., S. 36/u., S. 37/o., S. 38/o., S. 39/r., S. 43/u., S. 45/o. r., S. 45/u. r., S. 50/o. r., S. 50/u. r., S. 51/u., S. 61/l. o., S. 61/l. u., S. 65/1-4, S. 68/u., S. 82/r., S. 98/u., S. 99/o., S. 106/u., S. 107/o., S. 111/u.
F1online/3d4Medical.com: S. 3/u. l.
Fotolia/ HaywireMedia: S. I + S. IV
interfoto e.k./Reinhard Dirscherl: S. 3/o. l.
Shutterstock/Andrii Muzyka: S. 4/o. r.
shutterstock/Super Prin: S. 3/r.
shutterstock/T-Design: S. 4/M.
Zweiband: Symbol Glühlampe